BIBLIOTHÈQUE DES MERVEILLES

PUBLIÉE SOUS LA DIRECTION

DE M. ÉDOUARD CHARTON

LES TORPILLES

10345. — IMPRIMERIE A. LAHURE

9, rue de Fleurus, à Paris.

BIBLIOTHÈQUE DES MERVEILLES

LES TORPILLES

PAR

Le Lt-Colonel HENNEBERT

Ancien professeur
aux Écoles nationales des Mines et des Ponts et Chaussées

OUVRAGE

ILLUSTRÉ DE 82 VIGNETTES DESSINÉES SUR BOIS

PARIS

LIBRAIRIE HACHETTE ET Cie

BOULEVARD SAINT-GERMAIN, 79

1884

Fig. 1. — Torpille ou Raie électrique.

LES TORPILLES

I

ORIGINES DE L'ART TORPÉDIQUE

(OU DE LA GUERRE SOUS L'EAU)

Fulton nommait pittoresquement *torpilles*[1] les fourneaux de mine qu'il faisait jouer sous l'eau. Ce terme
original est aujourd'hui consacré ; on désigne sous le
nom générique de *torpille* tout vase clos, bien étanche,
empli de poudre ou de toute autre matière explosible. Le

1. La torpille est une Raie électrique dont le corps, à peu près
circulaire, présente, entre les pectorales et les branchies, un appa-

1

fourneau est submergé et organisé de telle sorte qu'il puisse éclater : soit au contact d'un obstacle sous-aquatique, soit dans le voisinage des œuvres vives d'un navire.

Fulton, assurément, a fait faire un grand pas à l'art torpédique, mais il n'en est pas, comme on le croit généralement, l'inventeur. Cet art de la guerre sous-aquatique remonte, ainsi qu'on va le voir, à une haute antiquité.

Siphons. — Les annales de l'histoire mentionnent, de très bonne heure, diverses machines destinées à produire des effets sous-marins. Les plus anciennes sont, sans contredit, les grands « Siphons », sorte de pompes foulantes qui servaient à projeter sous l'eau tous ces liquides incendiaires que les Latins et les Francs ont confondus plus tard sous le nom générique de feu *grégeois*.

Le Syrien Callinique passe généralement pour l'inventeur du feu grégeois liquide, *brûlant sous l'eau;* il est avéré que, en 668, il donna à l'empereur Constantin-Pogonat la recette d'une composition énergique qui servit à sauver Constantinople. Quelques années plus tard, en effet, la flotte des Sarrasins fut, tout entière, brûlée sur l'Hellespont. Une autre tradition veut que la découverte des feux hydrauliques soit due à l'empereur Constantin le Grand, qui l'aurait faite l'an 330 de notre ère. Mais il est constant que les compositions incendiaires, brûlant sous

reil particulier, lequel lui permet de produire des commotions assez fortes pour étourdir ou même tuer sa proie. C'est un système de tubes membraneux emplis de mucosités, serrés les uns contre les autres comme les alvéoles d'un rayon d'abeilles, et coupés de cloisons transversales où viennent se ramifier d'énormes faisceaux de nerfs. Cette pile animale se compose de deux groupes de tubes, placés de chaque côté de la tête. On trouve plusieurs espèces de torpilles dans l'Océan et la Méditerranée.

l'eau, ont été employées à la guerre longtemps avant l'ère chrétienne ; que les Assyriens, les Chaldéens, les Perses en connaissaient l'usage. Thucydide et Apollodore donnent la description de grands siphons lançant des huiles de naphte ou de pétrole, et connus, d'après eux, de toute antiquité. Il est donc probable que Callinique n'a fait que rajeunir une invention déjà vieille, dont les soldats de Lucullus avaient expérimenté la terrible puissance, lors du siége de ¡Samosate. Il fut un temps où tous les navires de guerre étaient munis de siphons à feux grégeois ; on n'en comptait pas moins de 2000 dans une expédition maritime entreprise, sous Romain le Jeune, contre les Sarrasins de l'île de Crète.

Les Grecs gardèrent, durant trois cents ans, le secret du feu liquide qui les avait sauvés de l'invasion des infidèles ; ce n'est qu'après les croisades que l'usage s'en répandit en Occident. Philippe Auguste, qui le vit employer à Saint-Jean-d'Acre, sut bientôt s'en servir lui-même avec succès ; en 1193, il incendia, dans le port de Dieppe, la majeure partie de la flotte anglaise. C'était sans doute aussi du feu grégeois qu'emportait l'ingénieur Gaubert pour aller brûler sous l'eau les palissades de l'île des Andelys.

Bientôt, tout le nord de l'Europe fut initié aux secrets de la guerre sous-aquatique ; durant le treizième et le quatorzième siècle, les plongeurs militaires ne cessèrent d'aller porter la flamme sous la carène des vaisseaux ennemis. Quelle était exactement la formule chimique du feu grégeois hydraulique ? C'est ce qu'on ne saurait préciser. Il est probable qu'il y eut, avant et après Callinique, beaucoup de variétés de ces merveilleux artifices. L'invention de la poudre détonante fit naturellement tomber en désuétude toutes les combinaisons grégeoises : poudres fusantes, huiles ou liquides à base bitumineuse. Toute-

fois, à diverses époques, d'intrépides chercheurs s'attachèrent à retrouver la recette du feu grégeois brûlant sous
l'eau. C'est ainsi que, en 1702, Poli proposa à Louis XIV
un feu aquatique éminemment dangereux; le roi en
acheta le secret, mais pour l'anéantir comme capable
d'effets attentatoires au droit des gens. En 1758, Dupré
préconisait l'emploi d'un liquide enflammé, dit *feu
infernal*, qu'on lançait à la pompe et qui brûlait sous
l'eau. On en fit au Havre une expérience décisive; une
chaloupe fut incendiée en mer. Cette fois encore, le roi de
France acheta, pour le détruire, le secret de l'inventeur.
Paixhans affirme néanmoins que Napoléon Ier connaissait la
formule du *feu infernal* inventé par Dupré. Vers 1863, le
baron d'Arétin découvrit à la bibliothèque de Munich un
manuscrit donnant la composition du feu, ou mieux, d'un
feu grégeois, car il y en eut, ainsi que nous l'avons dit plus
haut, un grand nombre d'espèces; les divers gouver-
nements auxquels il s'adressa ne crurent pas devoir
accepter ses offres de service.

De Montgéry, officier distingué de la marine française,
présentait, en 1825, les plans de son fameux « *Invisible* ».
Or l'armement de ce navire comportait encore des pompes foulantes, destinées à projeter sous l'eau des liquides incendiaires.

En ces derniers temps enfin, on lisait ce qui suit dans
le journal l' « *Iron*[1] » :

« Le bateau-torpille en acier, construit par MM. Wigzel,
Halsey and Cº, de Mark Lane, est muni d'un appareil
propre à lancer un jet de pétrole ou de feu grégeois. Cet
appareil se compose d'un cylindre dont la génératrice
coïncide avec la quille, et dans lequel se meut un piston
introduit par la base arrière. Sur cette base est vissée
une pièce enfermant de l'air comprimé. L'autre base

____

1. Numéro du 9 février 1878.

aboutit à un tuyau d'écoulement qui se prolonge jusqu'à la surface du pont, où il est lui-même relié à un tube de décharge. Ce tube repose sur un support qui permet de diriger son orifice sur tous les points de l'horizon, de l'élever ou de l'abaisser à volonté.

« On peut introduire dans le cylindre de 40 à 200 litres de pétrole; quand on ouvre les robinets, l'air comprimé pousse le piston qui agit sur le liquide. La mise de feu s'opère au moyen d'une fusée. »

Cette belle découverte, dont on a fait grand bruit, n'est, en somme, ainsi qu'on le voit, qu'une réminiscence des siphons de l'antiquité.

Premières mines sous-marines. — A quelle époque eut-on, pour la première fois, l'idée de faire jouer sous l'eau une charge de poudre détonante? Il serait difficile de le dire. Ce qu'il y a de certain, c'est que cette idée se trouve consignée, en tous détails, dans les écrits de J.-B. Porta (1597). L'origine du fourneau submergé remonte donc au moins à la fin du seizième siècle.

C'est au dix-septième siècle que l'usage en est préconisé. En 1607, Crescentio donne la description d'une fougasse noyée, destinée à faire sauter les navires qui tenteraient de forcer l'entrée d'une rade; en 1624, le canot submersible de Cornelius Van Drebbel porte à son avant une longue perche, à l'extrémité de laquelle est fixée une boîte aux poudres. Enfin, le P. Mersenne, Casimir Siemienowicz et Wilkins recommandent l'emploi des mines sous-marines comme moyen auxiliaire de la défense des côtes. Les conciencieux écrits de cette pléiade de savants n'ont point la fortune de faire pénétrer la conviction dans l'esprit des contemporains; l'idée, si rationnelle et si bien développée qu'elle soit, doit subir, comme toutes les découvertes de ce monde, une longue période d'incubation.

Tout à coup, vers la fin du dix-huitième siècle, le public anglais est saisi de la *Proposition extraordinaire faite à tous ambassadeurs étrangers, nobles hommes, par un gentilhomme qui désire mettre fin à la guerre avec l'Amérique.*

Ce curieux document, daté de 1775, débute hardiment en ces termes :

« Tous ceux qui aiment leur roi et leur pays peuvent avoir maintenant l'opportunité d'introduire l'invention la plus destructive qui ait jamais été employée dans une guerre ; elle permettrait de jeter le trouble parmi nos ennemis et de les contraindre à faire la paix. Cette invention a été faite par moi, John Cross, et je me mets à la disposition de mon pays pour son emploi.

« Mon invention se recommande par les particularités suivantes :

« Placer de la poudre de guerre sous l'eau ; si un navire vient à toucher cette poudre, il sautera immédiatement.

.   .   .   .

.   .   .   .

« On fera usage de ces inventions quand une flotte ennemie viendra canonner ou bombarder une ville... »

.   .   .   .

.   .   .   .

David Bushnell. — Les Américains attribuent à Bushnell l'invention du fourneau submergé ; mais l'idée première des opérations de guerre sous-aquatiques n'est pas, comme on le voit, de leur illustre compatriote. Bushnell n'a fait qu'entraîner une opinion qui avait, depuis longtemps, pris cours. Son titre est d'avoir su la faire prévaloir dans son pays, en indiquant avec précision les conséquences qu'on en pouvait tirer.

Bushnell a fait lui-même l'exposé des méthodes qu'il

essayait d'introduire dans l'art militaire naval. Sa première expérience, qui ne consomma que deux onces de poudre de guerre, eut uniquement pour objet de prouver aux grands personnages du Connecticut que cette poudre pouvait parfaitement brûler sous l'eau. Il en brûla deux livres en sa deuxième expérience; la matière inflammable était enfermée dans une bouteille en bois placée à l'intérieur d'un baril, et garnie d'une fourrure en planches de chêne, de deux pouces d'épaisseur, séparant le baril de la poudre. Une gaine de bois, traversant ce système d'enveloppes, pénétrait jusqu'à la charge et permettait d'amorcer. L'explosion produisit des effets saisissants : les planches et le baril volèrent en éclats, au milieu d'une grande gerbe d'eau violemment projetée.... De là, grand étonnement des spectateurs!.. Une troisième séance fut consacrée à la reproduction de ce résultat remarquable, rendu plus intéressant encore, du fait de l'emploi d'une charge plus forte. Enfin, à plusieurs reprises, il essaya de couler des navires anglais.

Robert Fulton. — Ces essais étaient, depuis vingt ans, tombés dans l'oubli quand Robert Fulton eut l'idée de reprendre l'étude du système d'attaque inauguré par Bushnell. Banni, dit-on, de son pays, pour des raisons d'État, Fulton vint, en 1797, offrir ses services au Gouvernement français — lequel commença par lui faire assez mauvais accueil, et par déclarer absolument impraticable sa théorie des fourneaux submergés. L'amiral Decrès, auquel il exposait ses plans, lui répondit d'un ton plein de mépris : — « Allez, monsieur, vos inventions sont « bonnes pour des Algériens et des corsaires!... mais « sachez que la France n'a pas encore renoncé à la « mer. »

L'avènement du premier Consul modifia quelque peu ces appréciations. Fulton eut bientôt les moyens de procéder à des expériences, et le public fut invité à juger de l'effet surprenant de ces « submarine bombs » que l'on appelait « Torpilles ».

La torpille de Fulton (Voyez la fig. 2) comportait une charge d'environ 100 kilogrammes de poudre enfermés

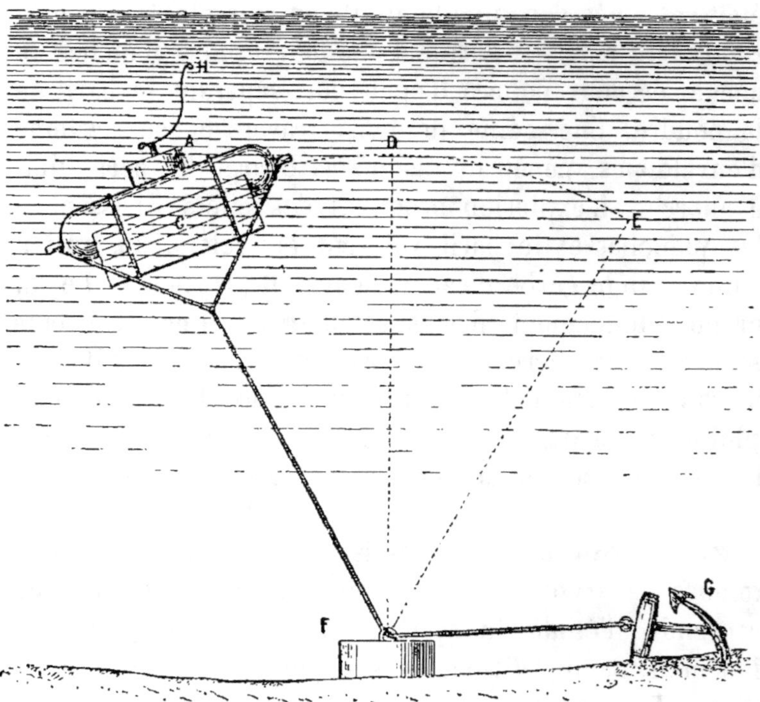

Fig. 2. — Torpille de Fulton, modèle dit *à l'ancre,*
d'après une gravure du temps.

dans une boîte de cuivre cylindrique, boîte terminée en hémisphère à ses deux bouts, d'un diamètre de 30 centimètres et d'une longueur totale de 60 centimètres. D'ingénieux appareils, dont le modèle variait suivant les circonstances, servaient à la mise du feu ; la machine, se pliant elle-même à tous les besoins, attendait les navires ou se portait à leur rencontre pour faire explosion sous leurs flancs.

La *torpille à l'ancre* avait son enveloppe métallique mariée à une boîte de sapin emplie de liège, et se trouvait ainsi plus légère que l'eau. Elle était maintenue à la profondeur voulue par le moyen d'un cordage passant par l'anneau d'un poids de soixante livres, noyé et solidement ancré par le fond. L'allumeur consistait en une petite boîte de cuivre vissée au cylindre de la torpille, boîte armée d'un levier à longue branche, lequel tenait bandée une platine de fusil destinée à enflammer l'amorce. Le moindre choc d'un corps solide extérieur provoquait l'explosion. Fulton estimait que, à dix pieds sous l'eau, les vagues ne pouvaient exercer que très peu d'influence sur le déplacement de la torpille à l'ancre, même par un vent violent.

Les expériences de l'inventeur n'eurent cependant pas le pouvoir de dissiper les doutes du ministre de la marine. Il fut opposé à Fulton des fins de non recevoir; on se moqua de ses torpilles. Taxé d'extravagance, sinon d'insanité, l'intelligent Américain prit le parti de passer en Angleterre, où il arriva en mai 1804. Là, pour dépister le Gouvernement français, il prit le nom de *Francis* et parvint à se faire présenter aux membres du cabinet britannique. Pitt, qui était alors premier ministre, parut vivement frappé de l'importance des résultats acquis.... Il s'écria qu'une invention pareille, si elle était appelée à réussir, ne pourrait manquer d'annihiler la puissance de toutes les marines militaires du globe. Les lords Mulgrave, Melville et Castlereagh manifestèrent hautement l'intérêt que leur inspirait l'entreprise. Aussitôt (juin 1804) on nomma une commission qui fut chargée d'examiner le projet de Fulton, et de faire un rapport sur la valeur de ses propositions touchant l'emploi des torpilles. Cette commission se composait de Joseph Banks, Cavendish, Home Popham, W. Congrève et John Rennie.

Cependant la praticabilité de l'invention était publiquement révoquée en doute en Angleterre, aussi bien qu'en France. Inquiet, mais plus que jamais convaincu, fort de la protection de Pitt, Fulton finit par obtenir qu'une expérience solennelle fût faite sous les yeux des ministres anglais.

Le 14 octobre 1805, on mit à l'ancre, dans la rade de Walmer près de Deal, *la Dorothée*, brick danois d'une construction solide, du port de 200 tonneaux et d'un tirant d'eau de 12 pieds (anglais). Deux torpilles vides, reliées à l'aide d'une corde mince de 89 pieds de longueur, furent placées sur les poupes de deux embarcations qui approchèrent du brick : l'une, à bâbord, l'autre, à tribord. Dès qu'on eut dépassé la bouée de mouillage, les torpilles furent lancées à l'eau simultanément; la corde qui les unissait alla toucher le câble du navire ; toutes deux, emportées par la marée, furent alors poussées sous la quille. Cette opération préliminaire fut répétée plusieurs fois; chaque fois, avec succès. Le lendemain, 15 octobre, Fulton chargea l'une des torpilles de 180 livres de poudre et y adapta un mouvement d'horlogerie destiné à enflammer la charge, après un temps déterminé. A quatre heures quarante minutes, les chaloupes firent route vers *la Dorothée*, puis les torpilles furent lancées à l'eau suivant la manœuvre étudiée la veille. L'horloge-allumeur était montée pour 18 minutes[1]... A l'expiration des 18 minutes, le brick, soulevé à six pieds (anglais) de haut, se brisa par le milieu (voyez la fig. 5)... Les deux parties coulèrent.... en vingt secondes, tout fut consommé!... On ne vit plus rien du

---

1. « Le mardi, 15 octobre, on vit M. Francis s'avancer sur le rivage en compagnie de lady Stanhope, nièce de M. Pitt. Il mit son mouchoir de poche au bout de sa canne, et donna ainsi au brick le signal de l'opération.. — Un galérien s'élança hors du navire en jetant quelque chose à l'eau... — M. Francis regarda sa montre et dit, en se tournant vers lady Stanhope : « *Encore quinze minutes!....* » A la seizième minute, l'explosion se produisit. » (*Nav. Chronicle*, 16 octobre 1805).

navire, sauf quelques débris çà et là flottants. De nombreux spectateurs, parmi lesquels se trouvaient l'amiral Holloway, le baron Sidney Smith, les capitaines Owen et Kingston, le colonel Congrève et la plupart des officiers de la flotte anglaise, placée sous le commandement de lord Keith, n'avaient pu s'empêcher de manifester leur profond étonnement. Il était démontré aux gens les plus

Fig. 5. — Destruction torpédique du brick *la Dorothée*,
d'après une gravure du temps.

compétents qu'un navire, soumis à l'action d'un fourneau sous-aquatique d'une charge de 200 livres de poudre, était inévitablement condamné à la ruine; le public, témoin de l'expérience, en avait été vivement impressionné[1].

1. « Il est impossible de concevoir une destruction plus complète ni une plus terrible manière de fracasser tous les éléments d'un navire. C'est la plus curieuse expérience des temps modernes!... On se demande pourquoi le bruit de l'explosion est si faible quand les effets produits sont si grands. » (*Nav. Chronicle*, loc. cit.)

Tout semblait donc marcher au gré des désirs de Fulton, quand des raisons politiques empêchèrent Pitt et lord Melville de prêter plus longtemps le concours de leur appui aux essais de l'ingénieur américain. — *Pitt est le plus grand sot qui ait jamais existé*, disait alors le comte de Saint-Vincent, *d'encourager un genre de guerre inutile à ceux qui sont les maîtres de la mer et qui, s'il réussit, les privera de cette suprématie.* Ce haut personnage avait raison. L'Angleterre était alors la reine des mers. Ses flottes en écumaient la surface, attaquaient les ports militaires, ruinaient le commerce de ses ennemis; sa marine faisait, alors comme aujourd'hui, l'orgueil de son gouvernement et de son peuple. Il était donc naturel qu'elle repoussât un projet dont l'adoption eût eu pour effet d'affaiblir la puissance due à la supériorité de sa marine.

Bien qu'il se fît fort de détruire notre flottille de Boulogne, Fulton fut rebuté en Angleterre... comme il l'avait été en France.

Il reprit la route de New-York, où il arriva en décembre 1806; aussitôt, il alla soumettre ses projets de guerre sous-marine à l'examen du gouvernement fédéral. Le secrétaire d'État Madison et le secrétaire de la Marine Smith lui allouèrent une somme importante, à l'effet de répéter en public l'expérience qui avait si bien réussi en Angleterre. Fulton reprit immédiatement ses travaux; le 20 juillet 1807, il fit sauter, en rade de New-York, un navire de 200 tonneaux. Les Américains ne pouvaient plus, dès lors, douter de l'impression qu'avait produite sur le public anglais le fait de la destruction instantanée de *la Dorothée*, mais ils demeurèrent froids.... ils furent loin d'accueillir avec enthousiasme le projet de leur compatriote.

Sans se laisser décourager par cette indifférence inexplicable, Fulton se remit au travail avec une énergie nouvelle. Il publia, en 1810, un opuscule destiné à faire connaître les principes qui devaient, à son sens, présider à la bonne direction d'une guerre sous-aquatique. Ce curieux mémoire, intitulé *Torpedo war*, fut adressé au président du Congrès, qui autorisa le secrétaire de la marine à ordonnancer de nouveaux fonds à l'effet de permettre la continuation des études entreprises.

Une commission fut instituée *ad hoc;* le commodore Rodgers et le capitaine Chauncey reçurent mission d'assister aux nouvelles expériences de Fulton. A ces causes, la frégate *l'Argus* fut mise à leur disposition en rade de New-York. On était alors au mois de décembre 1810.

Le commodore Rodgers fit d'immenses apprêts de résistance; un vaste système de filets, de *dauphins* et d'estacades empêcha Fulton d'approcher du navire.... La commission se prononça immédiatement contre l'adoption des torpilles, et l'inventeur dut abandonner à jamais l'espoir de convertir ses compatriotes à ses idées originales. C'est alors que, sans amertume ni orgueil, il traça ces lignes empreintes du cachet de ce calme que respirent les convictions solidement assises :

« J'ai cherché, depuis plusieurs années, à introduire
« l'usage des torpilles en France et en Angleterre.
« Quoique cette tentative n'ait pas réussi, elle m'a fourni
« l'occasion de faire un nombre d'expériences considé-
« rable... — Il est reconnu que 70 livres de poudre
« éclatant sous la carène d'un bâtiment de 200 tonneaux
« le font sauter; que, si une quantité proportionnelle
« s'enflamme sous la carène d'un vaisseau de guerre de
« premier rang, elle le détruit également.... — Il faut
« convenir, d'ailleurs, que toutes ces expériences furent
« mal exécutées : je n'avais aucun homme habitué à se
« servir des machines; moi-même, je connaissais peu
« la manière d'en faire usage; je me trouvais donc
« réduit à la nécessité d'exposer ma théorie par le moyen

« des appareils très imparfaits que j'avais à ma dispo-
« sition. Malgré le fait de ces conditions défavorables,
« j'ai acquis des données utiles ; j'ai démontré à quelques
« membres du comité l'importance de mes inventions,
« surtout pour la défense des ports. »

Gillot. — Pendant que le fait de la destruction instantanée du brick *la Dorothée* enthousiasmait l'Angleterre,
c'est-à-dire en 1805, Gillot faisait en France une découverte dont le retentissement devait être ultérieurement
immense. Le succès de ses expériences concluantes lui
permettait de préconiser la *mise du feu électrique* et
pour les fourneaux souterrains et pour les fourneaux
submergés. Telle est l'époque à laquelle se rapporte
réellement l'origine de la *torpille*.

Au moment où Fulton publiait à New-York son *torpedo
war*, Duane écrivait en France sur le même sujet, et le
capitaine d'artillerie Parizot proposait, pour la défense
des rades, un *torpedo stagnant* de son invention. Cet
appareil, dont le modèle se voit encore au Musée de
Saint-Thomas-d'Aquin, n'était explosible que sous une
pression égale à celle d'un navire de fort tonnage ou d'une
marée haute. On pouvait, par conséquent, aller en canot, à marée basse, mettre au cran du bandé, ou au
cran du repos, la batterie de fusil destinée à provoquer
l'inflammation subite de la charge.

En 1813, le colonel du génie Firzow, commandant les
mineurs de la garde impériale russe, entreprit à Pétersbourg une série d'expériences ayant pour but de déterminer le rapport des effets d'une charge de poudre
agissant alternativement dans la terre et dans l'eau. Il
fit sauter, au moyen de fourneaux submergés, quelques
portions d'un passage de fossé plein d'eau, un pont à
supports fixes, un radeau, etc. Le résultat de ces expériences, qui durèrent jusqu'en 1819, fut communiqué

par Firzow au mineur Le Brun ; notre éminent compatriote sut en déduire quelques règles pratiques qui ont été suivies, depuis lors.

L'année 1815 vit paraître une nouvelle publication traitant de divers engins sous-aquatiques. L'auteur, citoyen de l'État de New-York, avait intitulé son livre : *Hints relative to Torpedo warfare*, et proposé, sous ce titre, une foule de dispositions ingénieuses que M. Barnes a fait connaître au public.

Nous devons ensuite mentionner les travaux de Gassendi (1815), de Firzow (1813-1819), de Le Brun (1819-1820), de Montgéry (1819), de Cotty (1822), et les articles publiés sur la matière par les *Annales maritimes* (numéros d'août et de septembre 1823).

De Montgéry. — Les études de Montgéry sont particulièrement intéressantes, en ce qu'elles comportent une critique judicieuse des divers moyens d'attaque préconisés par Fulton.

Samuel Colt. — En 1829, commencèrent en Amérique les expériences du colonel Samuel Colt, au nom duquel l'invention du revolver sut acquérir plus tard une juste célébrité.

Dès 1831, le docteur Hare, de Philadelphie, et M. Moses Shaw, de New-York, savaient enflammer une charge de poudre au moyen de l'électricité. C'est également à cette époque que le lieutenant Fabien perfectionnait, en France, les méthodes de mise du feu que Gillot avait inaugurées vingt-cinq années auparavant.

Le moment est venu où l'on va pouvoir mesurer la puissance des fourneaux submergés. On commence, en effet, à obtenir, au moyen de la poudre enflammée sous l'eau, des ruptures d'obstacles naturels, des destructions d'ouvrages de main d'homme. En 1833, le plongeur anglais Albinett parvient à dégager une passe qu'obstruait une ligne de navires coulés ; son nom devient surtout célèbre, après qu'il a fait jouer ses mines sous le *Boyne*. En 1837, aux rapides de la Neva, à la hauteur de Pella, deux rochers qui entravaient la navigation sont brisés par des charges de poudre enflammées sous l'eau à l'aide d'un *fulmifère (sic)*, de l'invention du chevalier Lemelt.

Deux ans plus tard, en 1839, le colonel Pasley, directeur de l'École de Chatam, faisait disparaître un brick et un schooner qui avaient été coulés à l'entrée de Gravesand, sur la Tamise, et qui, par suite, encombraient ce port. Ce succès ne fut pas le seul : l'habile ingénieur sut encore détruire, en 1841, *le Royal-George*, vaisseau de guerre de premier rang, qui s'était perdu, en 1789, dans la rade de Spithead. En même temps que le nom du colonel Pasley, il faut citer celui du capitaine Warner dont *la Grenade invisible* fit sauter un navire en rade de Brighton.

Le récit des brillants résultats acquis par les Anglais ne devait pas manquer d'échos ; l'Amérique stimulée se remit vaillamment à l'œuvre. Le 4 juin 1842, Samuel Colt fit, au moyen de la pile, partir une torpille en rade de New-York ; puis, le 4 juillet suivant, la puissance des procédés qu'il préconisait se manifesta par une formidable explosion qui détruisit, vis-à-vis de Castle-Garden, le vieux vaisseau de ligne *Boxer*. Le gouvernement demanda à l'ingénieur s'il saurait faire sauter un schooner sur le Potomac ; l'embarcation désignée sauta le 20 août, en présence du Président, des ministres, du général Scott, etc. On fit remarquer que le but ne s'était pas trouvé placé à une distance de moins de 5 milles des appareils électriques de l'opérateur. Enfin, le 18 octobre 1842, la série des expériences de l'année fut close par la ruine instantanée du *Volta*, brick de 300 tonneaux ; l'Institut, le secrétaire d'État de la guerre et quarante mille spectateurs accueillirent ce succès avec un enthousiasme indescriptible.

Jusqu'alors, tous les navires livrés aux expériences se trouvaient immobiles à l'ancre. On pensa que, pour bien apprécier définitivement toute la valeur du procédé, il convenait de faire viser des buts mobiles. On indiqua à cet effet, sur le Potomac, un brick de 500 tonneaux. Le 13 avril 1843, ce navire était sous voile, filant largement cinq nœuds, lorsqu'il fut mis en pièces par le colonel Colt opérant d'Alexandrie, c'est-à-dire à cinq milles de distance!... Le Congrès se déclara satisfait et reconnut la portée du rôle à venir des torpilles, si bien que le colonel Totten, alors directeur de l'*Engineering Bureau*, prohiba expressément la divulgation des procédés employés. L'année suivante (1844), le Congrès résolut de poursuivre le cours des expériences entreprises; sur les conclusions favorables d'un rapport des secrétaires d'État de la guerre et de la marine, il vota pour cet objet des allocations importantes. L'argent fut dépensé, mais l'invention de Colt et le résultat de ses nouvelles recherches demeurèrent le secret du gouvernement américain. Il ne transpira, dans le public, aucune donnée touchant la méthode suivant laquelle Colt faisait fonctionner ses piles ou disposait ses fils conducteurs. On dit que le célèbre inventeur mourut emportant encore un autre secret avec lui. Suivant ce dire, ses derniers travaux l'auraient conduit à grouper les fourneaux submergés d'une manière très heureuse; à les relier entre eux, ainsi qu'à la pile, au moyen d'un système de fils isolés assurant, à volonté, l'indépendance ou la simultanéité des explosions. L'un de ses projets eût été d'amener le navire objectif à signaler lui-même sa présence au-dessus des torpilles en faisant jouer un télégraphe; ou, mieux encore, de lui faire mettre le feu aux poudres en fermant le circuit, suivant une méthode qui a été, depuis lors, adoptée par les ingénieurs militaires de l'Autriche. Quoi qu'il en soit, il est certain que Samuel Colt a été le promoteur d'une foule de combinaisons ingénieuses; qu'il a fait faire de grands progrès à l'art de la guerre sous-marine.

Là ne s'arrête point l'histoire des origines du fourneau submergé. En 1846, le prince de Joinville fit faire à la *Spezia* une expérience d'attaque en ruine, dirigée contre une estacade formée de chaînes et d'espars; l'escadre qu'il commandait en fut émerveillée.

En 1851, le lieutenant Bartlett fut chargé d'améliorer, aux abords de New-York, la passe de *Hell Gate* (porte d'enfer), dont l'obstacle principal était le *Pot-Rock*, gros rocher nu qui couvrait de 2^m,44 à marée basse et sur lequel talonnaient nécessairement tous les navires calant plus de 2^m,50. L'ingénieur opérait de la manière suivante : à chaque séance, une gargousse en fer-blanc, contenant 56 kilogrammes de poudre, était simplement placée sur le point culminant du rocher à détruire. Sur l'un des côtés de la gargousse était soudé un tube de 0^m,15 à 0^m,20 de long, contenant l'amorce, exactement fermé par un bouchon de bois et traversé par les conducteurs. Cette charge de 56 kilogrammes enlevait chaque fois environ 3^{mc},540 du *Pot-Rock*, quoique ce rocher fût d'un *gneiss très dur;* d'où l'on put conclure que l'extraction d'un mètre cube de gneiss ne devait exiger que 15^{kg},500 de poudre.

Bientôt les procédés de mise du feu sous l'eau acquièrent une précision remarquable; M. du Moncel, chargé de la construction de la digue de Cherbourg, obtient, à l'aide d'un seul courant, l'explosion compassée de six mines sous-marines, lesquelles opèrent, d'un coup, la rupture de 50 000 mètres cubes de roches dures.

Nous-même enfin, en 1854, nous soumettions à l'examen de notre gouvernement un modèle de torpille *mouil-*

lée et aussi un modèle de torpille *dirigeable*. Les préoccupations que faisait naître alors l'imminence de la guerre de Crimée en ont empêché les essais.

Les évènements allaient bientôt démontrer qu'il n'eût pas été inutile de procéder à quelques expériences.

II

POUVOIR DESTRUCTEUR DE LA TORPILLE

La torpille est une « arme » extraordinaire qui porte des coups singulièrement redoutables. Avant d'en exposer le pouvoir destructeur, nous observerons qu'il importe de ne point la confondre avec le « flotteur explosible ».

Flotteurs explosibles. — On donne généralement le nom de *mines flottantes* à des récipients maintenus à la surface de l'eau, remplis de poudre et destinés à faire explosion en temps et lieux déterminés. Lorsqu'aux barils de poudre on joint pêle-mêle des corps solides d'espèce et de grosseur diverses, faits pour agir à la façon des projectiles, la mine flottante prend le nom de *machine infernale*.

La plus ancienne machine de ce genre est celle que Federico Giannibelli construisit, lors du siège d'Anvers de 1585, à l'effet de rompre le pont qu'Alexandre de Parme avait jeté sur l'Escaut, au coude de Calloo. En voici la description, d'après Strada :

« L'ingénieur italien fit quatre bateaux plats de 70 à 80 tonneaux et monta, au fond de chacun d'eux, une maçonnerie de briques, de $0^m,33$ de haut sur $1^m,60$ de large. Sur cette base il bâtit une chambre cubique d'un mètre de côté. Cette chambre servit de récipient à une charge de 3500 kilogrammes d'une poudre très fine et, par conséquent, très brisante ; elle fut, après l'introduction de la charge, recouverte de meules de moulin, de pierres tombales et d'une masse d'autres pierres d'un poids énorme. Au-dessus de ce couvercle, l'ingénieur entassa des boulets, des blocs de marbre, des crocs, des clous, des tas de ferrailles, et maçonna sur le tout un toit *de grosses pierres*. Ce toit n'était pas plat, mais en dos d'âne, afin que, la mine venant *à crever*, l'effet ne s'en fît pas sentir seulement dans le sens vertical, mais de tous côtés. L'espace ménagé entre les murailles de la mine et le bordage des bateaux plats fut rempli de pierres de taille maçonnées et de poutres liées avec les pierres par *des crampons de fer*. Il établit sur toute la largeur des bateaux un plancher de grosses planches qu'il recouvrit encore d'une couche de briques; et sur le milieu il éleva un bûcher de bois poissé, pour être allumé quand les bateaux démarreraient, afin que l'ennemi, leur voyant descendre l'Escaut, crût que ce n'étaient que des brûlots ordinaires lancés contre le pont.

« Pour que le feu ne manquât pas de prendre à la mine, il se servit concurremment de deux moyens : le premier consistait en une mêche soufrée d'une longueur proportionnée au temps qu'il fallait aux bâteaux pour arriver au pont, quand ceux qui les conduiraient les auraient abandonnés et mis dans le courant; l'autre moyen était tiré de l'emploi d'une de ces petites horloges ou réveille-matin qui, en se détendant, après un certain temps, battent le fusil. Celui-ci, faisant feu, devait donner sur une traînée de poudre, laquelle aboutissait à la mine. »

Ces quatre mines flottantes étaient accompagnées de treize brûlots ordinaires, destinés à les dissimuler derrière un rideau de nuages de fumée. Un seul des quatre bateaux, celui qu'on nommait *l'Espérance*, eut un effet utile et Strada rapporte, ainsi qu'il suit, l'effet prodigieux de l'explosion : « On vit en l'air une nuée de pierres, de poutres, de chaînes, de boulets. Le blockhaus auprès duquel la mine avait joué, une partie des bateaux qui servaient de supports au tablier du pont, les canons, les soldats furent brusquement enlevés et dispersés. On vit l'Escaut s'enfoncer *en abîme*, et l'eau appelée en l'air avec une telle violence qu'elle passa sur toutes les digues et à un pied au-dessus du fort Sainte-Marie. On sentit la terre trembler à près de quatre lieues de là ; on trouva quelques-unes des pierres tombales, dont la mine avait été couverte, transportées à mille pas de l'Escaut. Les pertes des Espagnols furent évaluées à 800 hommes tués et 1000 blessés ; Alexandre Farnèse faillit lui-même être victime de la catastrophe. A l'approche des brûlots, il était accouru en toute hâte, et ne s'était résigné à rentrer au fort que sur les instances d'un officier espagnol.... Il n'y était pas arrivé que l'explosion se produisit... il fut projeté au loin à terre et demeura quelque temps sans connaissance. »

Près d'un demi-siècle plus tard, en septembre 1628, les Rochelais, voulant rompre la fameuse digue qui avait été construite à l'entrée de leur port, firent jouer trois machines infernales masquées par la fumée de trois brûlots ; mais cette tentative n'eut aucun succès. Dans la nuit du 30 septembre, les Anglais, alliés des Rochelais, tentèrent une entreprise analogue contre les vaisseaux du roi de France, lesquels stationnaient à l'arrière et formaient une ligne continue de la digue à la rade du Ché-du-Bois. Ils mirent à l'eau une douzaine de bombonnes de fer-blanc emplies de poudre, qu'un ressort devait faire éclater au premier contact d'un corps solide. Un de ces pétards toucha l'un des vaisseaux et ne lui fit d'autre mal que celui de l'asperger d'eau de mer ; les autres pétards furent arrêtés avant d'avoir produit aucun effet.

Le gouvernement de Louis XIV eut, en 1688, l'idée de ruiner le port d'Alger au moyen d'une énorme bombe qu'on put voir longtemps dans le port de Toulon, et dont les mémoires de Saint-Remi nous ont conservé la description suivante : « La bombe qui est embarquée sur la flûte *le*

Chameau est de la figure d'un œuf; elle est emplie de sept à huit milliers de poudre : on peut, de là, juger de sa grosseur; on l'a placée au fond du bâtiment dans cette situation : outre plusieurs grosses poutres qui la maintiennent de tous côtés, elle est encore appuyée de neuf gros canons de fer de dix-huit livres de balles, quatre de chaque côté et un sur le derrière, qui ne sont point chargés, ayant la bouche en bas. Par-dessus, on a mis encore dix pièces de moindre grosseur, avec plusieurs petites bombes et plusieurs éclats de canon, et l'on a fait une maçonnerie à chaux et à ciment qui couvre et environne le tout, où il est entré trente milliers de briques, ce qui compose comme une espèce de rocher au milieu de ce vaisseau qui est, d'ailleurs, armé de plusieurs pièces de canon chargées à crever, de bombes, de carcasses et pots-à-feu pour en défendre l'approche.

« Les officiers devant s'en retirer après que l'ingénieur aura mis le feu à l'amorce qui durera une heure, cette flûte doit éclater avec sa bombe pour porter de toutes parts les éclats des bombes et des carcasses, et causer par ce moyen l'embrasement de tout le port de la ville qui sera attaquée. Voilà l'effet qu'on s'en promet. On dit que cela coûtera au roi 80 000 livres. »

Les Anglais et les Hollandais attribuèrent à la France l'invention des machines infernales, et voulurent faire passer la bombe d'Alger pour le premier engin de ce genre. Telle est la signification de la médaille frappée, en l'honneur du prince d'Orange, après le bombardement du Havre. Le revers représente le taureau de Phalaris avec l'inscription :

« SUIS PERIT IGNIBUS AUCTOR. »

et on lit en exergue :

« PORTUS GRATIÆ EXUSTUS ET EVERSUS BOMBARDIS

ANGLO-BATAVIS, M.D.CXCIIII. »

Nos ennemis avaient alors oublié l'histoire de la machine de Giannibelli et celle des pétards de la Rochelle.

Les années 1693, 1694 et 1695 sont demeurées célèbres du fait des exploits des machines infernales anglaises qui insultèrent les ports de Saint-Malo, de Dieppe et de Dunkerque. La machine de Saint-Malo était une galiote de trois cents tonneaux, ayant trente-quatre pieds de longueur, dix-huit de hauteur et neuf de tirant d'eau. Le premier entre-pont était bourré de vingt milliers de poudre recouverts de maçonnerie; le deuxième était garni de six cents bombes et carcasses également maçon_nées; le troisième contenait cinquante barils emplis d'artifices, encore noyés dans la maçonnerie; enfin, le tillac était couvert de trois cent quarante carcasses, ballons à grenades, boulets, chaînes, morceaux de métal, bouts de mousquets chargés, mitraille et chausses-trapes. Les intervalles étaient garnis de matières combustibles; et le tout, enveloppé de toiles goudronnées. La machine fut amenée sous le vent de la ville... Elle arrivait près des murs quand une brise l'en éloigna pour l'entraîner vers une roche où elle s'échoua. L'ingénieur, la voyant couler, s'empressa d'y mettre le feu... elle éclata presque immédiatement. Quoique opérée plus loin des murs qu'on ne le voulait, l'explosion eut un effet terrible : une partie de la ville fut démolie; toutes les maisons furent ébranlées. Le cabestan de la galiote, du poids de deux mille livres, fut projeté par-dessus les remparts et creva la maison sur laquelle il opéra sa chute.

L'année suivante (1694), durant la nuit du 12 au 13 juillet, les Anglais firent sauter, à la tête du môle de Dieppe, une machine *en forme de vaisseau*. Au mois de septembre suivant, ils dirigèrent deux machines semblables contre les forts de Dunkerque. Le 5 juillet 1695, deux mines flottantes furent lancées par eux contre Saint-Malo. Enfin, dès les premiers jours d'août, ils tentèrent encore une opération analogue contre la place de Dunkerque. Aucune de ces agressions ne réussit. Les Anglais ne furent pas plus heureux, en 1759, au Canada; six mines flottantes, qu'ils lancèrent contre Québec, ne produisirent aucun résultat sérieux.

Les Russes réussissaient mieux. En 1770, ils poussèrent deux embarcations infernales contre la flotte ottomane refoulée dans le port de Tchesmé, et l'incendièrent totalement. Les fortifications de la ville s'écroulèrent; la terre trembla jusqu'à plusieurs lieues de distance.

Il était réservé à l'Amirauté anglaise de clore la série historique des grosses machines infernales par des attaques infructueuses contre nos ports de l'Océan. Le fort Rouge, de Calais, fut insulté en 1804; et, en 1809, le port de Rochefort eut à subir l'effet des explosions de plusieurs machines flottantes d'un volume considérable; quelques-unes étaient des navires de premier rang. La lumière du feu fut perceptible à dix-sept lieues de là, mais il y eut beaucoup plus de désordre que de mal.

En 1800, les Anglais tentèrent encore une autre entreprise contre la flotte française mouillée en rade de l'île d'Aix. L'estacade, qui couvrait le front de cette flotte, consistait en une solide charpente formée de poutres et d'espars, dont le système était maintenu au moyen de nombre d'ancres et de gros câbles. Pour détruire l'obstruction, les assaillants eurent recours à l'emploi d'une machine infernale. C'était un navire dont on avait solidement renforcé la muraille et les fonds, de manière à le transformer en une sorte de mortier géant. La charge se composait de 1500 barils de poudre avec quelques centaines de bombes et environ 3000 grenades à main. L'énorme brûlot explosible fut remorqué de façon à quasi accoster l'estacade. Les Anglais y mirent le feu... et l'explosion ne manqua point de se produire. L'obstruction fut mise en pièces, non toutefois du fait d'une commotion provenant directement de l'inflammation de la poudre, mais à raison de la violence du choc, dû à une onde de refoulement énorme, laquelle avait surgi du sein de la masse liquide. La frégate *l'Indienne*, alors mouillée à une demi-encâblure de l'estacade, s'y trouva hors d'atteinte.

Le fait de l'explosion des soutes de la corvette portugaise *Dona Maria*, survenue en 1851 dans le port de Macao, nous offre un autre exemple du peu d'effet des commotions de ce genre sur l'air ambiant, effet que celui-ci ne peut que très difficilement transmettre. Le sloop de guerre *Marion*, de la marine des États-Unis, était mouillé à moins d'une demi-encâblure de la *Dona Maria*. Il n'eut cependant à enregistrer aucune avarie, encore que l'un des canons portugais qui venaient de sauter fût retombé sur ses œuvres mortes.

Mentionnons aussi l'explosion du brûlot *Indiana* sous les ouvrages du fort Fisher, pendant la guerre de la Sécession des États d'Amérique. La charge était de 215 tonnes de poudre, et la mise du feu en avait été préparée avec le plus grand soin. Cette machine infernale fut conduite à 851 yards (778^m,15) du saillant nordest du fort, amarrée et abandonnée en ce point, après l'entrée en jeu des allumeurs. L'*Indiana* sauta... On s'attendait à constater des résultats considérables mais, à l'aube du jour, le fort apparut aux assaillants absolument intact, avec ses parapets et ses traverses, dont les angles étaient aussi purs et les arêtes aussi vives qu'à l'ordinaire... tellement intact qu'il répondit immédiatement au feu des canons de la flotte ennemie.

Quelle est la vraie valeur des machines infernales? De nos jours, l'emploi de ces monstres explosibles paraît à peu près abandonné. La Commission d'armement des côtes de France pense que les *machines infernales* et les *mines flottantes* ne peuvent pas être, plus que les *brûlots*, comptées au nombre des moyens réguliers de l'attaque et de la défense. Telle était l'opinion de l'empereur Napoléon Ier, qui, le 9 septembre 1809, écrivait au ministre de la Marine : « Je ne sais pas ce que vous entendez par machines infernales. — Les machines infernales ne sont rien ; les Anglais s'en sont servis contre plusieurs de nos ports, et cela n'a abouti qu'à casser des vitres. S'il suffisait d'une machine infernale pour prendre une place forte, il faut croire que l'on s'en serait servi pour prendre les places qui ont arrêté les conquérants. »

En somme, la puissance du « flotteur explosible » est essentiellement limitée. On va voir que celle de la torpille est considérable.

Effets extérieurs d'une explosion sous l'eau. — Quels sont les effets *extérieurs* d'une explosion sous-aquatique ? Lors de la mise du feu, le fait de la brusque déflagration des poudres a pour conséquence immédiate la production d'une grande masse de vapeurs et de gaz, élevés à la température de 2400 degrés centigrades. Instantanément, ces corps élastiques se détendent, se développent…. Ils opèrent, en tous sens, un *refoulement* des molécules liquides, afin de se créer, dans le milieu ambiant, un logement qui les puisse contenir. Cette *chambre* affecte un moment la forme d'une sphère — décrite du centre des poudres avec un rayon dont la longueur est, tout d'abord, restreinte.

Ce premier résultat du phénomène de l'explosion sous-aquatique comporte, à court délai, des effets consécutifs de deux sortes : les uns, extérieurs ; les autres, intérieurs. L'énorme bulle de gaz, qui vient de se produire au sein de la masse liquide, obéit incontinent aux lois de la pesanteur et tend vivement vers le zénith. Dès lors, la chambre est appelée à subir des modifications importantes : la sphère se transforme en ovoïde et le nouveau solide a son grand axe vertical. D'ailleurs, ses proportions prennent manifestement de l'ampleur; l'observateur ne tarde pas à assister au spectacle d'un soulèvement des eaux dont la surface, primitivement plane, s'emboutit rapidement en dôme; il voit un grand segment sphérique apparaître... et la bulle ovoïdale, crever le sommet de ce segment pour s'échapper dans l'atmosphère.

Fig. 4. — Gerbe d'explosion d'une torpille.

Les premières couches d'air sont vivement traversées. De là un énergique appel, en suite duquel certain volume d'eau est violemment entraîné dans la direction zénithale. La colonne liquide, qui s'élance — haut et droit — à la suite des gaz — a reçu le nom de *gerbe*, à raison de l'aspect qu'elle offre à l'œil au moment où elle va retomber en pluie mousseuse (fig. 4 et 5). Alors, le segment convexe disparaît pour faire place à une

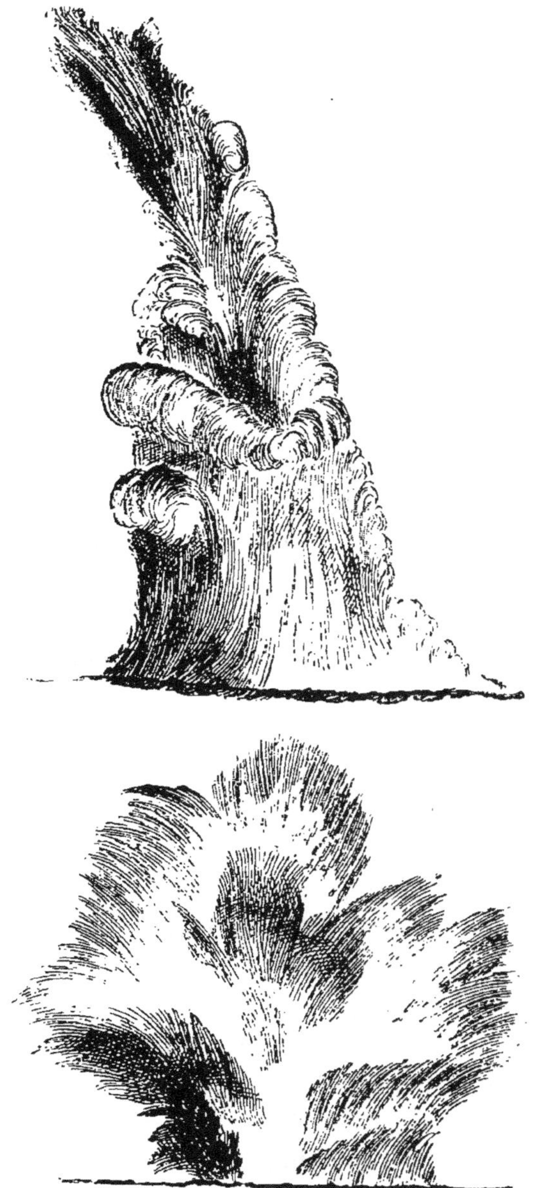

Fig. 5. — Gerbes d'explosion de torpilles.

grande vague circulaire, légèrement concave.

Tel est, réduit à sa plus simple expression, le tableau d'ensemble des effets *extérieurs*.

Effets intérieurs. — Les premiers effets *intérieurs* d'une explosion sous-aquatique consistent en une commotion violente que subissent les points circonvoisins du fourneau. Ce mouvement de trépidation, dont le rayon s'éten dassez loin, résulte du fait de l'expansion des gaz de la poudre, lesquels frappent brusquement et refoulent, de toutes parts, le milieu dans lequel ils se développent. Or ce milieu — essentiellement incompressible — transmet aussitôt choc et refoulement en tous sens. L'ébranlement se propage dans la masse liquide avec une vitesse de 1400 mètres à la seconde, et donne ainsi naissance à une *onde* dont la puissance décroît proportionnellement au carré de la distance. Il est, d'ailleurs, important d'observer que cette commotion intérieure, due à la puissance de la détente des gaz, est loin de constituer un phénomène inoffensif. Jusqu'à certaine distance du centre d'explosion (distance qu'on peut appeler le *rayon de rupture*) l'onde de refoulement *fait brèche* aux corps plongés; par delà cette zone et jusqu'à d'autres limites, elle les écrase ou y cause de sérieuses avaries.

En résumé, les effets extérieurs de l'explosion d'un fourneau sous-aquatique consistent en l'apparition du *dôme* et de la *gerbe*; les effets intérieurs, en un *choc* qui se transmet au travers de la masse liquide, en opérant, *même à distance*, des ruptures ou des écrasements.

Cela étant, on conçoit l'intérêt qui s'attache à la connaissance des lois suivant lesquelles se produisent ces effets; à la détermination des limites de la zone dangereuse qui doit se développer, à raison de l'explosion d'un fourneau donné. De fait, ces lois sont encore à peu près lettre close pour nous, et le peu que nous en savons ne saurait se condenser en formules algébriques. Les méthodes suivies jusqu'à ce jour, à l'effet de projeter quelque lumière sur ce vaste champ d'inconnues, nous semblent empreintes d'un cachet d'étroitesse et d'imperfection. Nous estimons que, en pareille matière, la méthode expérimentale est seule rationnelle.

Dans cet ordre d'idées, il est certain que, si l'on parvient à poser nettement les termes du problème, on aura déjà fait un pas vers cette solution difficile. Or, chacune des données — *navire, torpille, milieu, distance du navire au fourneau* — étant essentiellement variable, le nombre des combinaisons possibles entre ces variables étant, d'autre part, notable, il est facile de voir que le problème ne comporte pas de solutions conformes à des règles absolues ni même générales. Il est indispensable d'étudier, en particulier, chacun des cas qui peuvent se présenter et de veiller, *en chaque cas*, à ce que les études ne sortent point des limites exprimées en cet énoncé :

Étant donnés le navire, la torpille, le milieu liquide et la distance, trouver PAR EXPÉRIENCE le rayon du cercle dangereux.

On ne saurait trop s'en pénétrer, c'est l'expérience seule qui peut prononcer en ce qui concerne les effets afférents à chaque combinaison des variables. Il convient donc de faire beaucoup d'essais pratiques et telle est, il faut le dire, la méthode qu'ont adoptée la plupart des puissances maritimes.

C'est l'Autriche qui, la première, est entrée dans cette voie. Dès 1857, le colonel Ebner expérimentait, sur une digue du Danube, l'effet sous-aquatique d'une charge de fulmi-coton. Ultérieurement, de 1859 à 1866, l'éminent torpédiste a persévéramment poursuivi le cours de ses expériences dans les eaux de Venise. L'une des plus curieuses est la suivante : Une charge de 400 livres de coton-poudre fut immergée, sous 10 pieds d'eau, à 24 pieds de distance d'une vieille corvette au mouillage. Le bâtiment se brisa en mille pièces, lesquelles sautèrent en l'air à plus de 400 pieds.

L'emploi de la méthode expérimentale a déjà fourni quelques données intéressantes touchant le mode d'action des torpilles. Il ne sera pas hors de propos d'en exposer ici quelques-unes.

Une torpille *de contact* est capable d'ouvrir des brèches formidables dans le flanc des navires; elle a raison des plus fortes membrures, et cela parce que l'eau ambiante fait contre ces membrures office de *bourrage*, et d'un excellent *bourrage*. Ce fait est, depuis longtemps, établi; les Américains, par exemple, ont constaté qu'une charge de 45 livres de poudre, placée dans une carcasse en fonte d'un demi-pouce d'épaisseur, produit une large voie d'eau, quand on la place, à 12 pieds de profondeur, contre le flanc d'un navire.

Mais quelle est la puissance d'action d'une torpille agissant *à distance?*

En France, il a été constaté qu'une torpille de 2000 kilogrammes de poudre, par 40 mètres de submersion, peut faire une brèche de 6 mètres de diamètre dans les fonds d'un navire mouillé à son aplomb; que, jusqu'à la distance de 65 mètres, *l'onde de refoulement* crève ou aplatit des carcasses de torpille en fonte; que, si quelque carène passe à moins de 65 mètres d'une torpille, ses bordages se disjoignent et crachent leurs étoupes; enfin, que l'on ne saurait mesurer, au juste, la distance à laquelle un navire peut s'aventurer impunément dans les eaux d'une torpille.

Outre ces données lois relatives à la *portée* efficace des torpilles, l'expérience a révélé une foule d'autres faits généraux intéressants, entre lesquels nous citerons ceux-ci :

Toutes proportions gardées, les fortes charges n'agissent pas contre un navire de la même manière que les charges faibles.

Le mode de mouillage d'une torpille n'est pas sans influence sur la puissance et la direction de ses effets destructeurs.

Une torpille *mouillée* produit des effets *latéraux* moindres que ceux d'une torpille *dormante* de même charge, posée sur un fond dur. Ses effets *verticaux* sont, en revanche, plus considérables.

L'action d'une torpille ne peut s'exercer efficacement contre un obstacle qui fuit devant elle. Pour être en prise au danger que lui suscite le fait d'une explosion sous-aquatique, un navire doit être doté de certaine inertie ou de dimensions qui permettent au choc de se produire *au point le plus proche* d'une manière plus intense qu'aux deux extrémités.

La différence est grande entre les effets *latéraux* et *verticaux* d'une torpille; ceux-ci sont, de beaucoup, plus considérables. Frappés de ce fait d'expérience, les Anglais songent à ne plus tirer parti que de *l'action verticale.*

Au delà de certaines profondeurs, il faut des charges énormes pour obtenir, à la surface, un cercle dangereux de 7^m,50 de rayon.

Dans un fourneau sous-aquatique, le rendement des matières explosibles n'est jamais, toutes choses égales d'ailleurs, que la moitié du rendement obtenu dans une bouche à feu.

Les ingénieurs des constructions navales se préoccupent avec raison de la recherche des moyens propres à doter leurs bâtiments de certaine invulnérabilité contre l'effet destructeur des torpilles. D'aucuns proposent d'en cuirasser la carène sur toute la surface; mais de cette énorme sujétion il ne résulterait qu'un accroissement insignifiant du pouvoir de résistance, attendu que ce pouvoir dépend uniquement du rapport de l'inertie de la plaque de blindage à celle d'une lame d'eau de même épaisseur. D'autres ont préconisé les *doubles-fonds*, mais l'expérience n'a pas tardé à leur en démontrer l'inefficacité. La plupart n'entrevoient pas de solution possible hors du système des *compartiments étanches.* C'est dans cette voie qu'est résolument entré, par exemple, M. Micheli, directeur des constructions navales de la marine italienne. L'éminent praticien établit dans la cale de ses navires des membrures ajourées, formant ensemble un double-fond de 1^m,80 à 2 mètres de hauteur. Il y organise ainsi un *système cellulaire* de compartiments, cubant chacun à peu près le volume de trois tonnes d'eau, et d'une étanchéité presque absolue. Chacune de ces *cellules* est, d'ailleurs, bourrée de lièges calibrés. « Qu'une torpille, dit M. Micheli, vienne à en défoncer une vingtaine (ce qui est impossible), la quantité d'eau qui pourrait pénétrer dans la cale ne s'élèverait qu'à une centaine de tonnes, ce qui n'empêcherait pas le navire de continuer sa marche.... Avec six cents tonnes d'eau dans sa cale, le navire que je propose naviguerait encore plus sûrement que la *Dévastation*.... »

Toutefois, en tout état de cause, et quels que soient les perfectionnements à intervenir dans les constructions navales, nous estimons que tout bâtiment — menacé des effets d'une explosion sous-aquatique — fera toujours sagement de se tenir à bonne distance du fourneau qui peut l'atteindre. La torpille est un ennemi qu'on ne saurait bien combattre qu'en battant méthodiquement en retraite.

III

Comment organisera-t-on le fourneau sous-aquatique qui, sous la main de l'opérateur, doit produire des effets donnés? Quelle en sera la charge? Sous quelle enveloppe cette charge sera-t-elle enfermée? Comment s'effectuera la mise du feu?

Telles sont les premières questions que le torpédiste doit savoir résoudre.

Charge. — Entre toutes les matières explosibles dont on peut charger une torpille, la poudre de guerre occupe, par droit d'ancienneté, le premier rang. Les propriétés en sont connues; la manipulation en est facile; l'amorçage, simple et sûr. Mais l'emploi du vieux mélange classique de salpêtre, de soufre et de charbon présente torpédiquement certaines difficultés pratiques; et ce, à raison du volume et du poids des charges qu'il est souvent nécessaire de faire jouer sous l'eau. Une torpille dormante de 2000 kilogrammes suffit à peine à produire des effets latéraux sensibles — par des submersions de 30 à 40 mètres — et la manœuvre de cet énorme fourneau est déjà loin d'être commode. L'usage de la poudre de guerre pour mines fixes *de fond* pourrait, à la rigueur, se perpétuer; mais il est absolument nécessaire de déroger au principe de cet emploi pour ce qui concerne l'organisation des autres enres de fourneaux. Toute torpille qu'il faut mouiller ou mettre en mouvement sous l'eau doit, en effet, être légère et de dimensions restreintes, afin de remplir la condition — qui s'impose — d'être facile à manœuvrer. C'est ainsi qu'on a été conduit à substituer à la poudre de guerre certaines matières explosibles, capables de produire de plus grands effets sous un plus petit volume et un moindre poids. On connaît aujourd'hui les propriétés d'un nombre considérable de ces poudres brisantes. Outre la nitro-glycérine, les dynamites et les fulmi-cotons, les praticiens ont des poudres à base de chlorate, des poudres à base de picrate et certains mélanges de ces poudres avec d'autres substances. Une longue série d'observations précises leur a permis d'apprécier comparativement la puissance *sous-aquatique* des diverses matières explosibles dont on proposait la mise en service. Somme toute, la poudre de guerre, la dynamite et le fulmi-coton sont les seules qu'il convienne d'employer dans les opérations de chargement des fourneaux submergés. Dans quels cas faut-il faire usage de l'une, de préférence aux deux autres? C'est ce qu'il n'est pas inutile d'indiquer rapidement.

La poudre ordinaire met un certain temps — très court, il est vrai, mais encore appréciable — à produire ses effets destructeurs, tandis que la dynamite et le fulmi-coton, agissant par détente brusque, rompent instantanément l'obstacle qui leur est opposé. Leur action *au contact* est plus irrésistible que celle de la poudre; leur pouvoir *à distance* n'est point inférieur. Ces deux substances explosibles demandent peu de bourrage; elles n'ont pas besoin, pour produire un effet donné, d'être submergées aussi profondément que la poudre de guerre.

Cela posé, le choix pourra rationnellement s'exercer de la manière suivante :

Quand l'action des torpilles devra se produire au contact, par de faibles submersions et à l'aide d'engins facilement maniables, il faudra recourir à l'emploi des poudres brisantes. Quand les effets de l'explosion auront à se manifester à distance, par une immersion notable, comme dans le cas des torpilles dormantes, on pourra charger à poudre de guerre.

Enveloppe. — On appelle indifféremment *enveloppe*, *carcasse*, *coffre* ou *boîte aux poudres*, le récipient dans lequel le torpédiste enferme la charge d'un fourneau.

De quelles matières doit être formée une telle enveloppe? Cette question a été jusqu'ici résolue dans les sens les plus divers. Les praticiens font généralement usage de métaux : feuilles de zinc, de cuivre ou de fer-blanc; fontes ou tôles de fer; mais on les voit aussi parfois employer des récipients d'occasion, tels que caisses de bois goudronné, dames-jeannes de verre, bouteilles de grès, sacs de caoutchouc, peaux de bouc, etc., etc.

Quelle influence la nature de la matière mise en œuvre peut-elle exercer sur les effets de l'explosion? Il est permis d'affirmer que, dans le cas du jeu d'une poudre brisante, la question n'offre que peu d'intérêt. La dynamite et le fulmi-coton s'enflamment, en effet, vivement et brusquement; d'où il suit que ces deux agents opèrent instantanément la rupture de leurs enveloppes, quelle qu'en soit la nature. Mais le problème a son importance aux yeux de qui doit faire usage de poudre ordinaire. La poudre, ainsi qu'il a été dit plus haut, ne s'enflamme pas *instantanément*. La conséquence de ce fait est facile à déduire : il convient de donner au récipient assez de résistance pour laisser à cette poudre le temps de développer intégralement les effets de sa puissance explosive. Les expériences, dit Maury, démontrent qu'il ne faut employer, pour la confection des enveloppes, ni le caoutchouc ni toute autre matière légère; qu'il convient, au contraire, de mettre en œuvre une matière assez forte pour résister à l'explosion jusqu'à l'entière inflammation des substances explosibles.

On observera, d'autre part, qu'il importe peu de s'arrêter à la distinction des matières dont doit se composer l'enveloppe d'une charge de poudre, si l'on peut faire usage d'amorces détonantes. Une longue suite d'observations précises a, en effet, permis à M. Abel d'affirmer que les mélanges de substances fortement oxydantes et de corps facilement oxydables ne développent complètement les effets de leur force explosive que sous la condition d'une *mise du feu par détonation*. Une telle propriété peut trouver son application dans le chargement des torpilles de guerre. Si l'on emploie des amorces détonantes, les explosions seront instantanées; la poudre, *enfermée dans de simples récipients de verre*, produira des effets pour le moins aussi grands que ceux qu'elle aurait produits si elle avait été placée dans de fortes caisses métalliques.

En somme, on voit que la nature de la matière à employer pour la confection des enveloppes ne constitue pas, au moins dans la plupart des cas, une condition dont il faille tenir un compte considérable.

On n'en saurait dire autant de la condition de l'*étanchéité*. En principe, une enveloppe de torpille doit être étanche, c'est-à-dire à l'abri de toute humidité interne.

Quelles formes le récipient d'une charge peut-il ou doit-il affecter? Il règne, à cet égard, une grande divergence d'opinions. Les trois corps ronds — cylindre, cône et sphère — ont été, tour à tour, employés et combinés entre eux de diverses manières. Concurremment, il a été fait usage de divers autres solides géométriques, tels que le cube, le parallélipipède, etc. Peut-on penser que la forme de l'enveloppe excerce quelque influence sur les effets du jeu d'un fourneau sous-aquatique? Il n'a guère été fait d'expériences à ce sujet. Toutefois, il est permis

de croire que cette influence est à peu près nulle, au cas
de l'explosion d'une charge de poudre brisante. S'il s'agit
de poudre ordinaire, on observe qu'une enveloppe parallélipipède aplatie permet, plus que tout autre solide, de
compter sur des effets horizontaux étendus. Cette action
horizontale atteint son maximum d'énergie lorsque la
hauteur du parallélipipède est égale aux deux tiers du
côté de sa base.

Il y a longtemps que les praticiens se sont, pour la
première fois, demandé quelle peut être l'influence —
bonne ou mauvaise — d'une *chambre à air*, c'est-à-dire
d'un vide ménagé sur un point du pourtour des matières
explosibles, dans le vase qui les renferme. La question
n'a jamais été résolue.

On peut en dire autant de celle des *épaisseurs variables*, qu'il convient d'énoncer ici. Chacun sait qu'une
torpille exerce ses plus grands effets dans le sens vertical; cela étant, un ingénieur a proposé de surépaissir
notablement les parties supérieures de l'enveloppe, de
manière à en retarder la rupture. En procédant ainsi, il
espère pouvoir accroître, à volonté, l'intensité des effets
latéraux et même sous-verticaux, au détriment de l'effet
vertical. Il n'a pas encore été, que nous sachions, fait
d'expériences à cet égard.

Observons, en terminant, que des questions de ce
genre avaient leur importance au temps où l'on n'employait que des charges de poudre ordinaire; mais
qu'elles ont à peu près perdu tout intérêt, aujourd'hui
que l'usage des poudres brisantes tend à prévaloir dans
les opérations sous-aquatiques.

Mise du feu. — Toute opération de mise du feu comporte trois *moments* théoriquement distincts, mais qui,
dans la pratique, se trouvent quelquefois confondus. Ces
moments sont ceux de la *mise du feu proprement dite; de*

la *transmission du feu;* de l'*inflammation de la charge.* Il suit de là que tout appareil de mise du feu ne fonctionne que moyennant l'action de trois organes essentiels : l'*allumeur*, le *transmetteur* ou *conducteur*, l'*amorce*. Ces organes sont, en certains cas, assez intimement combinés pour n'en plus former qu'un seul.

Les moyens très divers suivant lesquels s'opère la mise du feu se classent naturellement sous deux chefs principaux. Ces procédés ne peuvent être, en effet, que pyrotechniques ou électriques.

Procédés pyrotechniques. — Il y a longtemps que les hommes savent porter le feu sous les eaux, témoins les opérations du célèbre Gaubert — ou Galbert — l'ingénieur militaire de Philippe Auguste. Les exploits sous-aquatiques de ce Gaubert n'étaient d'ailleurs qu'une réminiscence, celle de l'un des modes d'emploi du feu grégeois chez les Turcs. Pour faire ainsi mouvoir la flamme à travers un milieu liquide, il est indispensable que l'opérateur dispose de transmetteurs humains : nageurs, plongeurs ou marins à bord d'une embarcation submersible. Il serait assurément imprudent de compter sur l'infaillibilité d'un tel moyen d'action.

Cela étant, on a eu l'idée d'enfermer le transmetteur — formé de matières combustibles — dans un long tube étanche aboutissant : d'une part, à l'allumeur ; de l'autre, à la charge. Il est facile d'imaginer nombre d'appareils, composés de mèches — à combustion plus ou moins vive — logées dans des augets, tubes ou gaines imperméables. Dans cet ordre d'idées, on peut faire usage du *saucisson* ordinaire, de la *fusée instantanée* ou du *cordeau Bickford.* L'emploi de ce dernier nous semble seul pratique.

La vogue s'est souvent attachée à des appareils dont le type rappelle assez bien celui d'une batterie de fusil, batterie dont le jeu ne résulte plus d'une action de main

d'homme, mais d'un déclanchement instantané dû : soit
à l'accident d'un choc, soit au
fait prévu de l'arrêt d'un mouvement d'horlogerie. Parfois,
le heurt, au lieu de provoquer
un coup de détente, engendre
un frottement qui détermine
l'inflammation. Dans quelques
fourneaux submergés, la condition du choc est remplacée
par celle d'une simple pression, d'un ébranlement occa-
sionné par le fait du passage
d'un navire à l'aplomb du site
de la charge.

Ultérieurement, durant la
guerre de la Sécession, les
progrès de la science ont permis de substituer aux batteries
de fusil des fusées percutantes
— ou *détonateurs* — éclatant
au simple contact d'un corps
solide. C'est dans cette caté-
gorie qu'il convient de ranger
la *sensitive* ou *chemical fuze*,
de l'invention du général
Rains (fig. 6), successeur de
Maury au *Torpedo bureau* de
Richmond. Composé d'un mélange de *ground-glass* et de
fulminate de mercure, le détonateur Rains était d'une sen-
sibilité extrême; il éclatait
sous la simple pression d'un
poids de 7 livres. La simple inspection de la figure 6

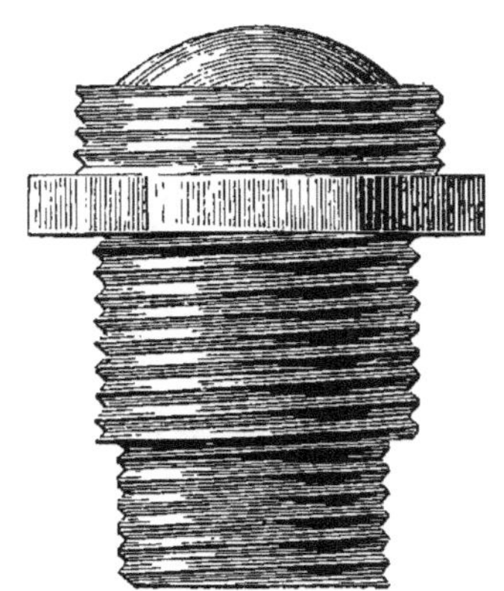

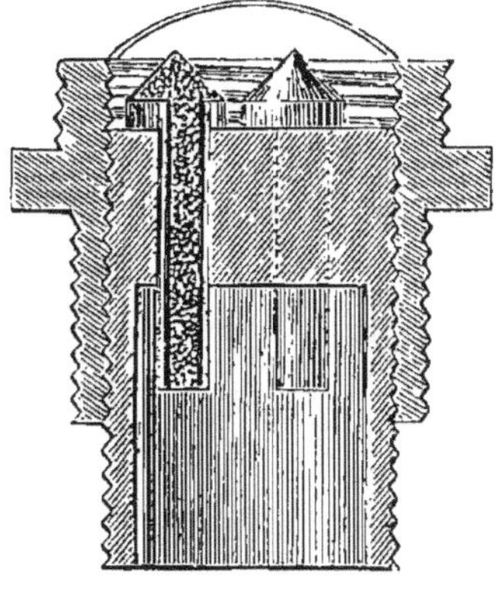

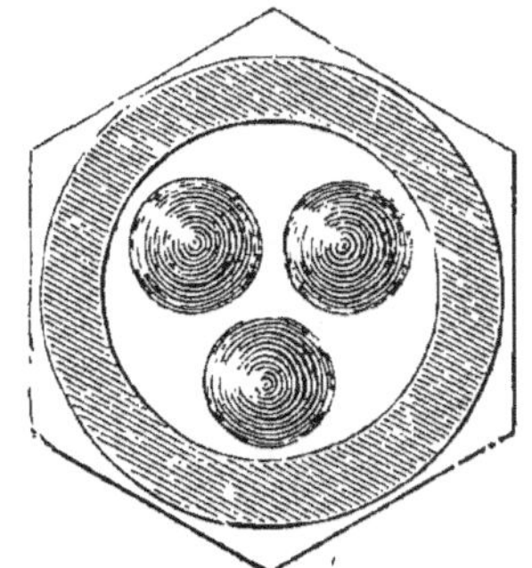

Fig. 6. — Fusée Rains
(*sensitive fuze*).

suffit à faire comprendre le mode de construction de cette amorce. Elle était formée de trois cylindres détonateurs dont l'ensemble se trouvait protégé par une coupelle en cuivre mince, très flexible — cédant, par conséquent, au premier choc. Ce choc était donc immédiatement transmis à l'une des fusées détonantes.

La *sensitive fuze* affecte des dispositifs divers. Tantôt, le contact de l'amorce avec le but à frapper est assuré par le jeu d'un cylindre intérieur glissant à frottement et permettant au cône du détonateur de venir affleurer la surface intérieure de la coupelle; tantôt, c'est un curseur (*plunger*) qui passe au travers d'un chapeau métallique — vissé sur la tête de la fusée — et repose sur une calotte de cuivre mou, soudée à la masse du métal. La pointe conique de l'amorce-détonateur Rains est alors fixée avec précision au-dessous de la base du curseur et reçoit le contre-coup des chocs auxquels celui-ci peut être soumis. L'appareil se visse sur l'enveloppe de la charge.

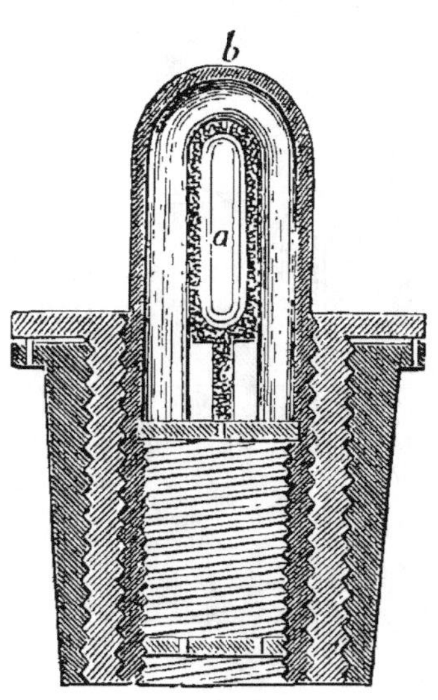

Fig. 7. — Allumeur Jacobi modifié.

Enfin, les praticiens ont eu l'idée de substituer aux batteries et aux détonateurs certaines réactions chimiques faisant jaillir des sources de chaleur vive. C'est suivant ce principe que, sous l'action d'un choc ou d'une pression, on a su faire brusquement tomber de l'acide sulfurique sur du sucre ou du coton noyé dans un bain de chlorate de potasse. En d'autres circonstances, on a mis en présence l'acide sulfurique et le potassium. Les Américains ont, maintes fois aussi, enflammé leurs *floating torpedoes* par le moyen d'un jet d'hydrogène comprimé, lancé sur une éponge de platine. Nous citerons enfin l'allumeur danois, résultant d'une subite invasion de l'eau dans un vase contenant des morceaux de potassium, im-

mergés dans de l'huile de naphte. On peut faire varier, pour ainsi dire indéfiniment, les éléments des combinaisons propres à déterminer des explosions sous-aquatiques.

Les Américains firent d'abord usage de l'allumeur Jacobi modifié (voy. la fig. 7). La fusée qu'ils confectionnèrent, d'après les principes de l'ingénieur russe, consiste en un petit tube *a* rempli d'acide sulfurique et recouvert d'une lame de

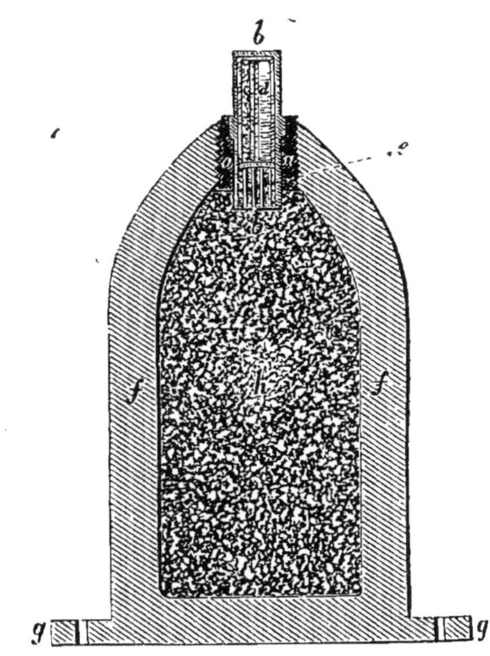

Fig. 8. — *Bombe-torpille* américaine (*torpedo shell*) munie de son appareil de mise du feu.

aa, cylindre en laiton, vissé dans le trou de fusée du *torpedo shell*. — *bb*, tube en plomb, de 0^m,15 de longueur. — *c*, tube de verre, empli de potassium. — *d*, tube empli d'acide sulfurique. — *ceee*, composition fulminante. — *ff*, enveloppe du *torpedo shell*. — *gg*, collerette permettant de fixer le *torpedo* sur un châssis. — *h*, charge.

plomb très mince *b*. Un mélange de chlorate de potasse et de sucre blanc entoure le tube, qu'il maintient normal à l'enveloppe de la torpille; une amorce de poudre fine est placée en *c*, en communication avec la charge. Au contact d'un corps dur, la capsule de plomb s'aplatit, le tube de verre se brise; l'acide, tombant sur le mélange de sucre de chlorate, détermine l'explosion.

La figure 8 représente un *torpedo shell* américain dans l'œil duquel pénètre un tube de plomb *bb* ; à l'intérieur se trouvent, bien empaquetées dans du coton, deux fioles *c*, *d*, contenant : l'une, du potassium, l'autre, de l'acide sulfurique. La partie supérieure du tube est d'une seule pièce, sans soudures ; la partie inférieure, contenant la composition inflammable *eee*, est percée de trous, au fond et sur les côtés. Tout ce qui est externe est recouvert d'une couche de vernis imperméable. L'appareil fonctionne de la manière suivante : tout navire venant à toucher le tube *bb* fait ployer celui-ci, les fioles *c*, *d* se brisent. La chaleur développée par les réactifs ainsi mis en présence enflamme la composition *ee* et, par suite, la charge *h*.

Si l'on veut laisser hors de cause les mises du feu de main d'homme et l'emploi des mèches hydrauliques, on peut dire que les procédés pyrotechniques sont généralement entachés d'un défaut capital. Il ne peut, effectivement, en être fait usage que sous la condition du concours d'un choc, d'une pression, d'un mouvement d'horlogerie. Or, les appareils percutants et les ressorts coûtent cher. D'ailleurs, ceux-ci perdent beaucoup de leur puissance quand ils ont été tendus trop longtemps. La nature du milieu dans lequel ils sont plongés les a bientôt rendus inertes ; les tarets, les coquillages, les herbes en paralysent rapidement les organes ; la durée de ces mécanismes est nécessairement cantonnée dans des limites extrêmement restreintes. Ils donnent lieu, de plus : d'une part, à de fréquents ratés ; d'autre part, lorsqu'on les repêche, à des accidents déplorables. Enfin, leur mouillage se décèle à première vue et, dès lors, le dragage n'en est pas difficile ; aussi l'ennemi ne met-il pas grand temps à s'en débarrasser. A ces causes, l'emploi des procédés pyrotechniques tombe sensiblement en désuétude.

Procédés électriques. — L'opérateur trouve, au contraire, dans l'électricité un agent puissant, sûr, docile et produisant, *au commandement*, des effets qui répondent à leur cause avec une merveilleuse instantanéité. Il est permis de dire que l'art du torpédiste — ou torpilleur — date seulement du jour où cet ingénieur a pu faire usage de procédés électriques. C'est au célèbre Gillot qu'est due, nous l'avons dit, l'inauguration de cette méthode de mise du feu, qu'ont successivement employée Samuel Colt, Hare, Moses Shaw, Fabien, Pasley, Bartlett, du Moncel, etc. Dès l'année 1855, les torpilleurs russes savaient enflammer par l'électricité leurs fourneaux submergés sous les eaux de la Baltique et de la mer Noire. Les défenses sous-marines de Venise, organisées en 1859 par le baron Ebner, étaient également pourvues d'excellents allumeurs électriques. Depuis lors, la méthode n'a pas cessé de se perfectionner; elle est devenue classique et l'excellence en est incontestable.

Ici, les trois organes essentiels du système de mise du feu sont toujours parfaitement distincts; il est donc facile d'étudier séparément les allumeurs, les transmetteurs et les amorces.

Les sources d'électricité auxquelles il est permis de puiser sont, comme on le sait, de deux sortes. On distingue l'électricité statique de l'électricité dynamique. On sait aussi que la production de certaine quantité du fluide résulte : dans le premier cas, du fait d'une friction; dans le second, de l'influence de la chaleur, d'une action chimique ou d'un phénomène d'induction. Dans la pratique, on a recours : d'une part, au jeu de certaines machines à frottement, telles que les *Ebnerites;* d'autre part, à la mise en activité soit d'une pile thermo-électrique ou hydro-électrique, soit d'appareils magnéto-électriques ou encore de machines à courants induits des courants inducteurs des piles.

A quelle sorte d'électricité, à quel mode de production du fluide le torpilleur doit-il accorder la préférence? De quels appareils doit-il faire usage? Quelle est, en chacun des cas possibles, la mise du feu la plus rationnelle? De telles questions ont, on le sent, leur importance et nous devons en discuter les éléments.

L'électricité statique est dotée d'un grand pouvoir de tension; la mise du feu, due à l'action de l'étincelle qu'elle donne, s'opère au commandement, mais l'emploi n'en est pas sans inconvénients graves. Obtenu sous cette forme, le fluide exige que ses conducteurs soient absolument isolés; il développe, de plus, des courants d'induction dans les conducteurs voisins de ceux qu'il suit; enfin, les machines qui servent à le produire sont assez souvent capricieuses et toujours soumises à l'influence des variations de l'état hygrométrique de l'atmosphère. Pour ces raisons, l'on pense qu'il est très difficile de satisfaire aux exigences du service torpédique à l'aide d'un appareil à frottement, si perfectionné qu'on le suppose. Aussi les machines de ce genre sont-elles à peu près abandonnées.

L'électricité dynamique prévaut donc aujourd'hui presque exclusivement dans les opérations que comportent et le service de bord et le service des côtes. Cette électricité s'obtient, au moyen : soit d'une pile, soit d'un appareil d'induction. Les piles sont de deux genres distincts : thermo-électriques ou hydro-électriques. Les premières donnent des courants d'une constance remarquable, mais tellement faibles qu'ils demeurent impuissants à provoquer une inflammation. Celles du second genre peuvent, au contraire, être considérées comme des sources de courants d'une intensité considérable, assurant à l'opérateur le succès de ses mises du feu. D'un excellent rendement électrique et de dimensions restreintes, ces appareils se manipulent commodément.

Les machines d'induction sont également de deux sortes : les unes, telles que la *bobine Ruhmkorff*, fournissent des courants induits des courants inducteurs d'une pile ; les autres, dites *magnéto-électriques*, comportent uniquement le concours d'un système d'aimants inducteurs. On peut citer parmi celles-ci : le *Wheatstone's Exploder;* le *Beardslee's magnetic Exploder ;* l'*Exploseur* ou *Coup-de-poing* Bréguet. Les appareils d'induction sont, en général, aussi capricieux que les machines à frottement, aussi sensibles aux effets des variations hygrométriques; la mise en train en est difficile; ils ne donnent qu'une électricité de tension. Ceux dont la *bobine Ruhmkorff* représente assez bien le type exigent l'emploi d'une pile énergique ; l'entretien en est toujours délicat; enfin, en cas d'avaries, les réparations ne peuvent en être confiées qu'aux mains d'un ouvrier spécial. C'est pourquoi de tels appareils, bien que puissants et de maniement commode, sont d'un usage peu répandu.

De ces considérations il appert que le torpilleur doit accorder sa préférence à l'emploi des piles hydro-électriques. C'est effectivement ce qu'il fait. On trouve, dans le commerce, un grand nombre de modèles de ces piles. Celles dont il est fait le plus fréquent usage sont : la *pile Bunsen modifiée*, la *pile à eau*, la *pile Leclanché ordinaire*, la *pile au bichromate de potasse*, la *pile Leclanché-Ruhmkorff*, la *pile Silbertown*. On emploie avantageusement : à terre, la pile Bunsen ou la pile au bichromate; à bord, l'appareil Leclanché-Ruhmkorff ou le Silbertown.

Les transmetteurs électriques, dits aussi *rhéophores* et, plus souvent, *conducteurs*, doivent remplir, dans le service des torpilles, certaines conditions dont il n'est pas besoin de faire ressortir le degré d'importance. Il faut, en effet, que les fils dont on fait usage soient bons conducteurs, bien isolés, d'un maniement commode et d'une solidité à l'épreuve des causes ordinaires de rupture.

On satisfait à la condition de conductibilité moyennant l'emploi d'un conducteur formé de *sept fils* de cuivre rouge recuit, cordés ensemble, le fil du milieu servant de mèche. Chacun de ces fils mesure 1^{mm},14 de diamètre; le système, 5^{mm},42. On obtient de cette façon une corde métallique d'une solidité suffisante et plus maniable qu'un fil unique. Le fait de la rupture de l'un des sept fils aurait peu d'inconvénients attendu que, dans ce cas, il en resterait six autres encore pour livrer passage au courant. Le commettage de cette espèce de corde constitue, d'ailleurs, une garantie sérieuse contre les accidents de rupture.

Pour parer aux inconvénients d'une perte d'électricité due aux propriétés conductrices de l'eau, il est indispensable d'*isoler* les conducteurs, c'est-à-dire de les envelopper, sur tout leur développement, d'une matière non conductrice. Les matières isolantes dont il est le plus souvent fait usage sont : les divers caoutchoucs, la *gutta. percha* et le *chatterton*.

Isolé à la gutta-percha, le conducteur à sept fils prend le nom de *fil militaire*. Il a été récemment perfectionné, du fait de l'étamage de chacun de ses fils sur toute l'étendue de leur surface. Mais, de tous les conducteurs de ce type, celui qui mérite un renom de supériorité est, sans contredit, le *conducteur Hooper*, lequel est également composé de sept fils *étamés*. La gaine isolante est formée de *caoutchouc Hooper*, revêtu de certaines matières végétales, enroulées en hélice.

Outre le *fil militaire* et autres transmetteurs analogues, on emploie, dans certains cas, des conducteurs dits *fils de sonneries*, formés d'un seul fil de cuivre, d'un millimètre de diamètre, entouré d'une gaine de gutta-percha.

Lorsque, à raison du rôle qu'ils ont à remplir, des conducteurs sont exposés à de grandes fatigues, il convient de les mettre en état de résister aux causes d'avaries qu'on redoute. Pour obvier aux détériorations imminentes, on les munit d'une enveloppe dite *armature ;* ainsi protégés contre les chances ordinaires de rupture, ils prennent le nom de *câbles armés.* En thèse générale, un câble armé se compose d'une *âme centrale — fil militaire* ou *conducteur Hooper* — revêtue d'une chemise en chanvre goudronné. Sur cette chemise s'enroule une spirale de fils de fer ou d'acier. Enfin, le plus souvent, l'armature est elle-même protégée par une tresse en chanvre. Ce chanvre, intercalé entre les fils métalliques et l'âme, constitue un matelas destiné à protéger la gaine de celle-ci — gutta-percha ou caoutchouc Hooper — contre les effets du contact de l'armature. Suivant leur destination, les câbles armés peuvent se distinguer en *câbles de fond* et *câbles de remorque.* Les premiers sont échoués dans des passes à fonds de roches et à courants violents, à l'effet de transmettre le feu à des torpilles fixes. Il n'est pas nécessaire de les doter d'une grande souplesse. Les meilleurs modèles sont ceux qui sont le moins encombrants, le moins lourds et qui offrent le plus de garanties de longue durée. Les seconds s'emploient à l'effet d'opérer la remorque des torpilles *divergentes*[1] qui font partie de l'armement d'un navire. En conséquence, il faut qu'ils soient légers et facilement maniables; qu'ils puissent aisément courir dans les poulies, s'embraquer, se dévider à l'entour d'un arbre de treuil. Ils doivent être, de plus, dotés d'un grand pouvoir de résistance aux effets de la traction, et organisés de façon à créer, une fois immergés, le moins de *résistances* possible.

Les câbles armés peuvent être à un ou à plusieurs conducteurs. Lorsqu'on veut parer aux inconvénients qui résultent de l'obligation de faire atterrir ensemble un grand nombre de câbles de fond, on réunit plusieurs con-

---

1. Voyez ci-après le chapitre *Torpilles de genres divers.*

ducteurs en faisceau, lequel faisceau se recouvre d'un matelas de chanvre goudronné, assez épais pour donner à l'ensemble une forme cylindrique. Ce cylindre est alors revêtu d'une armature de fils de fer enroulés en hélice, armature que protège une tresse de chanvre. Finalement, on obtient ainsi un *câble de fond à plusieurs conducteurs*.

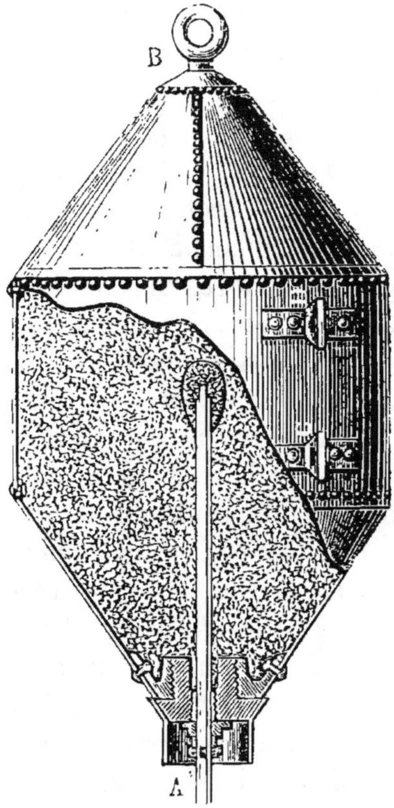

Les types principaux de câbles de remorque actuellement en usage sont : le câble Rattier, le câble Hooper, la remorque en chanvre à toron en conducteur Hooper.

On désigne génériquement sous le nom d'*amorce* certaine quantité de matière sensible et très inflammable, à laquelle le feu parvient par voie électrique et qui enflamme, à son tour, la charge au milieu de laquelle elle a été placée (voy. la fig. 9). C'est de la perfection de cet organe interne que dépendent les succès de l'art du torpédiste, et l'éminent Maury a bien raison de dire que l'amorce est réellement *l'âme de la torpille*.

Fig. 9. — Torpille américaine amorcée.

A, B, pièces de fonte boulonnées, protégeant le couvercle de la chambre et le passage des fils conducteurs. — C, D, anneaux affectés au passage du *câble-chaîne* servant au mouillage de la torpille.

Lorsque le fluide électrique, circulant ou vibrant sans difficulté, donne une étincelle vive et bruyante, l'appareil générateur et le courant qui en émane sont dits avoir de la *tension*. D'autre part, suivant que la déviation de l'aiguille du galvanomètre est plus ou moins considérable, on dit que cet appareil ou ce courant a plus ou moins d'*intensité*, ou de *quantité* d'électricité. De là deux sortes d'amorces : l'*amorce de tension* et l'*amorce de quantité*. L'organisation de la première repose sur ce principe qu'il est possible de faire traverser à l'étincelle une petite solution de continuité, méthodiquement ménagée dans le circuit; celle de la seconde se fonde sur la propriété qu'ont les fils métalliques très fins de s'échauffer jusqu'à l'incandescence, et même de se volatiliser lorsqu'ils livrent passage à des courants suffisamment intenses.

Les amorces de tension sont aussi dites d'*induction*, à raison de la nature des appareils qui leur envoient le feu. Elles se composent de deux fils métalliques isolés, dont les bouts — dénudés et taillés en pointe — sont tenus à faible distance l'un de l'autre. Une matière *peu conductrice* et *facilement inflammable* est interposée entre les pointes métalliques. C'est cette matière qui prend feu lorsque l'étincelle électrique se porte vivement de l'une à l'autre pointe, en franchissant la solution de continuité.

Les torpédistes anglais distinguent deux sortes d'amorces de tension; les amorces *simples* et les amorces *chimiques*. La fabrication de l'amorce *simple* repose sur le principe de l'introduction dans le circuit d'un élément de conducteur imparfait, c'est-à-dire opposant certaine résistance au passage des courants. La substance peu conductrice formant ainsi obstacle s'échauffe jusqu'à l'incandescence; elle dégage des particules enflammées, et celles-ci déterminent l'explosion de la poudre. Ces fusées ne sont pas exemptes d'inconvénients : l'inflammation en est lente et incertaine; elles échappent, en partie, au contrôle de l'opérateur; enfin, le carbone et la plombagine, dont on se sert en qualité d'obstacles, manifestent des résistances et des conductibilités si variables que les courants d'épreuve peuvent devenir dangereux. On peut, au contraire, en toute sécurité, se fier au jeu des fusées *chimiques*. Le type qui remplit le mieux les conditions requises est, sans contredit, celui de la fusée Abel dont l'organe sensible est composé de 64 parties de sous-sulfure de cuivre, 22 parties de chlorate de potasse et 14 de sous-phosphure de cuivre. Ce mélange se fixe en un point où le circuit présente une petite solution de continuité, et l'étincelle électrique, qu'on peut, à volonté, faire jaillir en ce point, y opère facilement la détonation voulue.

Telle est l'opinion des praticiens anglais.

La matière interposée entre les pointes des conducteurs est ordinairement, avons-nous dit, de la plombagine; mais les amorces d'induction peuvent aussi se faire au fulminate de mercure. Ce mode de fabrication s'impose même au cas où la charge est formée de poudre brisante, dynamite ou fulmi-coton.

Les amorces *de quantité* sont aussi dites *galvaniques*, attendu qu'elles sont destinées à prendre feu sous l'action d'une pile. Leur confection implique ordinairement la mise en œuvre d'un fil de platine, métal qui ne s'oxyde point et rougit plus facilement que tout autre sous l'influence d'un courant. Quant aux autres matières premières qui concourent à la composition de l'amorce galvanique, elles doivent nécessairement varier avec la nature de la charge. Si l'on fait usage de poudre de guerre, on peut donner au fil de platine mission d'enflammer une petite quantité de *pulvérin*, dont la déflagration se propage rapidement dans la masse du mélange de charbon, de soufre et de salpêtre. Si l'on emploie la dynamite ou le fulmi-coton, il devient indispensable de substituer au pulvérin un fulminate de mercure dont l'explosion puisse provoquer la détonation de la poudre brisante. La quantité de fulminate ne saurait être, en ce cas, inférieure à 6 ou 7 décigrammes; le poids d'un gramme semble même devoir devenir réglementaire.

Les procédés de fabrication des amorces sont trop connus pour qu'il soit nécessaire de les exposer, même sommairement, ici.

Observons en terminant que, si les Anglais accordent leur préférence à l'emploi de l'amorce *de tension*, la plupart des ingénieurs torpédistes des autres puissances européennes ont adopté l'amorce *de quantité*.

IV

TORPILLES DE GENRES DIVERS

On distingue déjà tant de variétés de torpilles qu'une classification de ces appareils est absolument indispensable.

Torpilles automatiques. — Considérées au point de vue de la diversité des modes de mise du feu, les torpilles peuvent se classer sous deux chefs distincts : les torpilles *automatiques* et les torpilles *électriques*.

La torpille est dite *automatique* quand l'inflammation n'en peut s'opérer que sous l'influence d'un choc ou d'une pression déterminant, par exemple, l'explosion d'une fusée percutante ou quelque réaction chimique destinée à tenir le rôle d'allumeur. L'inflammation automatique constitue un procédé simple, qui dispense de la complication des conducteurs et des postes d'observation. On peut toujours en faire usage sûrement, même par le brouillard, au milieu de la fumée ou pendant la nuit; mais ces avantages sont compensés par divers inconvénients. Le rapprochement forcé des torpilles fait qu'on est obligé d'en employer un plus grand nombre; il est difficile d'en constater le bon ou le mauvais état; les explosions peuvent se produire sous un heurt de corps flottants, accidentellement amenés par le courant ou lancés par l'ennemi à la faveur de la marée; ces explosions prématurées peuvent, d'ailleurs, être provoquées par la mise en mouvement du *torpedo cat-*

cher[1]; enfin, elles font courir les plus grands dangers aux croiseurs de nuit, chargés de s'opposer à la pêche des torpilles et aux navires — amis ou neutres — qui pratiquent les eaux du port qu'on veut défendre. Pour ces raisons, on n'emploie les torpilles automatiques que sur les points à protéger contre les tentatives de débarquement et non réservés à la navigation côtière.

Torpilles électriques. — La torpille *électrique* est celle dont la mise du feu s'opère au moyen de l'électricité. Les torpilles de ce genre se répartissent, à leur tour, en deux catégories distinctes, savoir :

Les torpilles électriques *simples*, ou *à simple* interruption ; et les torpilles *électro-automatiques* ou *à double* interruption du courant. Celles-ci sont aussi dites *mixtes*.

La torpille est *électrique simple* quand la mise du feu ne peut s'en effectuer qu'à la volonté de l'opérateur. Les fourneaux submergés de ce genre peuvent se mouiller à d'assez grands intervalles ; par conséquent, toutes choses égales, le nombre peut en être relativement restreint. On peut, à chaque instant — et en un instant — en contrôler l'état de conservation. Les défenseurs sont absolument maîtres de l'allumeur dont ils disposent. Dès lors, les vaisseaux amis ne risquent rien ; la mission des croiseurs de nuit peut s'accomplir en parfaite sécurité.

Mais, d'autre part, ces appareils ne sont pas exempts d'inconvénients. Ils constituent un matériel relativement compliqué ; ils exigent une grande consommation de fils ; ils peuvent s'enflammer par induction sous l'influence de l'électricité atmosphérique. L'opportunité de la mise du feu dépend de l'exactitude de l'observation ; de la précision de diverses opérations difficiles, réclamant le con-

---

1. Voyez ci-après le chapitre xii, *Appareils torpédiques accessoires*.

cours de bon nombre de manipulateurs; du fonctionnement irréprochable d'organes assez délicats ; de la possibilité fort problématique de conserver des observatoires sous le feu de l'ennemi. Leur service réclame, de la part des observateurs, une attention continue, laquelle ne tarde point à devenir fatigante et difficile à soutenir; il devient même impossible au cas d'un brouillard intense, ou lorsque le navire ennêmi s'enveloppe d'un nuage de fumée; la nuit, enfin, il n'est praticable que moyennant le concours d'un système d'appareils d'éclairage électrique, éclairage qui ne manque point d'éveiller les défiances de l'ennemi. Les torpilles électriques simples ne doivent s'employer que dans les passes où il serait imprudent de mouiller des torpilles automatiques. On les submerge alors assez profondément pour qu'elles échappent à l'action du heurt des navires.

La torpille est *électro-automatique* ou *mixte* si l'électricité ne peut en opérer l'inflammation qu'au moment précis où le circuit se ferme, du seul fait du choc d'un corps étranger. Les torpilles mixtes offrent à la défense d'incontestables avantages, car celle-ci peut, *à volonté*, leur communiquer ou leur retirer des propriétés explosives. Dès lors, les navires amis peuvent circuler en toute sûreté; on n'a plus à redouter d'accidents dus à l'action de l'électricité atmosphérique; enfin, les navires ennemis se trouvent sans cesse en prise au danger, sans qu'il soit pour cela besoin d'observatoires, ni de jour ni de nuit. Mais, d'un autre côté, ces appareils doivent s'employer en aussi grand nombre que les automatiques, et cette obligation conduit, à raison du développement des conducteurs, à des dépenses assez considérables. De plus, l'état des mécanismes allumeurs est d'une vérification difficile. Pour ces motifs, les torpilles mixtes ne doivent barrer que les passes dont l'accès reste ouvert à la flotte nationale. Chacun des navires de celle-ci doit franchir lentement la ligne des torpilles, autant pour éviter de les détériorer que pour ménager son hélice.

Mise du feu simple. — Cette méthode implique l'emploi d'un circuit continu et d'un fil métallique mince, pouvant être subitement porté au rouge à l'intérieur de l'amorce, au moyen d'appareils spéciaux ou d'un

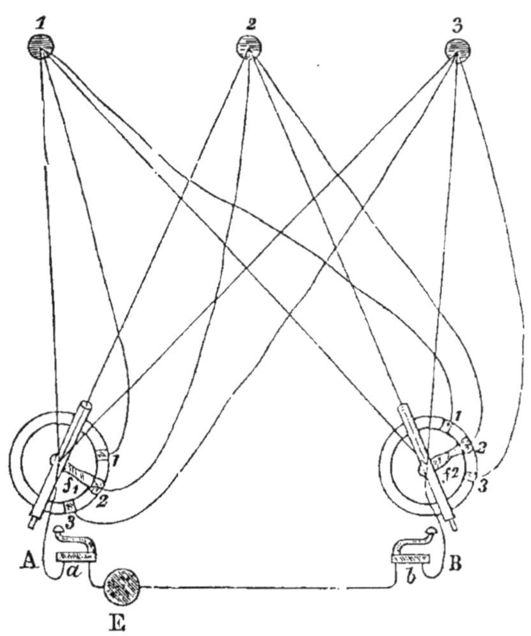

Fig. 10. — Stations télescopiques *à la Maury.*

A, B, observateurs. — *a, b,* clef de fermeture ou de rupture des circuits. — **E.** pile. — f_1, f_2, aiguilles à angle droit avec les alidades. — **1, 2, 3,** numéros des torpilles.

conducteur présentant, dans ladite amorce, une solution de continuité destinée au passage de l'étincelle. Il convient de pouvoir obtenir l'explosion d'une torpille électrique aussitôt qu'un navire est entré dans la sphère de bonne rupture de ce fourneau ; mais la détermination de l'instant propice constitue un problème assez difficile, dont la chambre obscure Ebner a fourni la première solution. Une méthode, aujourd'hui connue et théorique-

ment exacte, consiste en l'action combinée de deux observateurs établis en station dans les batteries qui protègent
la passe. Tous deux ont une planchette orientée, indiquant la direction des torpilles fixes, une alidade à
lunette pivotant sur cette planchette et un clavier circulaire auquel aboutissent les extrémités des fils conducteurs. Le courant se ferme au moyen d'une aiguille pivotant sur le centre du clavier, et mise en communication
avec l'un des pôles de la pile.

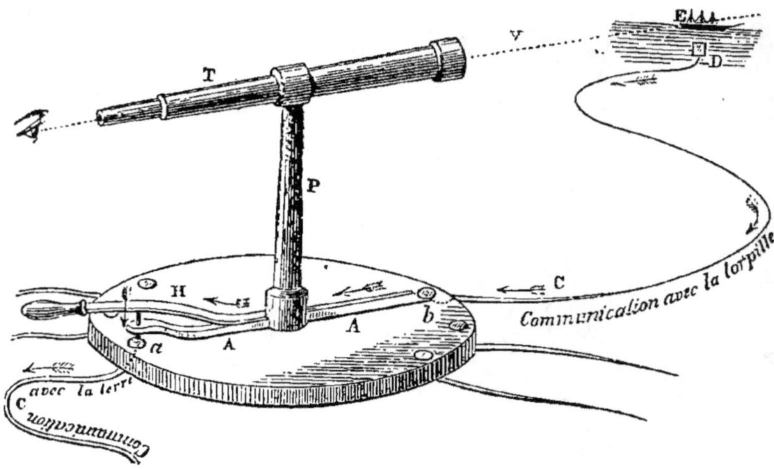

Fig. 11. — Visée d'un navire en marche.

AA, aiguille de fermeture ou rupture des circuits. — a, b, boutons métalliques. — cc,
conducteurs. — D, torpille. — E, navire visé. — H, poignée de fermeture ou rupture. — P, pied du télescope. — T, télescope. — VE, ligne de visée.

Quand les deux observateurs aperçoivent ensemble le
navire dans des directions portant un même numéro de
torpille, ils sont en droit de conclure que ledit navire se
trouve précisément à l'aplomb du fourneau submergé
correspondant à ce numéro. Cela étant, ils ferment le
circuit et cette fermeture provoque immédiatement l'explosion voulue.

M. Abel Maury a perfectionné ce procédé en faisant
pivoter chaque lunette azimutale sur un cercle fixe, à
la circonférence duquel aboutissent les conducteurs des

torpilles. Dans les *stations télescopiques* ainsi organisées
(voy. la fig. 10), les lunettes des observateurs A et B
sont munies d'une aiguille qui se meut sur le limbe,
à angle droit avec la ligne de mire, et qui communique
avec l'un des pôles de la pile E. Chaque observateur a
sous la main une clef *a*, *b*, au moyen de laquelle il
ferme ou rompt le circuit.

Lorsqu'un ennemi s'approche, les deux observateurs
ferment le circuit et suivent, à la lunette, les mouve-

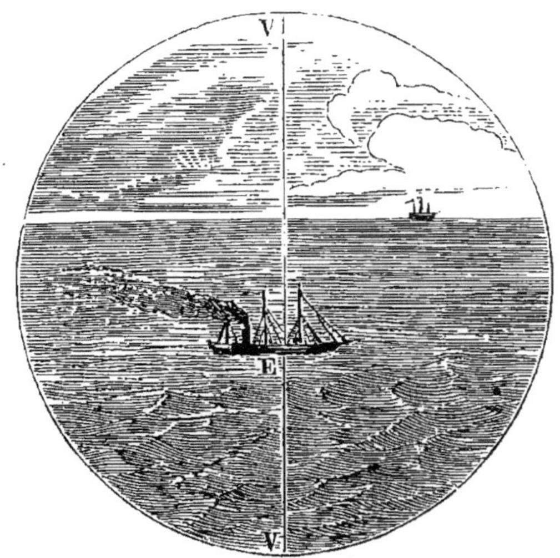

Fig. 12. — Mise du feu obtenue par le moyen d'une simple visée.

VV, fil métallique croisant le champ du télescope et donnant l'alignement du mouillage E d'une torpille.

ments de ce navire, comme l'indique la figure 11. Aussitôt
que ledit navire arrive au-dessus d'une torpille portant,
par exemple, le numéro 2, les aiguilles des deux alidades touchent, sur les bords des limbes, les points mar-
qués 2, auxquels aboutissent les conducteurs du fourneau considéré. Dès lors, instantanément, l'explosion se
produit. Les observateurs n'ont qu'une chose à faire :
suivre très attentivement un point convenu du navire,
le sommet du grand mât, par exemple, sans s'inquiéter
de l'effet qu'ils pourront obtenir. Ils n'ont ainsi à subir

aucune espèce d'émotion, aucun trouble de nature à nuire à la précision des opérations nécessaires. Ils visent... et cela suffit. Au moment où, dans chacune des deux stations conjuguées, le mât arrive en coïncidence avec le fil de l'objectif (fig. 12), l'appareil donne automatiquement sa note, comme le cylindre d'un orgue de Barbarie.

Mise du feu électro-automatique. — Ce procédé comporte l'emploi d'un conducteur *à double interruption*. La première interruption se supprime à volonté, moyennant la fermeture du circuit dans le poste d'observation ; la seconde, qui se trouve à l'intérieur même de la torpille, disparaît du seul fait du choc d'un navire. Ce mécanisme est accompagné d'un appareil qui donne un courant d'une intensité suffisante à la mise du feu. Le principal défaut de la *torpille mixte* provient de l'obligation qu'on lui impose d'être munie d'un organe extrêmement délicat et sujet aux détériorations. Son dispositif percutant se compose, en effet, de pièces dont quelques-unes, *extérieures à l'enveloppe*, peuvent devenir inertes sous l'action de l'eau de mer. Il suit de là qu'on n'est jamais certain du succès d'une opération.

Il serait trop long d'exposer au complet la série des *ferme-circuits* destinés par leurs inventeurs à opérer des mises du feu électro-automatiques. Il en existe aujourd'hui un nombre considérable, parmi lesquels la supériorité appartient incontestablement aux dispositifs qui n'exigent l'emploi d'aucun mécanisme *extérieur*, destiné à transmettre à l'appareil interne l'effet du choc du navire ennemi. Au premier rang de ces derniers il convient de placer le ferme-circuit Abel, le ferme-circuit Mac-Evoy, le ferme-circuit Mathieson et le percuteur Bussière. Nous ne dirons qu'un mot de celui-ci.

Le percuteur Bussière ne comporte pas, à proprement

parler, de mécanisme; c'est une espèce d'amorce dans laquelle l'interruption du conducteur métallique se supprime du fait de la mise en mouvement d'une petite masse de mercure. Ledit mouvement n'est, d'ailleurs, que la conséquence de la position brusquement prise par l'enveloppe cédant au choc du navire qui la frôle.

La simple inspection de la figure 15 permet de saisir le jeu de l'appareil. Tant que l'axe AB des conducteurs

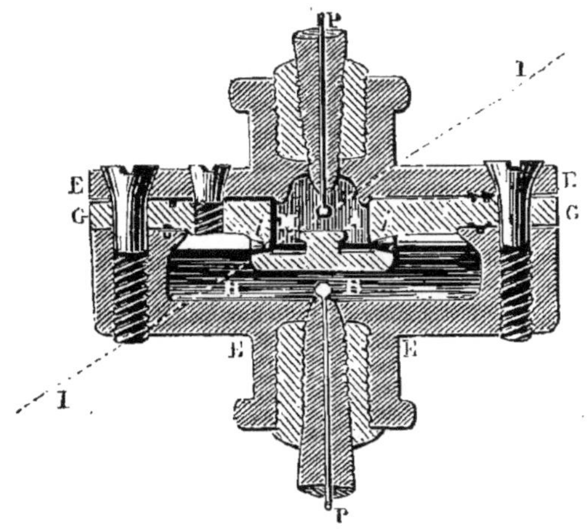

Fig. 15. — *Ferme-circuit* ou *percuteur* Bussière.

A,B, boutons de platine dont l'écartement produit une interruption du courant élec_trique. — E, E, fonds de l'appareil, en fer. — GG, diaphragme en ivoire. — H, cuvette à mercure. — *i, i, i, i*, quatre trous coniques percés dans l'ivoire. — II, inclinaison suffisante pour supprimer l'interruption. — M, chambre mise en communication avec la cuve à mercure par le moyen des orifices coniques *i, i, i, i*. — P P, conducteurs en platine.

interrompus demeure vertical, le niveau du mercure dans la cuvette H est inférieur aux orifices *i, i, i, i*; mais quand cet axe s'incline sur l'horizon, le mercure pénètre dans le compartiment M par deux, au moins, de ces orifices, et l'air afflue de M en H. L'équilibre de niveau tend à s'établir entre les deux compartiments. Si l'inclinaison est suffisante, et que cette inclinaison soit maintenue *un certain temps*, le mercure arrive à toucher le bouton A; par suite, l'interruption se trouve supprimée.

Le percuteur à mercure offre, nous le répétons, l'avantage de constituer un organe essentiellement interne, hors des atteintes de l'eau, par conséquent. Il donne un contact métallique parfaitement sûr (mercure et platine); mais son emploi, pour être efficace, exige impérieusement un contact prolongé du navire.

Ici, nécessairement, se pose une question. Quel genre de mise du feu une torpille donnée demande-t-elle? En principe, on doit enflammer électriquement tous les fourneaux sous-aquatiques qui, conservant une *relation* quelconque avec l'opérateur, demeurent, jusqu'à certain point, sous sa main. De ce nombre sont les torpilles fixes, mobiles, portées, remorquées et dirigeables. Le mode automatique s'applique, d'ailleurs, rationnellement à tous les fourneaux libres tels que torpilles de dérive, torpilles automobiles et torpilles projetées[1].

Envisagés au point de vue du mécanisme que comporte leur mode d'emploi, les fourneaux submergés réclament une autre classification, basée sur le fait nécessaire de la diversité des dispositifs. On distingue les torpilles *fixes, mobiles, portées, remorquées, automobiles, dirigeables* et, enfin, *projetées.*

Torpilles fixes. — Les torpilles *fixes* sont, comme le nom l'indique, des fourneaux auxquels on assigne une position sous-aquatique invariable. Ce genre comprend les *fourneaux de démolition*, les torpilles *dormantes* et les torpilles *mouillées*. Les fourneaux de démolition se classent eux-mêmes, selon leur importance, en *pétards* et *fourneaux proprement dits*. Les torpilles fixes sont dites *dormantes* quand on les fait reposer directement sur un fond, à l'effet de pourvoir aux besoins de la défense d'une position, telle qu'un atterrage, l'entrée

1. Voyez ci-dessous les caractères distinctifs de ces diverses torpilles.

d'un port ou d'une passe, etc. Une torpille fixe est dite *mouillée* quand elle est maintenue en place par le moyen d'un système quelconque d'ancrage ou d'amarrage.

Torpilles mobiles. — On comprend sous la dénomination générique de torpilles *mobiles* les fourneaux de dimensions restreintes et de poids minime, qu'on peut facilement transporter d'un point à un autre. La conséquence nécessaire d'une telle définition est d'imposer à ces appareils l'obligation de se prêter aux exigences d'une mise en place et d'un enlèvement rapides ; de se plier à toutes les circonstances issues des besoins de la guerre ; de s'employer également bien dans les opérations les plus diverses, telles que : improvisation ou destruction d'obstacles, défense de passes, attaque ou défense de navires au mouillage ou en marche, etc.

Tout d'abord, il convient d'observer que la dénomination consacrée n'est pas absolument rationnelle, attendu que la condition des facilités de transport en est l'unique raison. Or, comme on le verra, ces appareils ne sont, de fait, mobiles qu'en certains cas particuliers ; le plus souvent même, ils sont fixes.

Les torpilles *mobiles* peuvent donc se répartir en deux catégories : petites torpilles *fixes* et torpilles *mobiles proprement dites*. Dans l'un et l'autre cas, elles peuvent s'employer de deux façons distinctes : isolément ou par séries. Une série de torpilles mobiles porte le nom de *chapelet*.

Les petites torpilles fixes se posent à la surface ou sous certaine hauteur d'eau. Dans le premier cas, il suffit de les rendre *flottantes ;* dans le second, on doit les suspendre à une bouée. Les torpilles mobiles proprement dites peuvent être *roulantes* sur le fond, ou flottantes *en dérive.*

Torpilles portées. — On appelle *portées* les torpilles qui, comme le mot l'exprime, sont destinées à être conduites directement par un navire ou une embarcation contre un navire ennemi ou contre un obstacle à détruire. Elles se fixent à l'extrémité d'une tige, disposée de telle sorte que la charge soit à une distance et à une immersion suffisantes pour que le navire ou le canot porte-torpille n'ait pas lui-même à souffrir des effets de l'explosion.

Torpilles remorquées. — On qualifie de *remorquées* les torpilles qui, traînées par des navires ou des embarcations en marche, s'amènent, par des manœuvres convenables, au contact des carènes ennemies. Ces fourneaux submergés se classent sous deux chefs distincts : torpilles *à la traîne* et torpilles *divergentes*. Les premières peuvent former les éléments d'une *ligne* manœuvrée par un système de deux navires opérant de concert, ou de *dromes* commandés par un seul navire ; les torpilles divergentes sont organisées de façon à pouvoir être méthodiquement tenues à distance et hors du sillage du remorqueur.

Torpilles automobiles. — On désigne sous la dénomination générique de *torpilles automobiles* les fourneaux sous-aquatiques qui, moyennant le jeu d'un moteur enfermé sous leur enveloppe, peuvent accomplir certains mouvements et se transporter automatiquement d'un point à un autre. Il suit de là que ces appareils peuvent être assimilés à de vrais projectiles qui, pointés soit de terre, soit du bord d'un navire, peuvent fournir une assez grande course entre deux eaux, suivant une direction et par une submersion données.

Torpilles dirigeables. — On appelle *torpilles dirigeables* des appareils qui se meuvent à la manière des torpilles automobiles, avec cette différence qu'ils conservent avec l'opérateur une corrélation qui permet à celui-ci d'en régulariser ou d'en modifier, à chaque instant, la marche.

Torpilles projetées. — On donne le nom de *torpille projetée* à une cartouche de poudre brisante, logée à l'intérieur d'un projectile de gros calibre, fait de matière fragile. Lors du tir, au moment où il arrive à frapper la muraille du navire ennemi, le *projectile-enveloppe* se brise.... La cartouche, que le choc a laissée intacte, tombe le long du bord.... et fait explosion sous une hauteur d'eau déterminée.

Nous allons analyser rapidement les propriétés dont jouissent ces divers genres de torpilles.

V

Le genre torpilles *fixes* comprend, ainsi qu'il a été dit : le *pétard*, le *fourneau de démolition*, la *torpille dormante* et la *torpille mouillée*.

Pétards. — Les pétards sont de petits fourneaux qu'on organise en vue d'une extraction ou d'une excavation de roc ou de maçonnerie. Lorsque le rocher à détruire n'est noyé que sous une mince couche d'eau, le pétard se fore à la barre à mine ordinaire. Si la hauteur d'eau est un peu grande, on opère au moyen d'une mèche, laquelle prend appui sur le tablier d'un radeau bien amarré. En chacun des deux cas, la charge à introduire dans le forage se compose de gargousses en zinc ou en fer-blanc, hermétiquement fermées par un bouchon, au travers duquel passe l'allumeur — fusée imperméable ou conducteur électrique. A défaut d'allumeur réglementaire, on soude, à la partie supérieure de la gargousse métallique, un tube d'amorce terminé, par le haut, en forme d'entonnoir et assez long pour émerger de l'eau. Ce tube, empli de poudre, fait convenablement office de transmetteur.

Si le roc est trop dur ou la hauteur d'eau trop considérable pour permettre un forage de pétards *ordinaires*, on peut se contenter d'attaquer la surface de l'obstacle en y déposant de fortes charges de matières explosibles — poudre, dynamite ou fulmi-coton. Si l'on emploie la poudre, on n'obtient de résultats sérieux que si la hauteur d'eau est suffisante à l'effet de former *bourrage*.

Fourneaux de démolition. — Lorsque les travaux à effectuer sous l'eau prennent un caractère de grande importance, on ne peut plus songer à des pétardements, Il faut alors faire jouer des fourneaux de démolition proprements dits.

Pour établir un fourneau dans un sol noyé sous l'eau à certaine profondeur, on commence par construire un bâtardeau. Pour ce faire, on descend dans l'eau deux cuves de diamètre différent et disposées concentriquement, l'une à l'intérieur de l'autre. On emplit de terre glaise bien corroyée l'espace annulaire compris entre les deux cuves, et l'on épuise l'eau qu'enferme la cuve intérieure, Cela fait, on creuse un puits de mine à l'intérieur du bâtardeau; enfin, lorsque ce puits est descendu à profondeur suffisante, on ouvre dans l'une de ses parois une *chambre de mine* dont les dimensions se déterminent d'après le volume de la charge. Celle-ci se calcule comme s'il s'agissait d'un fourneaux souterrain, pourvu que l'on tienne compte de la surcharge d'eau,

Lorsque le fourneau n'est appelé à produire que certains effets extérieurs, on se contente de déposer sur le sol la charge enfermée sous une enveloppe étanche — bouteille, jarre, dame-jeanne, baril goudronné, caisse en bois doublé de zinc ou caisse métallique, etc. Si l'on fait usage d'une bouteille, il faut y verser d'abord le tiers environ de la charge; y introduire ensuite l'amorce avec l'allumeur; enfin, y verser le reste de ladite charge. Le remplissage de la bouteille doit s'affectuer ensuite à peu près jusqu'à la naissance du goulot, et être formé d'un sable fin qu'on recouvre d'une composition hydrofuge. La fermeture s'opère à l'aide d'un bouchon de liège que traverse l'allumeur. Ce bouchon est luté au mastic de caoutchouc, puis, enveloppé d'une bande de caoutchouc roulée et soudée sur elle-même. Pour parer aux chocs qui peuvent se produire au cours de l'immersion, il convient d'enfermer la bouteille dans un baril ou un panier d'osier. Si l'on emploie, à destination de récipient, une caisse en bois goudronné, et que cette caisse ait à séjourner longtemps sous l'eau, on doit la loger dans une seconde caisse de bois, en ayant soin de laisser entre les deux enveloppes un intervalle que l'on emplit de mastic hydrofuge.

Nous sommes entré dans ces détails, attendu que les fourneaux de démolition s'emploient aujourd'hui couramment. C'est en faisant jouer des mines de ce genre que Firzow brisait des radeaux; qu'Albinett faisait sauter le *Boyne*; Pasley, le *Royal-George*; Samuel Colt, le *Boxer*. C'est en opérant selon ces principes que Bartlett a su détruire le célèbre *Pot-Rock*; du Moncel, réussir ses travaux de la digue de Cherbourg; l'armée anglo-française, démolir les radiers des docks de Sébastopol.

C'est encore suivant la même méthode que les ingénieurs belges se sont débarrassés de l'épave du *Lisa-Ribert*; que, tout récemment, le commandant Dikoff parachevait la destruction de la *Soune*; et l'Amirauté anglaise, celle du *Vanguard*.

Torpilles dormantes. — L'enveloppe ou carcasse d'une torpille dormante est ordinairement en fonte de fer et s'obtient d'une seule coulée. Elle affecte la forme d'un grand segment sphérique surmonté d'un renflement quadrangulaire et muni de quatre pieds ou crampons, venus de fonte (voy. la fig. 14). Ces pieds sont destinés à assurer sa tenue sur le fond qu'elle doit occuper. Elle est percée de deux trous circulaires : un *trou de charge*, pour l'introduction de la poudre; un *trou d'amorce*, pour la transmission du feu. Des canaux semi-circulaires sont, d'ailleurs, ménagés à l'effet de livrer passage aux élingues nécessaires à la manœuvre.

Les dimensions d'une carcasse dépendent nécessairement de l'importance de la charge qu'elle est appelée à contenir. On a fondu des récipients pour 300, 500, 1000, 1500 et même 2000 kilogrammes de poudre, pesant res-

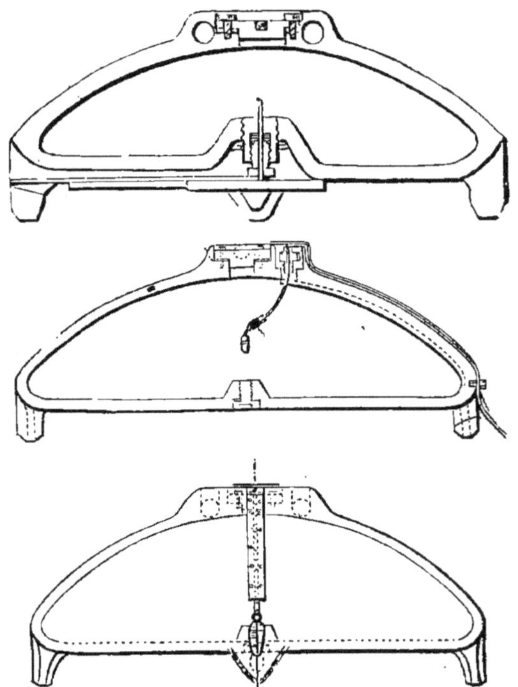

Fig. 14. — Enveloppes ou carcasses de torpilles dormantes.

pectivement eux-mêmes 1285, 2300, 5615, 6600, 8800 kilogrammes.

Il convient d'établir les torpilles dormantes de manière à les doter d'un rayon d'action de 7 à 8 mètres. Elles doivent avoir bonne tenue sur le fond et offrir peu de prise à la drague. Il faut que leur enveloppe ait assez d'épaisseur pour résister aux effets des pressions provenant de l'explosion des torpilles voisines.

On a reconnu que, dans une ligne de torpilles espacées

de moins de 60 mètres, l'explosion de l'un quelconque de ces fourneaux détermine celle du fourneau voisin. Et encore, à cette distance, faut-il faire usage de masques métalliques interposés.

Jusqu'à présent, chez la plupart des puissances maritimes, les torpilles dormantes se chargent à poudre de guerre : la mise du feu s'obtient au moyen d'une amorce au fil de platine, insérée au centre de la charge. La préparation et la mise en place de cette amorce, l'introduction de la poudre dans la carcasse, la fermeture et le scellement de la torpille sont autant d'opérations délicates à l'exécution desquelles il convient d'apporter le plus grand soin.

L'amorçage des torpilles dormantes se fait *à terre* dans les parcs où sont emmaganisées les enveloppes. Cet amorçage une fois parachevé, les enveloppes sont embarquées à bord de *pontons-mouilleurs*, sorte de chalands à puits central, convenablement disposées en conformité de leur destination.

Ces pontons sont remorqués en rade et accostés à des bugalets-poudrières. Là, des agents spéciaux procèdent à l'introduction de la poudre dans les carcasses. Cela fait, le remorqueur revient prendre les pontons et les conduit sur la ligne de défenses sous-aquatiques qu'il s'agir d'établir. A bord d'un ponton-mouilleur, les torpilles sont placées sur une seule et même ligne, dans l'axe du bâtiment, entre deux rails sur lesquels roule un chariot de manœuvre, en forme de chèvre double. Pour mouiller une de ces torpilles, on gouverne le ponton de telle sorte quo son milieu — c'est-à-dire le puits de mouillage — arrive exactement à l'aplomb du point que la torpille doit occuper sous l'eau. Celle-ci, suspendue au-dessus du chariot, est doucement amenée au fond, par le puits de mouillage. Les conducteurs sont, en même temps, filés par le puits, à mesure que la torpille effectue sa descente.

L'usage du fulmi-coton, qui tend à prévaloir, dans le service torpédique, permettra de réduire notablement le poids très incommode des torpilles dormantes.

Une fois qu'un système de torpilles est en place, il convient de pouvoir en vérifier, *à chaque instant*, l'état;

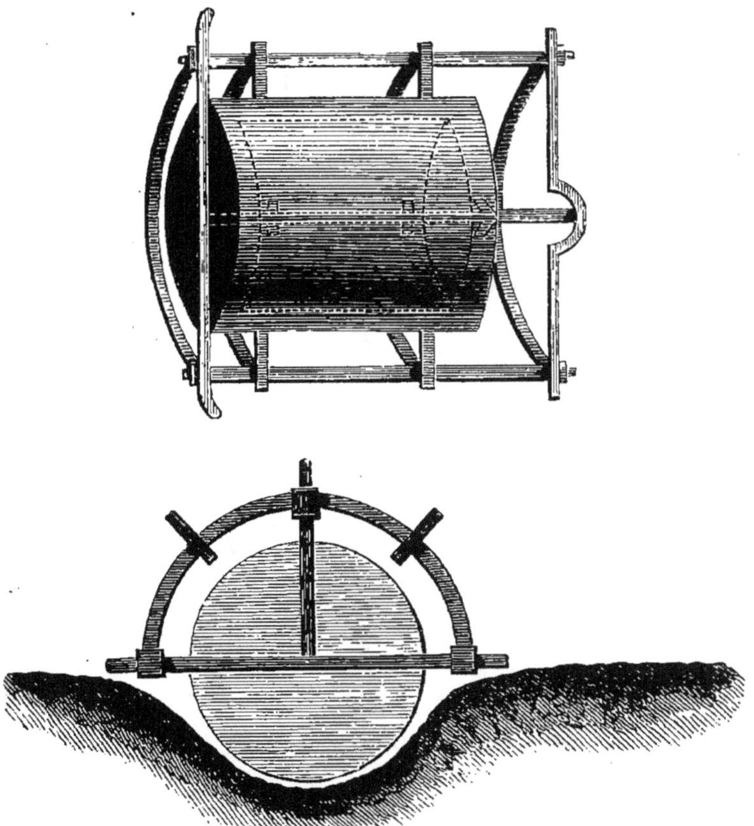

Fig. 15. — Torpille dormante paraguayenne, d'après un dessin brésilien

il faut savoir si le circuit n'est pas rompu (*épreuve de conductibilité*): si ce circuit est bien isolé et exempt de dénudations (*épreuve d'isolation*) si les poudres dont est formée la charge ont une siccité suffisante (*épreuve de la poudre*).

Toutes ces opérations sont assez délicates, mais une

heureuse découverte vient d'apporter au torpédiste un secours assez inattendu. Le capitaine Mac-Evoy emploie aujourd'hui le téléphone à l'effet de constater l'état de ses fourneaux sous-aquatiques. Il munit chaque torpille d'une plaque métallique très mince, disposée horizontalement à la partie supérieure de l'enveloppe, et sur laquelle reposent librement de petits corps pesants. Au moindre choc reçu par l'appareil, la plaque vibre et le son de la vibration est transmis par le téléphone à l'oreille de l'observateur établi en station à terre. Ces

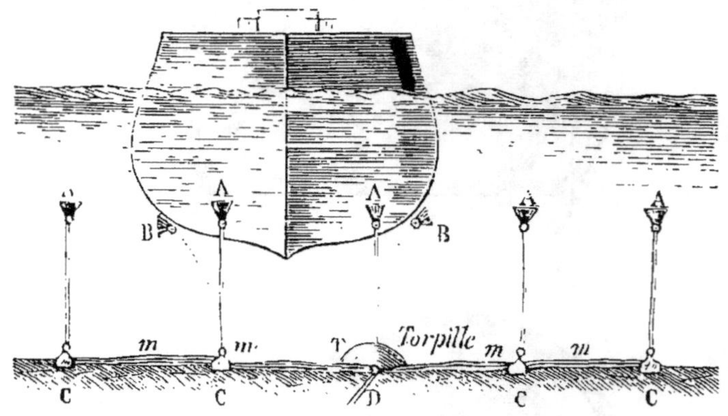

Fig. 16. — Torpille dormante Bussière, dite *torpille-poulpe.*

AA, enveloppes métalliques renfermant des percuteurs à mercure. — BB, enveloppes touchées par un navire. — C, C, C, C, ancres-parasols. — D, torpille dormante. — *m, m, m, m,* conducteurs.

vibrations ne sont perceptibles que si la torpille est en bon état. Le mécanisme est tel que, s'il s'y est produit quelque avarie, la plaque demeure immobile... et le téléphone, muet.

Nous donnerons, à titre d'exemple, la description de la dormante qu'employaient les Paraguayens. Ainsi que l'indique la figure 15, la charge est logée dans un cylindre en cuivre, enfermé lui-même dans un autre cylindre de même métal et d'un diamètre quelque peu supérieur. Le système à immerger sur le lit d'un cours d'eau, est recouvert d'un *appareil sensible,* c'est-à-dire d'un demi-cylindre à claire-voie, dont chaque fermette semi-circulaire correspond intérieurement à une étoupille.

La figure 16 représente un autre type de torpille dormante, celui qu'a proposé le commandant Bussière sous le nom, heureusement trouvé, de *torpille-poulpe*. L'auteur a eu l'idée d'enfermer son percuteur à mercure (*vide suprà*, p. 60) dans de petites enveloppes métalliques A, A, A... — ancrées par des parasols C, C, C... — très légères et tendant à monter à la surface de l'eau. Ainsi sensibilisées, ces enveloppes deviennent comme les *tentacules* d'une torpille dormante à forte charge. Si l'un quelconque d'entre ces tentacules est touché par un navire, l'explosion se produit... pourvu que le circuit soit, en même temps, fermé à la station.

Torpilles mouillées. — La torpille mouillée s'emploie surtout au cas où, eu égard à sa profondeur, la défense d'une passe exigerait, pour torpilles dormantes, des charges considérables et donnerait ainsi lieu à un maniement de poids énormes.

En principe, les torpilles mouillées doivent être dotées d'autant de fixité que les torpilles dormantes. Il faut, en conséquence, les affourcher sur trois pieds d'ancre ou *crapauds*; l'un des câbles d'affourche peut, en même temps, faire fonction de *câble armé* pour la transmission du feu. L'ancrage doit être d'une solidité à toute épreuve et pouvoir ainsi défier l'action des vents, des courants, des marées. On préconise avec raison le type de l'ancre *à parasol*. Toute torpille mouillée dans une eau à courant rapide doit y être maintenue par une ancre pesant sept fois son propre poids.

En tous cas, la torpille doit manifester une tendance à la flottaison. Cette *flottabilité* se calcule en fonction du poids de l'appareil et de la rapidité du courant ambiant; on l'obtient en ménageant une *chambre à air* dans les parties supérieures de l'enveloppe.

Quant à la hauteur de submersion, elle se détermine d'après cette condition que, à marée basse, la torpille soit à l'abri du choc des navires; à marée haute, en état de produire encore des effets destructeurs.

M. von Scheliha a proposé un moyen de parer aux inconvénients des changements de brassiage produits par les marées. Dans les parages où la différence de hauteur d'eau entre la haute et la basse mer n'est pas considérable — comme dans le golfe du Mexique, la Baltique et la Méditerranée, — il suffit de régler la longueur de la chaîne de mouillage de la torpille pour la profondeur à laquelle on désire la maintenir au moment des eaux moyennes. Un écart de $0^m,40$ à $0^m,90$ ne change pas, en effet, sensiblement l'effet destructeur d'un fourneau qu'on submerge à $1^m,80$ au-dessous de ce niveau moyen. Mais les choses ne se passent plus de la même manière dans une mer à grandes marées, comme la Manche ou la mer du Nord. Une torpille, mouillée à $2^m,10$ en fin de jusant, se trouverait à 8, 10, 12 et quelquefois 15 mètres de profondeur lors de la pleine mer. Voici de quelle manière on peut remédier aux difficultés de cette situation : on attache à la torpille une boucle ou un rouleau, dans lequel passe une chaîne dont l'un des bouts est attaché à l'ancre-champignon. L'autre extrémité de la chaîne est fixée à une bouée; munie de deux anneaux, dans lesquels passe la chaîne. Un tuyau permet de remplir ou de vider à volonté la bouée; l'extrémité de ce tuyau est maintenue hors d'eau par le moyen d'un flotteur. S'il y a jusant, on emplit la bouée, qui entraîne la torpille; s'il y a flot, on pompe l'eau de la bouée, et la torpille remonte. Le défaut d'un tel système est, ainsi qu'on le voit, de rendre indispensable la vigilance d'un homme de garde, chargé du soin de faire suivre à la torpille les variations du niveau des eaux.

Pour assurer, en tout état de submersion, les effets d'ex-

plosion des torpilles mouillées, on les charge non plus à
poudre, mais à la dynamite ou fulmi-coton. Bien qu'un

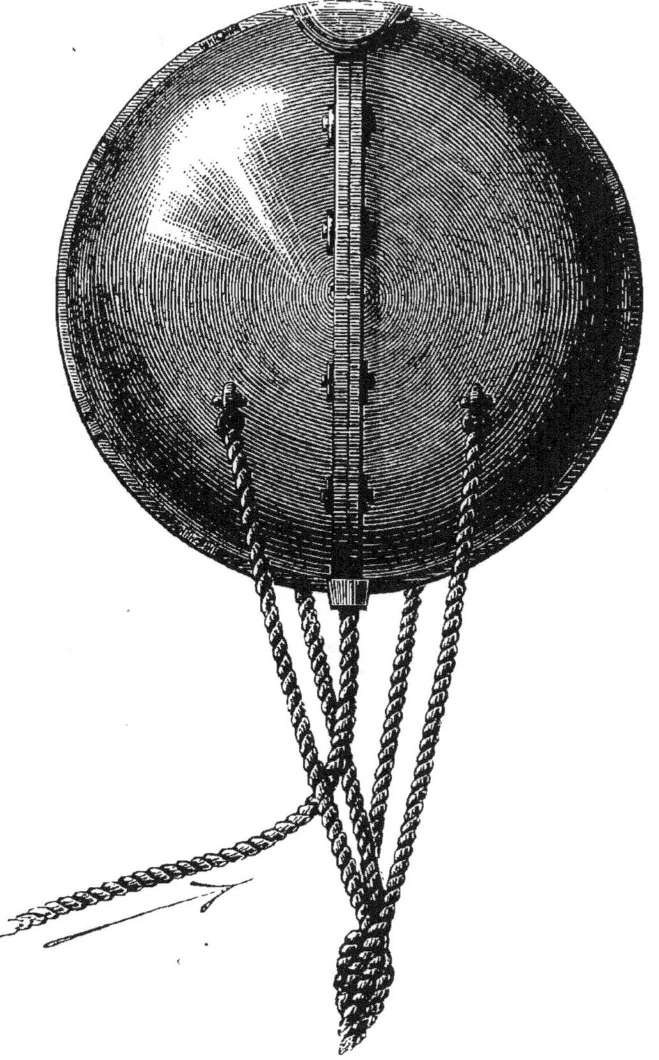

Fig. 17. — Torpille mouillée Hennebert.

peu plus compliqué que celui des torpilles dormantes,
leur mouillage s'opère suivant les mêmes principes. Leur
enveloppe doit être revêtue de bois, afin qu'elles puissent

résister aux effets des heurts accidentels, tout en conservant leur flottabilité.

Pour ce qui est de la mise du feu, les torpilles mouillées peuvent être automatiques, électro-automatiques ou électriques.

Il a été parlé plus haut de la *torpille à l'ancre* de

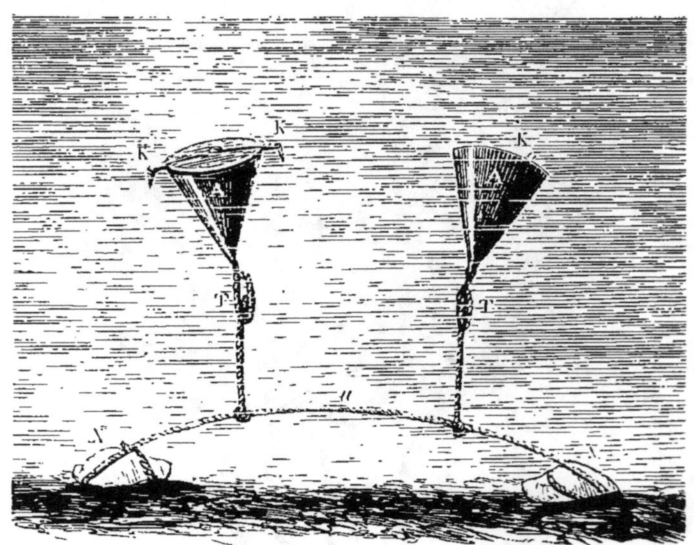

Fig. 18. — Torpilles mouillées Jacobi.

A. A, enveloppes coniques en tôle. — K, K, appareils de mise du feu. — T, T, orins. — u, orin de jonction de deux *jacobis*. — X, X, pierres d'ancrage.

Fulton. Nous citerons quelques autres types de torpilles mouillées.

Le modèle que nous proposions dès 1854 avait pour enveloppe une sphère de cuivre divisée en quatre fuseaux rectangles, formant autant de compartiments étanches, et réunis entre eux par des lèvres boulonnées (voy. la fig. 17). Muni d'une chambre à air, le fourneau se trouvait, de ce fait, un peu plus léger que l'eau. Il n'y avait pas coïncidence entre le centre de figure et le centre de gravité de l'appareil ; et cela, pour que la verticalité en fût constamment assurée. A l'extrémité supérieure du diamètre vertical, une calotte sphérique, d'une seule pièce, réunissait encore les quatre fuseaux; à l'extrémité inférieure était foré le trou d'amorce, livrant passage aux fils conducteurs enfermés dans un câble. Le courant émanait d'une pile Daniell. L'hémisphère inférieur se trouvait garni de quatre anneaux pour les torons d'attache d'un câble aboutissant, d'autre part, à une ancre solidement mouillée.

Les flottes anglo-françaises, opérant en 1855 dans la mer Baltique, eurent connaissance d'une torpille mouillée que les Russes appelaient *Jacobi*, du nom de l'inventeur du type (voy. la fig. 18).

L'enveloppe d'un *Jacobi* affectait la forme d'un cône de 0^m,50 à 0^m,60 de hauteur, sur 0^m,45 de diamètre à la base. Elle était formée d'une feuille de tôle et divisée, à l'intérieur, en deux compartiments. Le compartiment voisin du sommet con-

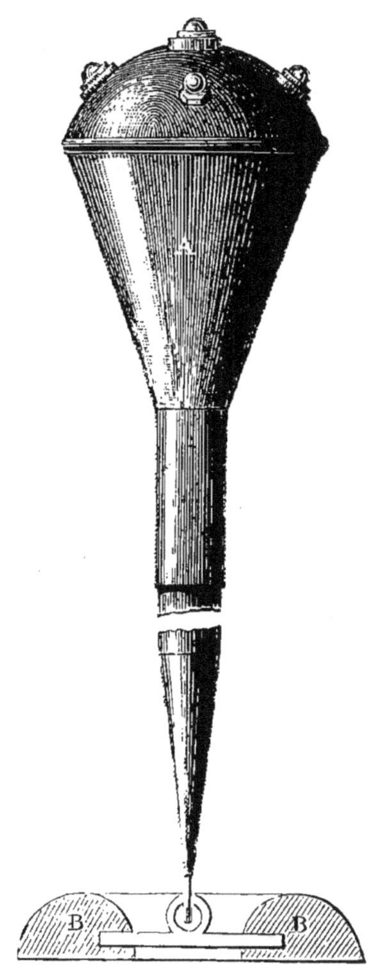

Fig. 19. — Bouée-torpille américaine (*buoyant torpedo*).

tenait une charge de 5^k,500 de poudre; l'autre était vide et traversé, suivant l'axe, par un tube de fer blanc, enfermant l'appareil dont le jeu devait assurer la mise du feu.

Bien que munis d'un verrou de sûreté, les *Jacobis* de

la Baltique étaient d'un maniement dangereux. Le fait de leur très petite charge (3^k,500) les rendait, d'autre part, à peu près inoffensifs.

Durant leur guerre de la sécession, les Américains ont inventé plus d'un type de torpille mouillée.

La figure 19 représente une *bouée-torpille* disposée de façon à défier les atteintes de la drague et de la traîne, Cette bouée comporte une enveloppe piriforme A, faisant corps avec un espar dont l'extrémité inférieure est assujettie — par un *universal-joint* — à une ancre pour fond de vase BB. Sur le dôme de la chambre sont vissées cinq ou

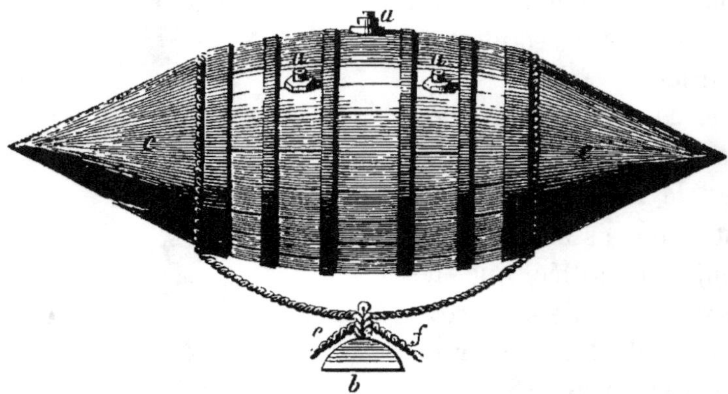

Fig. 20. — Baril-torpille américain (*barrel torpedo*).

six fusées chimiques (*chemical fuze*) donnant une mise de feu immédiate, au premier contact d'un corps étranger. Il est évident que les chaînes et les cordages, employés d'ordinaire dans les opérations de dragages, ne peuvent mordre en aucun point de cet appareil.

La torpille mouillée, que les Sécessionnistes appelaient *barrel-torpedo* (voy. la fig. 20), avait pour enveloppe un petit baril dont les douelles jointives étaient solidement cerclées. On y introduisait, par le trou de bonde, une bonne qualité de *brai*; puis on roulait ce baril; on le culbutait en tous sens jusqu'à ce que la paroi intérieure fût complétement enduite de matière grasse. L'exté-

rieurs étant également brayé avec le plus grand soin, on
avait un récipient suffisamment étranche. Cela étant, on

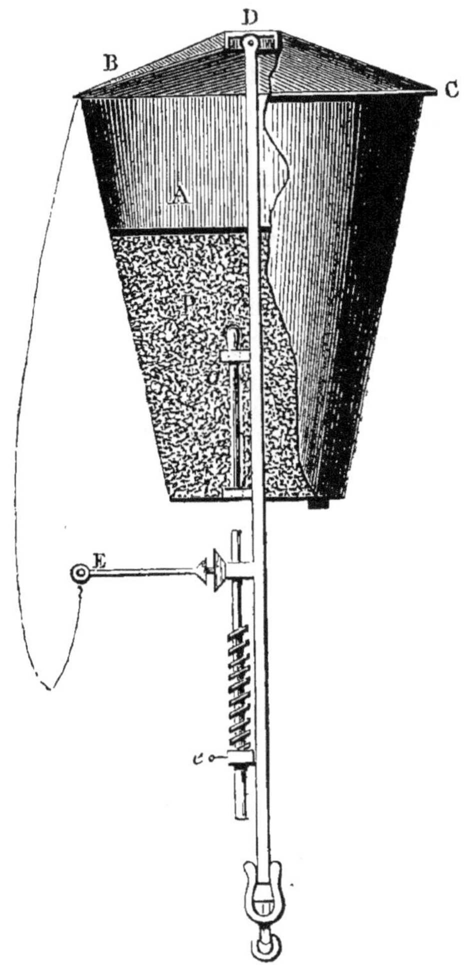

Fig. 21. — Torpille Singer (*Singer's torpedo*).

A, chambre à air. — P, chambre d'une contenance de 50 à 100 livres de poudre. —
BC, lourd chapeau de fonte, simplement posé sur la chambre et maintenu en équilibre, en D, par un petit rebord en étain. — E, détente reliée par un fil au chapeau
ci-dessus. — a, capsule d'amorce. — e, goupille de sûreté.

coiffait chacune des bases d'un cône c, d'environ dix-sept
pouces de longueur, à l'effet de bien mettre l'appareil
dans le courant ; de faire qu'ils présentât à la quille des

navires les cinq fusées, *a, a, a...* vissées sur le corps de
sa partie cylindrique.

Un *barrel torpedo* ne contenait jamais moins de 70 à
120 livres de poudre ; il s'amarrait au moyen d'une corde
en patte-d'oie, à laquelle était appendu un poids *b* destiné
à maintenir vers la surface de l'eau les trois génératrices

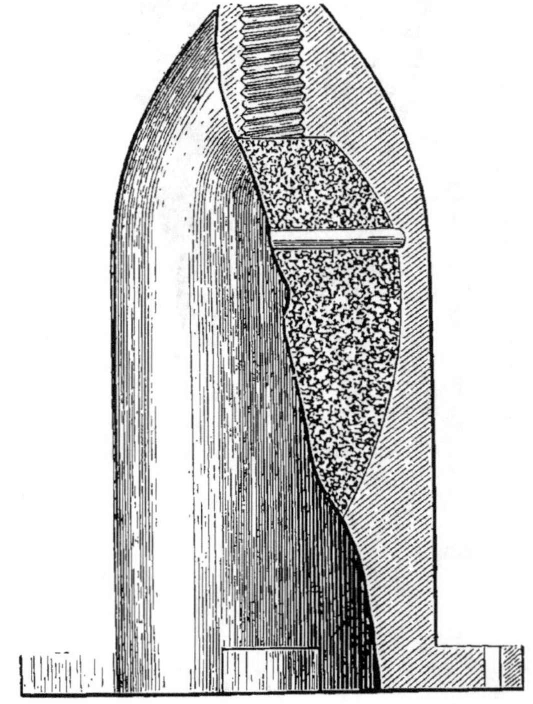

Fig. 22. — Bombe-torpille américaine (*cast iron torpedo shell*).
(Élévation et coupe).

dangereuses. La ligne *e* servait à mouiller la torpille à
une profondeur donnée ; une autre ligne *f* reliait ladite
torpille à sa voisine.

Une embarcation montée par deux opérateurs pouvait
facilement procéder, en une heure, au mouillage de
quatre de ces barils ; l'appareil était aussi simple que
peu coûteux. Les Confédérés en firent, pour ces raisons,

grand usage ; ils le semaient à profusion sur les routes qu'avaient à suivre les flottilles fédérales.

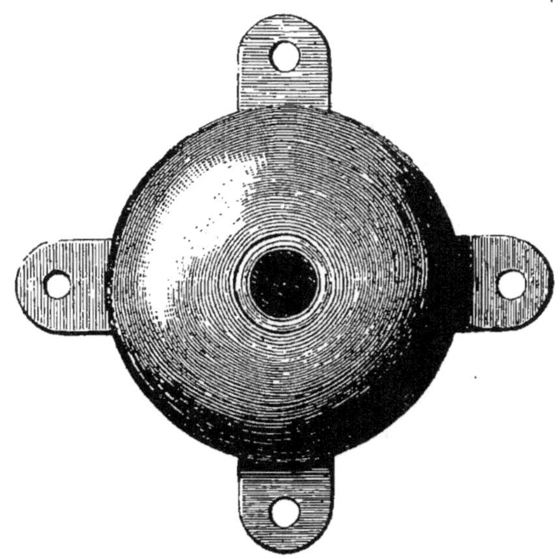

Fig. 25. — Bombe-torpille américaine (*cast iron torpedo shell*). (Vue en-dessus).

La figure 24 représente une torpille mouillée dite *Singer's torpedo*, du nom du constructeur. Il est facile d'en comprendre le jeu.

Fig. 24. — Batterie de torpilles mouillées (*frame torpedo*).

Le simple frôlement d'un navire qui passe à son aplomb fait sauter le chapeau BC, dont l'équilibre est essentiellement instable. La chute de celui-ci imprime à la détente une secousse, dont l'effet est de mettre en liberté un marteau soumis à l'action d'un ressort à boudin. Ce marteau va frapper la tige dont l'extrémité supérieure touche à l'amorce ; la friction détermine alors l'explosion de la charge.

La *Singer's torpedo* est, de toutes les torpilles, celle qui a produit les effets les plus remarquables durant la guerre de la Sécession ; ce type fourmillait dans les eaux de l'Ouest, aussi bien que sur la côte orientale.

Les Sécessionnistes mouillaient aussi des torpilles sur des poutrelles qui leur servaient, pour ainsi dire, d'affûts. Le fourneau submergé prenait alors le nom de *cast iron torpedo shell.*

Le *cast iron torpedo shell* est, comme le nom l'indique, un appareil en fonte de fer affectant la forme d'un projectile creux, à ceci

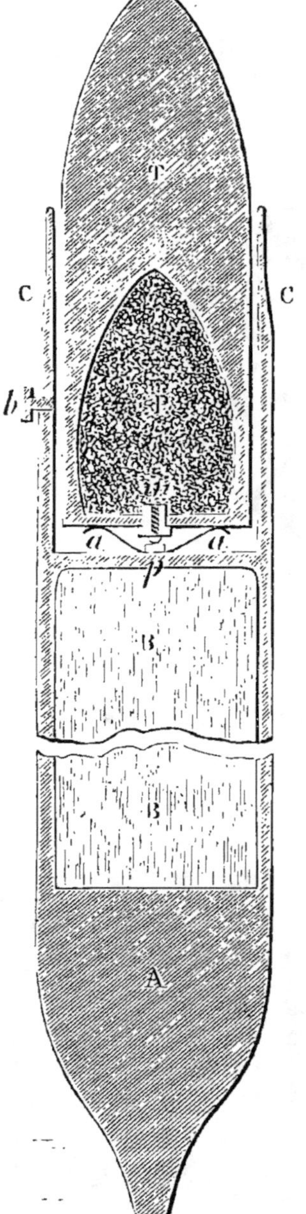

Fig. 25. — Autre type de *cast iron torpedo shell.*

T, torpille encastrée dans une armature de fer. — CC. armature. — BB, pilot. — A. pointe ferrée. — P, charge de poudre. — *aa*, ressort soutenant le poids de la torpille. — *b*, vis de pression destinée à soulager le ressort. — *m*, fusée permanente. — *p*, billot.

près qu'il porte à sa base quatre trous taraudés permettant de le fixer sur une table de bois (voy. fig. 22 et 23). Il pèse 400 livres et contient 27 livres de poudre. La tête est forée ; on visse dans cet œil une *sensitive* ou *chemical fuze*, éclatant au simple contact d'un corps étranger.

Tel était l'élément du système connu, pendant la guerre, sous le nom de *frame torpedo*.

Le *frame torpedo* américain consistait en une charpente formée de cinq poutrelles *a*, *a*, *a*, *a*, *a*, solidement assujetties sur un plancher de madriers *b*, *b*, *b*

Fig. 26. — Autre élément de *frame torpedo*.

(voy. la fig. 24). Un *cast iron torpedo shell c* était boulonné à l'extrémité de chacune des poutrelles et présentait sa fusée percutante à l'avant des navires décidés à forcer le passage obstrué. Ces défenses sous-aquatiques se plaçaient d'ordinaire dans les passes étroites ou peu profondes, à l'embouchure des rivières, aux abords des criques, sur les barres praticables aux *mouches* et aux *monitors*.

La figure 25 représente un autre type de *cast iron torpedo shell*, dont il n'est pas difficile de comprendre le jeu. Le moindre choc reçu par la torpille T a pour con-

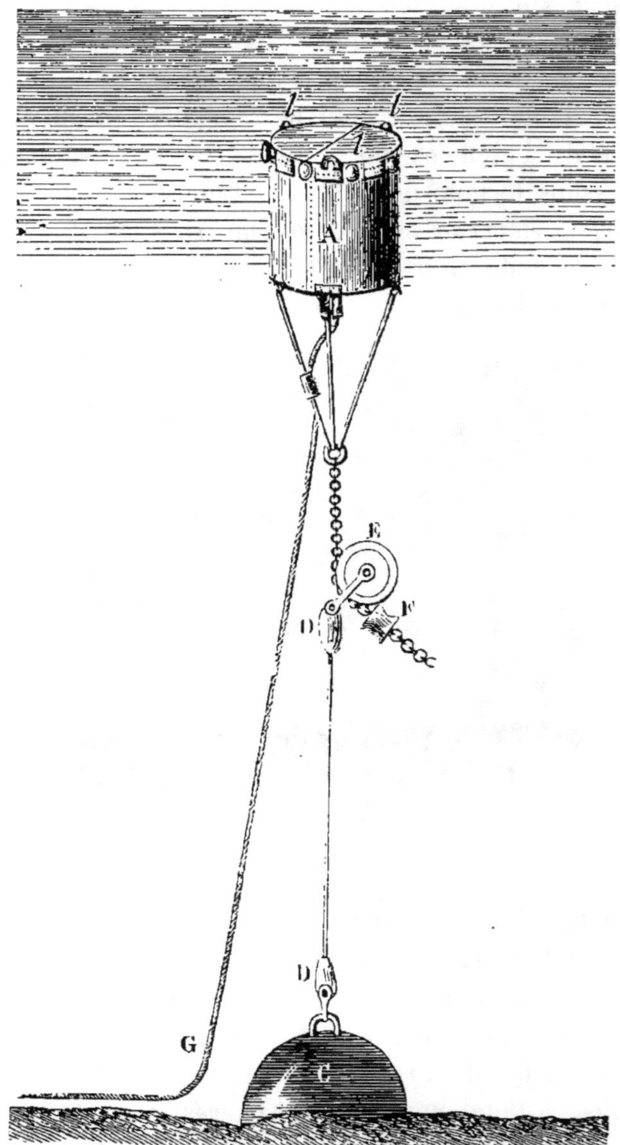

Fig. 27. — Torpille mouillée autrichienne.

A, torpille. — C, ancre-parasol. — D, D, galoches. — E, rouet. — F, manchon à déclic.
— G, conducteur. — I, I, I, Pattes à œil.

séquence le heurt de la fusée percutante m contre le

petit billot *p*. Sur-le-champ, l'explosion se produit. Le

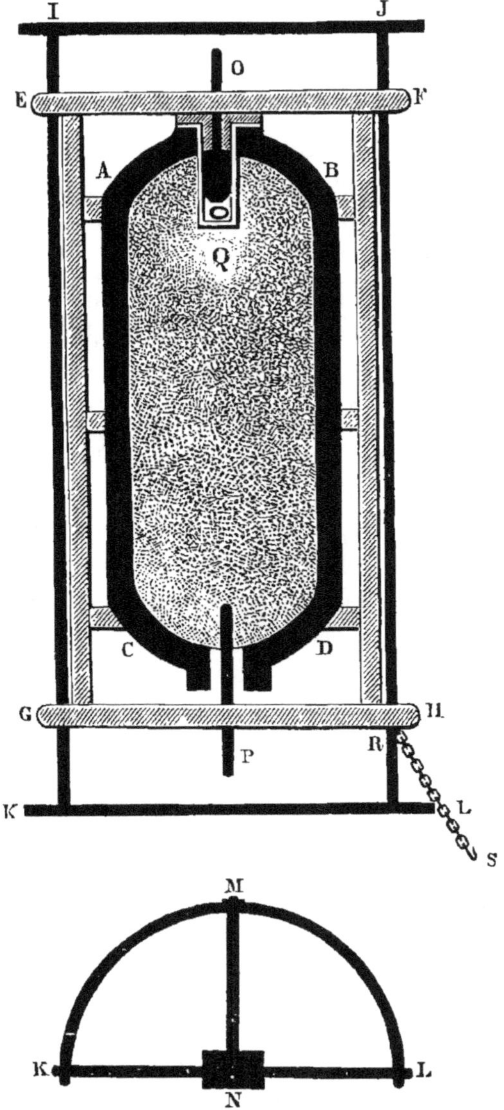

Fig. 28. — Torpille paraguayenne mouillée sur bouée,
d'après un croquis brésilien.

ABCD, caisse en bois, doublée de zinc, de la contenance de 110 livres de poudre. — EFGH, autre caisse en bois garnie de zinc, extérieure à la première. — IJKL, appareil sensible ou allumeur. — O, P, tiges d'amorce. — Q, amorce. — RS, chaîne d'ancre.

général Sherman rencontra, aux abords du fort Mac-Allister, nombre de torpilles de ce modèle, mises en batterie ainsi que l'indique la figure 26.

Les torpédistes autrichiens employaient, en 1866, une torpille dont la figure 27 expose le mode de mouillage. Ce fourneau se submerge à l'aide d'une calotte sphérique C, en fonte de fer, dont la base est armée de dents triangulaires qui mordent sur le fond. Du sommet de cette calotte s'élève un cordage en fil de fer terminé, à sa partie supérieure, par une galoche D, reliée à une chape à rouet E. Une chaîne, attenant à la patte-d'oie inférieure de la torpille, passe dans la gorge du rouet, puis dans un manchon à déclic F. Pour mettre la torpille en place, on mouille l'ancre, puis on abraque la chaîne, qui court dans le manchon et fait enfoncer l'appareil. Dès qu'on cesse de haler, les déclics du manchon empêchent la chaîne de revenir en sens inverse, et le système demeure noyé par la hauteur de submersion voulue. L'enveloppe de la torpille autrichienne consiste en une caisse cylindrique en tôle, de $0^m,95$ de hauteur et $1^m,13$ de diamètre.

Les Paraguayens firent également usage de torpilles mouillées pendant la guerre qu'ils eurent à soutenir contre le Brésil.

La figure 28 représente un de leurs dispositifs-bouées. L'allumeur consiste en un cylindre à claire-voie, dont deux ou quatre génératrices peuvent glisser, à frottement doux, au travers des bases EF et GH de la caisse extérieure. Or, le moindre choc produit par un corps étranger a pour effet d'exercer une pression sur l'une des deux tiges d'amorce O, P — pression qui détermine la rupture d'une petite fiole emplie d'acide sulfurique. Cet acide se répand sur une garniture de coton imprégné de chlorate de potasse. De là l'explosion de la charge.

VI

TORPILLES MOBILES

Les torpilles, que le fait de leur petit volume rend facilement transportables — et que, pour cette raison, l'on appelle *mobiles* — comportent une classification particulière. On les distingue en « petites torpilles fixes » et « torpilles mobiles proprement dites ». Les premières s'emploient isolément ou en chapelets ; les secondes peuvent rouler sur un fond ou se mouvoir noyées sous une faible hauteur d'eau.

L'enveloppe d'une torpille mobile est un solide de forme variable, fait de tôle mince ou de cuivre, muni d'un trou d'amorce et d'un trou de charge. Si la torpille est flottante, il faut y introduire de 40 à 50 kilogrammes de poudre brisante ; si elle est submergée par quelques mètres d'eau, on peut réduire la charge à une quinzaine de kilogrammes. Quant à la mise du feu, elle peut être électrique, électro-automatique ou automatique simple. Les deux premiers procédés ne sont applicables qu'au cas où la torpille conserve certaine relation avec l'opérateur ; le troisième mode d'inflammation est, généralement, préférable.

Quand les *petites torpilles fixes* s'emploient isolément — pour défendre une passe, par exemple — on les mouille au moyen d'un grappin ou d'une gueuse, et d'un orin de longueur convenable, — longueur qui, ordinairement, varie de 3 mètres à 3^m,50. En ce cas, on le voit, la torpille *mobile* n'est autre chose qu'une petite torpille *mouillée*.

On distingue, en fait de torpilles mobiles, un grand

nombre de types, dont la plupart affectent des dispositions extrêmement ingénieuses. Les modèles les plus
appréciés aujourd'hui sont ceux de M. Lewis et du
capitaine Mac-Evoy.

Voici le modèle original qu'employaient les Américains :

Pour rendre dangereuses la recherche et l'extraction de
leur *bouée-torpille*, les Confédérés annexaient souvent à
celle-ci, au moyen d'une corde à l'ancre, une torpille flottante dont nous donnons le croquis, figure 29. La
chambre, en tôle de fer, affectait, comme on le voit,
la forme d'une calotte sphérique, et pouvait contenir
100 livres de poudre. La corde qui la reliait à la bouée

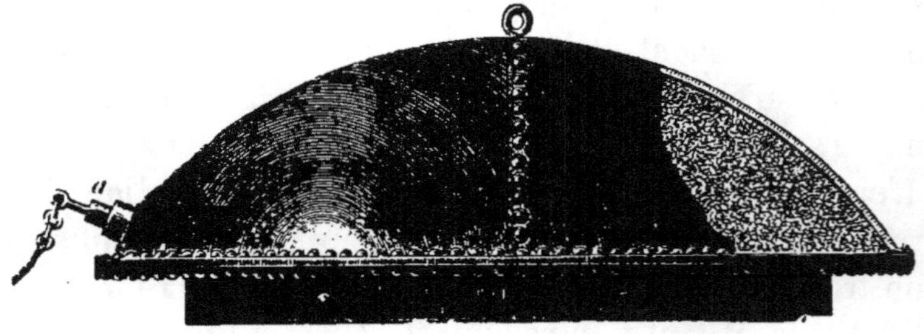

Fig. 29. — Torpille mobile américaine dite « surprise du diable »
(*devil circumventor*).

fixe avait environ 50 *yards* (45^m,72) de longueur et
aboutissait à une amorce à friction *a*. Il est facile de
comprendre le jeu de cette torpille auxiliaire. Les dragueurs, qui la disaient très redoutable, lui donnèrent le
nom de ***devil circumventor***. Les ateliers de Charleston et
de Richmond avaient confectionné une quantité considérable de ces *surprises du diable*.

S'agit-il d'organiser un *chapelet* de torpilles mobiles,
on commence par déterminer, d'après les données du
problème à résoudre, le nombre d'éléments dont il faut le
former ; la charge, la hauteur de submersion de chacun
d'eux ; l'intervalle qui doit séparer deux éléments voisins.
Soient : un intervalle de 10 mètres ; une submersion de

3 mètres ; un nombre de torpilles égal à 4. On élonge sur le sol une corde AB (voy. fig. 29) qui prend le nom de *remorque de chapelet*. Sur cette corde on marque, à intervalles de 10 mètres, les points 1, 2, 3, 4, correspondant

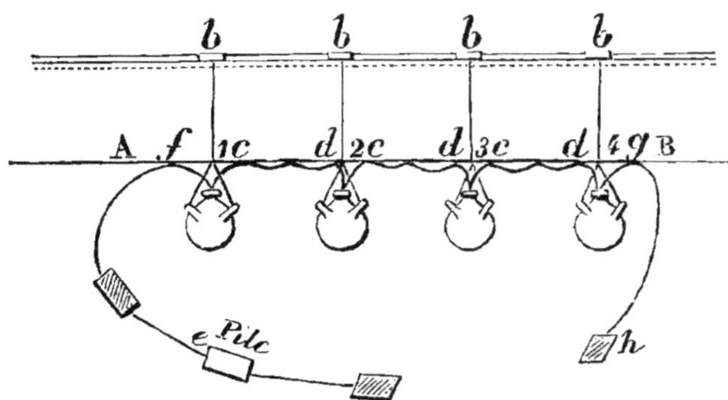

Fig. 30. — *Chapelet* de torpilles mobiles.

AB, corde dite *remorque de chapelet*. — b,b,b,b, bouées. — 1, 2, 3,'4, torpilles numérotées. — fc,dc,dc,dg, conducteurs. — e, pile. — h, plaque de courant.

aux positions que doivent occuper les torpilles. En chacun de ces points on fixe, par l'une de ses extrémités, un bout de filin de 3 mètres de long, relié, par l'autre extrémité, à une bouée *b*. Enfin, aux points 1, 2, 3, 4, on amarre les torpilles, chargées et amorcées.

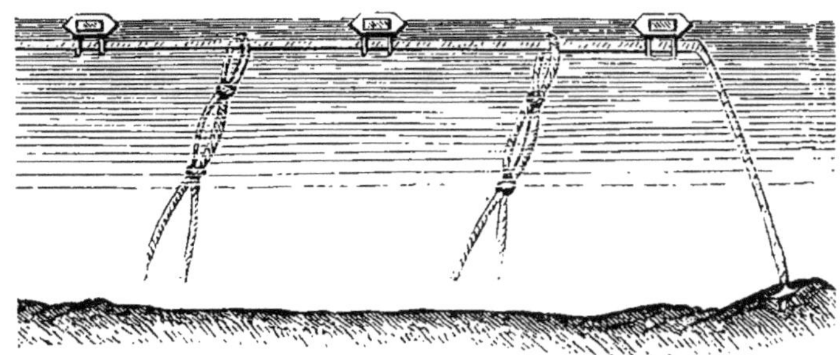

Fig. 31. — Barrage en filin.

On préconise l'emploi des torpilles mobiles à l'effet de rendre plus efficace l'action des *barrages en filin*. Un obstacle de ce genre doit être formé, dit M. von Scheliha, d'une ligne de torpilles flottantes à inflammation automatique, soumise à la seule condition du choc d'un corps étranger. A ces torpilles est amarrée, au moyen de crampons en fer, une aussière de 0^m,175 de diamètre, solidement assujettie à des ancres qui commandent chacune de ses extrémités. De distance en distance, de forts grappins maintiennent en place les *floating torpedoes*, et l'on suspend des bouts de corde destinés à s'engager dans les cages des hélices (voy. la fig. 51). On peut placer, à 50 mètres l'un de l'autre, deux ou trois rangs de ces torpilles latentes.

Les torpilles mobiles *proprement dites* peuvent être, avons-nous dit, *roulantes* sur un fond ou *noyées* à peu de profondeur au-dessous de la surface de l'eau.

Torpilles roulantes. — Chacun sait que, pour détruire les ponts jetés par l'ennemi en aval du point qu'on occupe, il convient d'abandonner au courant des mines flottantes ou des machines infernales. Mais, quelque ingénieuse qu'en soit la disposition, un appareil explosible — qui flotte à la surface des eaux — présente toujours deux inconvénients graves. D'abord, il est visible; en second lieu, la bonne direction est loin d'en être assurée. Il se place, le plus souvent, en travers du fil de l'eau, tourbillonne, descend au hasard, heurte alternativement les deux rives, s'engage parfois dans des impasses dont il ne peut sortir. Ce second inconvénient disparaît en partie si l'on substitue à la machine flottante une *torpille de rivière*, c'est-à-dire un corps oblong, immergé à fleur d'eau et traînant à l'arrière une chaîne pesante qui frotte sur le lit. Grâce à cet appendice, le grand axe de l'appareil est toujours ramené dans le sens du courant. Dès lors, la dérive en est régularisée.

C'est ensuite de ces observations judicieuses que, durant le blocus de Metz, le colonel Goulier essaya de rompre les ponts allemands de Malroy. Le dispositif qu'il proposait était un heureux perfectionnement du modèle adopté par les Autrichiens en 1809 et 1813.

Vers la même époque, le commandant Bussière, alors attaché au service de la défense de Verdun, eut l'idée de détruire, au moyen d'une *torpille de rivière*, le pont de chevalets que les Allemands avaient organisé sur la Meuse, à 5 kilomètres en aval de la place. La construction de cet ingénieux appareil était basée sur ce principe que : un corps complètement immergé se trouve naturellement dans des conditions de marche infiniment supérieures à celles d'un corps flottant ; que ce corps plongé — pourvu que le poids n'en soit qu'*un peu* supérieur au poids du volume d'eau déplacé, et que le centre de gravité coïncide avec le centre de figure — doit nécessairement se mettre à rouler sur le lit du cours d'eau ; que la pesanteur le sollicite à gagner les plus grandes profondeurs et, par conséquent, à descendre jusqu'au thalweg ; enfin, que, sous l'impulsion du courant, c'est ce thalweg lui-même que le corps immergé doit suivre. S'il s'en écarte, la rotation produit une dérivation qui l'y ramène. Dans cet ordre d'idées, le commandant Bussière entreprit de faire exécuter sous ses yeux une enveloppe métallique étanche, destinée à rouler sur le lit de la Meuse en emportant, dans ce mouvement de translation, une charge de poudre avec un mouvement d'horlogerie pouvant opérer, en temps voulu, l'inflammation de la charge.

La torpille roulante, dite *Boule de Verdun*, avait 1 mètre de diamètre. Elle était composée de douze pentagones découpés dans des cercles de tôle de $0^m,33$ de rayon, cintrés chacun en forme de calotte sphérique. L'ensemble de ces polygones assemblés avec soin représentait assez bien une sphère ; la permanence de cette figure était, d'ailleurs, assurée par le moyen de tiges de fer intérieures aboutissant, d'une part, aux vingt sommets de la surface et, de l'autre, à un noyau central. Ce noyau cylindrique, de 0^m.25 de diamètre, arc-boutait par le milieu deux des douze pentagones; il avait, en outre,

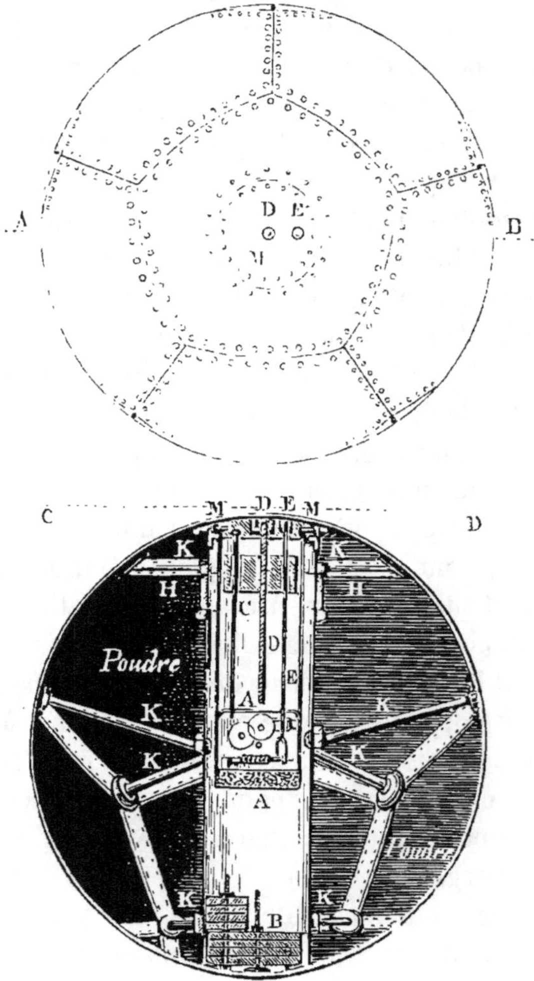

Fig. 32. — Torpille roulante Bussière (*boule de Verdun*).

A, mouvement d'horlogerie et amorce. — B, contrepoids fixe, ramenant le centre de gravité sur l'axe du cylindre. — C, contrepoids mobile moyennant le jeu de la vis DD amenant le centre de gravité au centre de la boule. — E, tringle de sûreté et de déclanchement du mécanisme A. — HH, portes de chargement. — K...K, armatures intérieures. — N, fermeture étanche.

pour objet de présenter un vide A (voy. la fig. 32), contenant une amorce, avec un mouvement de carcel adapté à la détente d'un pistolet à deux coups; un logement B pour le contrepoids fixe; un autre logement C pour le contrepoids mobile, dont le régulateur se manœuvrait de l'extérieur au moyen d'une vis. Le reste du volume de la sphère était occupé par des paquets de poudre dont le poids total s'élevait à 350 kilogrammes. La tôle de l'enveloppe était peinte en gris verdâtre, teinte choisie à l'effet de dissimuler dans l'eau la présence de la boule. Le commandant Bussière espérait, d'ailleurs, rendre son appareil absolument invisible, en profitant du trouble dû à une crue qu'on annonçait pour le 15 novembre. Tout était prêt; la torpille de rivière allait être lancée contre le pont des Allemands lorsque, le 9 novembre, Verdun capitula.

Torpilles noyées. — C'est Montgéry qui, le premier, a parlé de ce genre de torpilles. Il exprimait l'idée que tout vaisseau, chassé par des forces supérieures, peut se défendre en abandonnant à la mer des *dromes* ou chapelets de fourneaux submergés mobiles. L'emploi de ces torpilles en dérive ne saurait jamais prendre, à la guerre, de développements sérieux. On comprend, en effet, que tout fourneau de ce genre, qui a manqué son but, devient, de

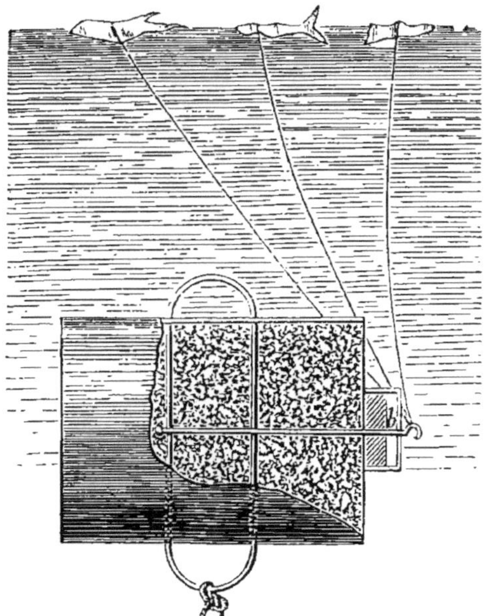

Fig. 55. — Torpille américaine *à friction*.

ce fait même, errant à l'aventure et constitue, dès lors, une source de dangers pour tous, ennemis ou amis.

Les Américains les ont néanmoins employées en grand nombre, au cours de leur guerre de la Sécession. Ils en avaient plusieurs types, parmi lesquels nous citerons : la torpille *à friction;* la torpille *à mèche;* la torpille *à l'hydrogène;* la torpille de rivière, dite *current torpedo.*

La torpille *à friction* (voy. fig. 33) consistait en une caisse de fer-blanc chargée de 70 livres de poudre, et reliée par des drisses à un certain nombre de flotteurs destinés à s'engager dans les hélices de l'ennemi. Dès que celui-ci touchait l'un des flotteurs et, par suite, une drisse, il opérait

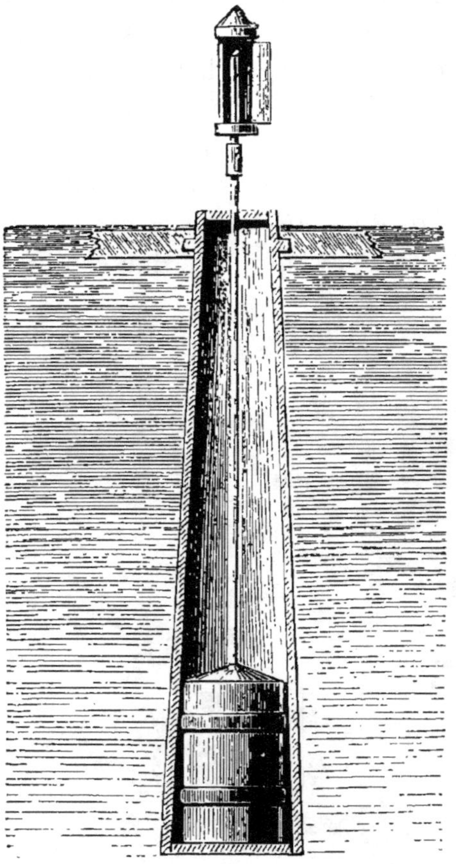

Fig. 34. — Torpille américaine *à mèche.*

involontairement une traction sur la tige *bf*, passant, en *b*, dans une boîte garnie de cire d'abeilles et glissant, en *f*, à frottement dans un trou d'amorce enduit de fulminate de mercure. L'explosion s'ensuivait.

La figure 34 représente une torpille flottante *à mèche*

lente. Cette mèche était enfermée dans un long tube
aboutissant : d'une part, à la charge ; de l'autre, à une
lanterne de fer-blanc maintenue hors d'eau par un flotteur. Les Confédérés lancèrent dans le James River quantité d'appareils de ce genre ; les filets de sûreté des fédéraux en étaient souvent encombrés.

L'allumeur de la torpille *à l'hydrogène* est le fruit
d'une conception originale. Le ballon A se trouve em-

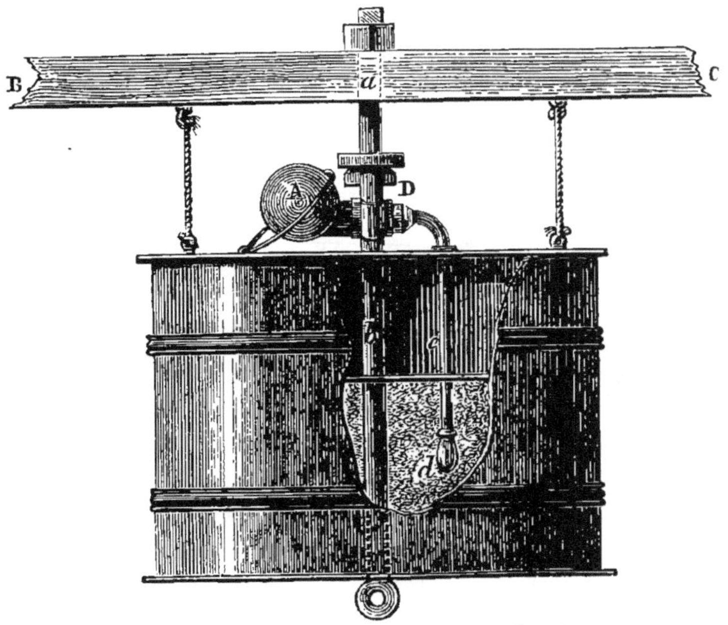

Fig. 55. — Torpille américaine *à l'hydrogène*.

pli de gaz hydrogène comprimé à plusieurs atmosphères ;
ce gaz doit, au moment opportun, se précipiter en *d*
sur une petite éponge de platine entourée de fulminate
de mercure. Le résultat voulu s'obtient de la manière
suivante : dès qu'il est heurté par un navire, le bras BC
— dans quelque sens qu'il se meuve — fait tourner
l'axe vertical *ab*, auquel il est fixé rectangulairement
par un boulon. Or, ce mouvement de rotation a, dans tous
les cas, pour effet d'ouvrir en D un robinet qui permet

au gaz de s'échapper par le tube *c* (voy. la fig. 35).
La torpille de rivière (*current torpedo*), représentée

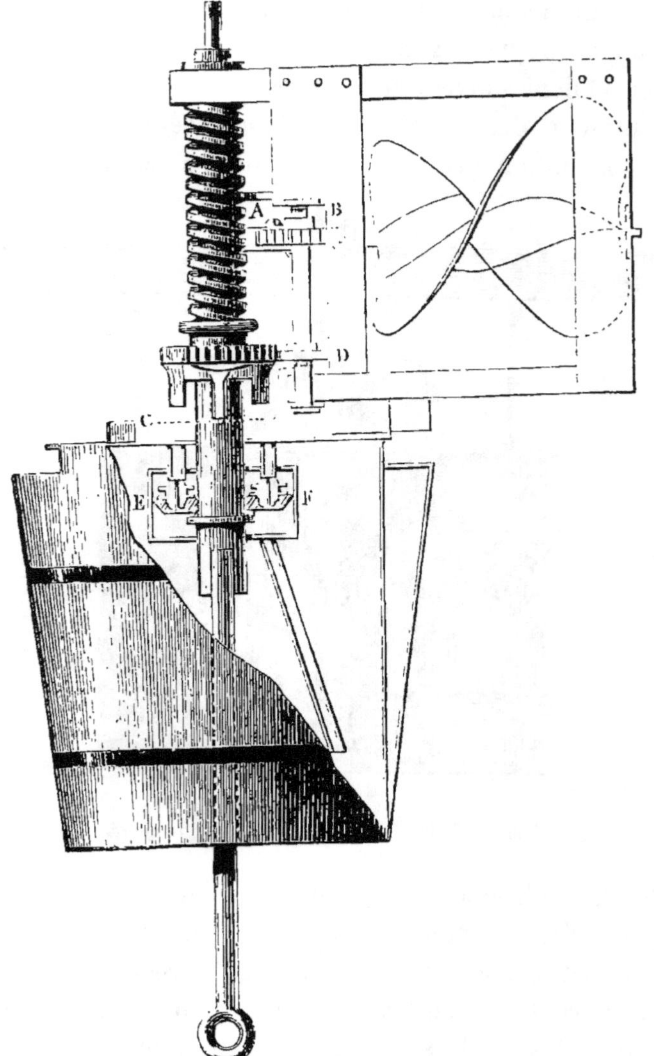

Fig. 36. — Torpille de rivière (*current torpedo*).

figure 36, se jetait à la dérive. Dès que cet appareil rencontrait un obstacle, le courant imprimait à l'hélice un

mouvement de rotation, lequel avait pour effet de dé-
clancher un arrêt convenablement disposé. Ce doigt, dès
qu'il était levé, rendait libre un marteau qui, soumis à
l'action d'un ressort à boudin, venait, comme dans la torpille Singer, frapper une capsule et, par suite, enflam-

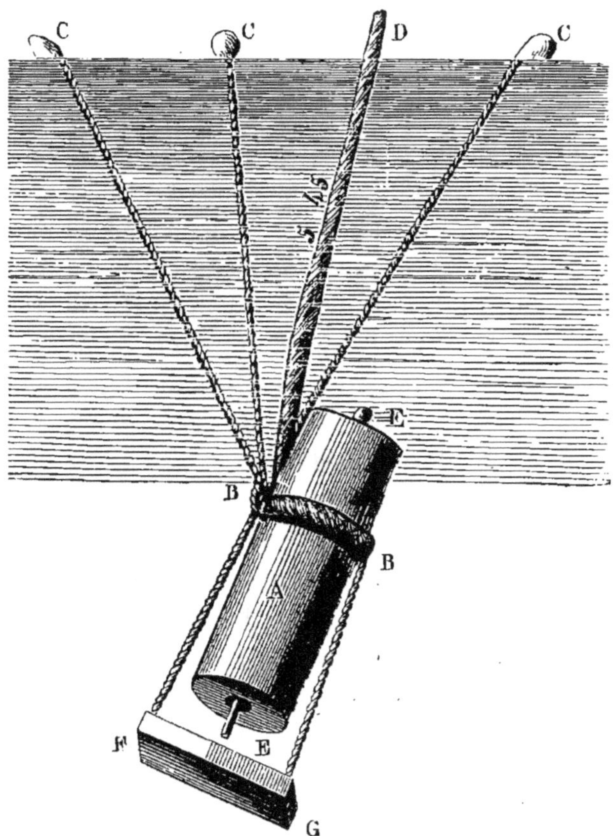

Fig. 37. — Torpille noyée paraguayenne, d'après un croquis brésilien ·

A, enveloppe cylindrique de la torpille. — BB, anneau. — CCC, petits corps flottants.
— BD, morceau de bois en grume de 5ᵐ,45 de longueur, dépassant la surface de l'eau
de 0ᵐ,25. — EE, étoupilles — FG, banc mobile.

mer la charge. L'appareil était muni d'une bouée qui le
maintenait sous la hauteur d'eau voulue.

Les Paraguayens jetaient aussi nombre de fourneaux à la
dérive. Leur torpille noyée, représentée figure 37, a pour

enveloppe un cylindre métallique A, armé d'étoupilles EE aux extrémités de son axe. Elle est maintenue en suspension dans l'eau par le moyen de quelques petits corps flottants CCC, reliés par des cordages à l'anneau BB. Un morceau de bois en grume BD fait office de coin pour fixer cet anneau à bonne hauteur sur le cylindre.

En l'absence de toute explication, nous supposons que le jeu de l'appareil est celui-ci : jetés à la dérive, les corps flottants et le bâton accrochent l'hélice d'un navire ennemi ; celui-ci, cherchant à se dépêtrer, fait sauter le coin BD et tire sur les cordages BC. L'anneau BB devient libre ; et, par suite, la planchette FG vient frapper l'étoupille.

A l'occasion, les Allemands ne dédaignent pas non plus l'emploi de la torpille en dérive. L'appareil dont ils faisaient usage en 1870-1871 consistait en une boîte cubique à doubles parois, dont l'intervalle — de $0^m,01$ de largeur — était empli de suif, afin que la charge fût mise à l'abri des atteintes de l'humidité.

On avait placé dans chaque boîte une batterie de fusil dont la détente était commandée par un levier et maintenue au bandé par une tige-normale au centre de la face supérieure de l'enveloppe. Sous l'action du choc d'un obstacle quelconque, cette tige, déviée de sa position première, amenait le départ de la détente... et la détonation d'une capsule fulminante déterminait l'explosion. Suivant cette disposition, le levier se trouvant tout entier hors de l'eau, la torpille pouvait être arrêtée par des obstacles et empêchée de produire aucun effet. Pour perfectionner l'appareil, on annexa au levier de gros fils de fer formant une espèce de filet rigide et enveloppant — à quelques centimètres de distance — les quatre faces de la boîte aux poudres.

VII

TORPILLES PORTÉES

Les torpilles *portées* peuvent être conduites au but qu'elles visent : soit à la main, par des plongeurs; soit à l'aide d'un espar manœuvré par un équipage. Le plongeur peut être réduit à ses simples forces ou muni d'appareils spéciaux. Quant à l'embarcation montée par les torpilleurs, elle est submersible ou ordinaire, c'est-à-dire flottante à la surface. Dans ce second cas, il peut être fait usage d'un canot, d'un navire ou d'un radeau.

Plongeurs. — Il y a longtemps que le génie de l'homme a, pour la première fois, sondé le fond des mers et tenté d'ouvrir un théâtre sous-aquatique au développement de son activité.

Cette proposition, qui peut sembler étrange, se démontre assez facilement de plusieurs manières, notamment par l'exposé succinct de la découverte, faite à Cervetri, de la fameuse *coupé de Cœre*. Ce vase de terre, acquis par le Musée du Louvre en 1871, porte la signature d'Euphronios. On y remarque, à l'intérieur, une décoration du peintre Micon, représentant les exploits sous-marins de Thésée. Debout sur la tête du dieu Triton, le fils d'Égée vient de plonger dans l'Océan; protégé par la main d'Athéné, le héros est accueilli par Amphitrite, qui lui pose sur la tête une couronne de plantes aquatiques. Le sens de ce tableau n'a rien d'équivoque pour qui sait lire à travers les voiles allégoriques que l'antiquité se plaisait à jeter sur l'histoire.

De tout temps et dans tous les pays il y eut des plongeurs habiles.

Les Grecs avaient fait faire par le peintre Androbius le portrait du célèbre Scyllis, qui allait si bien couper sous l'eau les cordages d'ancre des vaisseaux du roi de Perse.

Lors du siège de Tyr par Alexandre, les assiégés avaient défendu le pied de leurs murailles au moyen de gros enrochements, destinés à empêcher l'approche des chalands qui portaient les tortues bélières. Les assaillants employèrent leurs équipages à l'enlèvement de ces énormes blocs; mais, durant tout le cours de leurs opérations, les navires de service ne cessèrent d'être inquiétés par des travailleurs sous-aquatiques qui venaient couper leurs amarres. En même temps, d'autres plongeurs démolissaient, au fur et à mesure de son avancement, la digue entreprise par les Macédoniens à l'effet de souder la ville à la terre ferme.

Les plaisirs d'Antoine et de Cléopâtre ont rendu fort célèbres les plongeurs égyptiens. Les deux amants pêchaient sur les rives du Nil; pour se faire à bon compte une réputation d'adresse inimitable, Antoine avait, sous les eaux du fleuve, un affidé qui, de minute en minute, suspendait un poisson à sa ligne. Cléopâtre, qui ne prenait rien, ne pouvait dissimuler son dépit; mais, un jour, elle éventa la ruse et résolut de se venger. Par l'entremise d'un autre plongeur émérite, elle parvint à suspendre à l'hameçon du jeune patricien... un long poisson salé. De là des rires inextinguibles.

L'anecdote est de Plutarque.

De bonne heure, les puissances entretinrent des corps de plongeurs militaires. Philon de Byzance énumère les services que ces soldats d'élite sont appelés à rendre dans

les travaux d'attaque et de défense des places maritimes. « Pendant la nuit, dit-il, et quand la mer sera
houleuse, il faudra envoyer des plongeurs pour couper
les cordages d'ancre des navires qui sont au mouillage
et percer leur coque ; c'est le meilleur moyen d'empêcher l'ennemi de rester en station devant la ville. —
Pour qu'on ne perce pas les navires, il faut surveiller
les plongeurs ennemis en plaçant ¦des gardes sur tout
le pourtour du bâtiment, et faire flotter, autour de la
coque, des madriers garnis de tridents du côté de l'extérieur. »

Tout porte à croire que le personnel de la marine militaire de Rome comprenait un corps de plongeurs, et
qu'il y avait à bord de chacun des navires de sa flotte
un ou plusieurs hommes sachant travailler sous l'eau.
C'est à ces braves gens, d'origine phocéenne pour la
plupart, que l'empereur Claude dut la gloire d'avoir
machiné, non sans élégance, les lacs de la péninsule ita-
lique.

Philippe Auguste, le grand poliorcète du moyen âge,
imitait, de tous points, les Romains. Il eut donc des plongeurs dont l'un, nommé Galbert, savait passer la Seine
entre deux eaux. Les exploits de ce Galbert, au siège des
Andelys, ont été brillamment chantés par deux de nos
poètes : Guillaume Guiart et Guillaume le Breton. Dès
lors, la marine française fut dotée d'un corps de plongeurs. « Les vaisseaux de guerre, dit Christine de Pisan,
doivent estre garnis de mariniers qui longuement sachent
nouer soubz eaue ; yceulx ayent perçoyeurs bien agus et
trenchans, par quoy ils percent les nefz en plusieurs
lieux, si que l'eaue y puist entrer.... »

Au dix-huitième siècle, c'est en Amérique qu'on rencontre des plongeurs remarquables ; l'ingénieur Bushnell
employait, en 1776, un matelot doué d'un appareil respi-
ratoire d'une puissance extraordinaire ; cet homme allait,

en effet, sous l'eau, de New-York jusqu'à l'île du Gouverneur.

Aujourd'hui que des machines ingénieuses permettent de travailler sous l'eau sans peine et sans danger, le simple plongeur ne semble plus devoir rendre de services qu'en de très rares circonstances.

Appareils auxiliaires du plongeur. — Les appareils modernes les plus remarquables sont le *spencer*, proposé par l'Anglais de ce nom; le *triton*, de Diébery; le *casque Dean*; et, enfin, le *scaphandre*. C'est l'emploi de ce dernier qui prévaut aujourd'hui. On sait qu'il a pour effet d'isoler complètement l'homme immergé, en lui laissant la liberté de se mouvoir et de travailler de ses mains, les seules parties de son corps qui demeurent en contact avec l'eau ambiante. Ce résultat s'obteint par le moyen d'un pantalon imperméable en caoutchouc, à pieds et à bras, terminé par un collet de cuir sur lequel est assujettie, par de petits boulons à écrous, une espèce de cuirasse qui repose sur les épaules du plongeur. Celle-ci porte, à la partie supérieure, trois filets de vis pour recevoir le casque qui doit envelopper la tête et auquel sont fixés latéralement deux verres épais correspondant aux yeux; une troisième fenêtre peut, à volonté, s'ouvrir ou se fermer. L'air nécessaire à la respiration (et qui doit aussi faire équilibre à la pression de l'eau) arrive — d'une pompe pneumatique à l'opérateur immergé — par un tuyau qui s'adapte au casque. Celui-ci laisse échapper — d'un mouvement continu — l'air qui se trouve en excès par nu soupape à *ressort à boudin,* s'ouvrant de l'intérieur à l'extérieur. Il se produit ainsi à la surface un bouillonnement qui indique assez bien la position du plongeur. L'homme revêtu du scaphandre demeure facilement sous l'eau trois ou quatre heures consécutives sans éprouver de malaise; il n'est aucune espèce de travaux qu'il ne puisse exécuter.

Machines plongeantes. — La *cloche* est la plus ancienne des machines plongeantes dont l'histoire fasse mention ; Aristote en parle comme d'un appareil couramment employé. « On procure, dit-il, aux plongeurs la faculté de respirer, en les faisant descendre dans une chaudière ou cuve d'airain. Cette cuve ne se remplit pas d'eau et conserve l'air, si on la force de s'enfoncer verticalement ; mais, si on l'incline, l'eau entre dessous. »

Ce n'est que de nos jours que la cloche à plongeur a reçu d'utiles perfectionnements ; l'un des meilleurs modèles actuellement en usage est celui de M. Toselli. La *Taupe marine* de cet ingénieur est un appareil clos, propre à faciliter les travaux sous-aquatiques à de grandes profondeurs. C'est un cylindre en tôle de $0^m,015$ d'épaisseur, de 1 mètre de diamètre intérieur et 5 mètres de hauteur, divisé en quatre compartiments distincts, respectivement destinés à servir de logement à l'air comprimé, au lest, à l'opérateur et à l'eau alternant avec l'air. Ce dernier compartiment consiste en une sorte de vessie natatoire qui laisse à l'opérateur la faculté de se mouvoir, à volonté, sur la verticale. Deux manches en caoutchouc et une paire de ciseaux lui permettent d'ailleurs de travailler sous l'eau.

Le 26 août 1871, l'inventeur, enfermé dans son appareil, descendit à 70 mètres de profondeur sous les eaux de la baie de Naples ; cette expérience eut le plus grand succès.

Éclairage sous-aquatique. — Lorsque la hauteur d'eau devient un peu considérable, la clarté diffuse, sous laquelle le plongeur travaille, lui fait presque complètement défaut. Il faut donc avoir recours à un appareil auxiliaire — véritable complément du scaphandre — qui permette de descendre utilement à d'assez grandes profondeurs.

Les appareils d'éclairage sous-aquatique les plus en vogue sont ceux qui portent les noms de Guigardet et de Denayrouse. Alimentée par un mélange d'alcool et d'essence de térébenthine, la lampe Guigardet est enfermée dans un cylindre de verre, assez épais pour résister à la pression de l'eau sous une grande hauteur, et surmonté d'un tube-cheminée, destiné à laisser échapper les gaz de la combustion. Deux autres tubes verticaux, disposés latéralement, amènent l'air atmosphérique à la partie inférieure de la cage de verre; leur extrémité, comme celle du premier, est maintenue par un flotteur au-dessus de la surface de l'eau. La lampe sous-marine brûle régulièrement et jouit d'un pouvoir éclairant très convenable; on peut fort bien travailler à la distance de deux ou trois mètres de ce foyer de lumière. Les nouveaux appareils Denayrouse, récemment expérimentés, sont les suivants : une pompe à air comprimé; — un jeu de cylindres d'acier chargés d'air comprimé, avec un système réduisant assez la pression pour ne pas gêner la respiration; — un vêtement et un casque à plongeur (ce dernier permettant de parler); — un appareil donnant au plongeur le moyen de travailler sans révéler, en aucune façon, sa présence; — une lampe sous-marine Denayrouse; — un système sous-marin à haute pression, formé d'un simple cylindre et fournissant l'air nécessaire à la respiration de l'opérateur.

L'ensemble de ces appareils a été soumis, le 25 juillet 1875, à l'examen de divers membres de l'*Admiralty Torpedo Committee* d'Angleterre. Des expériences concluantes ont démontré qu'un homme peut vivre sous l'eau pendant deux heures, sans conserver avec l'extérieur aucune espèce de communication. Plongé dans le milieu liquide, il peut, à volonté, se mouvoir dans toutes les directions; monter, descendre, se guider au moyen d'un compas éclairé par une lampe, que lui-même allume ou éteint, selon qu'il lui plaît. Il lui est, de plus, facile de travailler ; de procéder, par exemple, à la pose d'une torpille sous les flancs d'un navire ennemi ; de ramener à la traîne un conducteur électrique destiné à la mise du feu.

Embarcations submersibles. — L'art de la navigation sous-marine n'est point d'invention moderne ; il remonte, au contraire, à une haute antiquité. Roger Bacon nous apprend, d'après Ethicus, qu'Alexandre le Grand se hasarda une fois à bord d'une embarcation qui marchait sous l'eau.

Il faut constater ensuite une longue solution de continuité dans l'histoire des navires submersibles. Ce n'est que vers le milieu du seizième siècle qu'on voit les habitants de l'Ukraine se servir de pirogues au moyen desquelles ils plongent, à peu près comme le font aujourd'hui les esquimaux.

Vers la fin du seizième siècle, William Bourne reprend à nouveau le projet de construction d'un appareil destiné à la navigation sous-marine. Un demi-siècle plus tard, en 1624, le Hollandais Cornelius van Drebbel réalise ce projet hardi ; il fait à Londres, sous les eaux de la Tamise, une expérience curieuse : son bateau-plongeur, mis en mouvement par douze paires d'avirons, embarque aussi une douzaine de personnes, au nombre desquelles se trouve le roi Jacques Ier. Le mérite de l'invention consistait principalement en la préparation d'un liquide jouissant de la propriété de purifier l'air vicié par la respiration et portant le nom prétentieux, mais significatif, de *quinte essence d'air*. L'inventeur n'eut malheureusement pas le temps de perfectionner son appareil ; traité de fou, de suppôt du diable, il mourut emportant son secret avec lui.

Nous arrivons au milieu du dix-septième siècle. C'est

alors que le P. Fournier et le P. Mersenne exposent claire-
ment la théorie de la navigation sous-marine; que, passant
à l'application des principes émis, un Français lance à Rot-
terdam — en 1653 — un navire analogue à celui de van
Drebbel, mais plus aisément dirigeable, malgré ses
soixante-douze pieds de longueur. Ultérieurement, un
ingénieur maritime du nom de Day construisit, à son
tour, un *diving boat* qui ne sut pas sortir victorieux de
la série d'expériences dont il fut l'objet. Il y eut ensuite
un Anglais, dont la *Philosophia Britannica* mentionne
pompeusement la découverte; c'était un vaisseau fait
de cuir très épais, très résistant, contenant un réservoir
à air hermétiquement clos et garni de verres à sa partie
antérieure. Cette embarcation ne put parvenir à descendre sous l'eau, à une profondeur suffisante; l'inventeur
fut réduit à la nécessité d'en opérer la transformation en
navire de commerce.

Tel est l'historique sommaire des premiers essais de
navigation sous-aquatique, essais qui ne furent ni connus
ni compris du public du temps.

Bushnell n'en avait certainement pas connaissance
alors qu'il préconisait l'emploi de son premier *submarine
boat*, lequel, dit avec raison M. Barnes, doit être considéré comme le résultat d'une conception absolument
originale. Le bateau-plongeur de Bushnell fut construit
en 1775; c'était une embarcation hermétiquement close
de toutes parts. Cette tortue (*American turtle*) présentait en saillie, sur certaine hauteur, un cylindre garni
de regards dans toutes les directions, et servant d'entrée
dans l'embarcation en même temps que d'observatoire à
l'homme chargé de sa conduite. Une soupape, qui se
manœuvrait avec le pied, servait à l'introduction de la
quantité d'eau nécessaire à l'immersion du bateau, à
une profondeur constamment accusée par un manomètre.
Deux vis, manœuvrées à la main, placées l'une au-dessous

de l'autre sous un angle de 45°, produisaient et réglaient
le mouvement. L'une d'elles, horizontale, servait à la
propulsion ; l'autre produisait la descente ou l'ascension

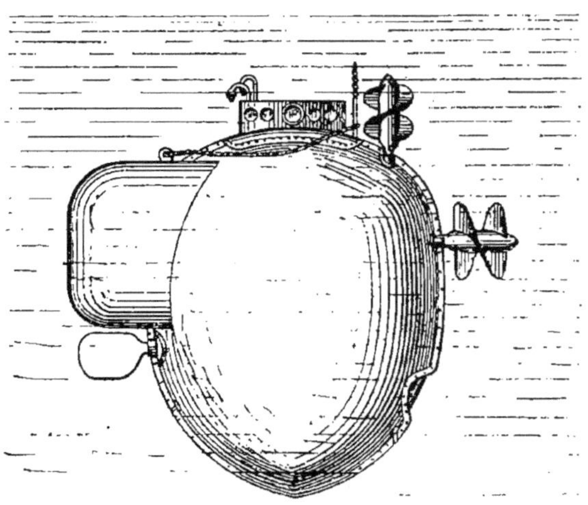

Élévation.

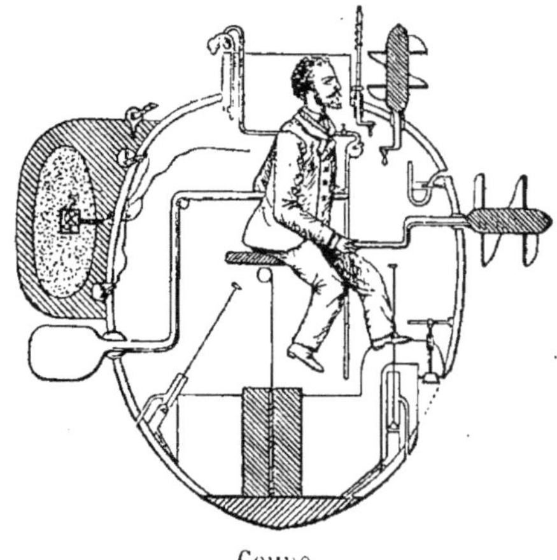

Coupe.

Fig. 38. — La tortue de Bushnell (*American turtle*).

de l'embarcation, équilibrée sous l'eau. Une pompe
foulante, servant à l'expulsion du liquide introduit, avait
pour effet de ramener le bateau à la surface de l'eau
pour le renouvellement de l'air intérieur (voy. la fig. 38.)

Un officier de marine des États-Unis, M. F.-M. Barber, estime que l'*American turtle* de Bushnell est un chef-d'œuvre, et nous n'hésitons pas à déclarer que nous partageons absolument son avis. On peut encore étudier, non sans profit, les ingénieuses dispositions de ce *submarine boat* primitif.

S'inspirant des idées de Bushnell, Fulton allait faire faire un grand pas à l'art de la navigation sous-marine. Il vint à Paris, en 1797, solliciter l'appui du Directoire ; mais

Fig. 39. -- Nautilus.

ses projets, renvoyés au ministère de la guerre, y furent jugés irréalisables!... L'ingénieur américain ne se découragea point ; il exécuta en acajou le modèle du bateau dont il proposait la construction et le présenta de nouveau au Directoire qui, cette fois mieux inspiré, nomma lui-même une commission d'examen. La Commission fit un rapport favorable, mais le ministre de la marine refusa nettement de souscrire à l'adoption du *Nautilus!*...

C'est ainsi que Fulton appelait son bateau sous-marin[1].

1. Le *Nautilus* est un mollusque de la classe des céphalopodes, genre *Argonautes*. Il possède une coquille très mince, symétrique-

Après trois années de vaines sollicitations, Fulton eut l'occasion d'offrir ses services au Premier Consul, qui les accueillit et commit Volney, Monge et Laplace à l'examen sérieux du navire submersible.

Ainsi encouragé, Fulton construisit, en 1800-1801, un bateau-plongeur muni de deux hélices parallèles, qui lui servaient de propulseurs et en assuraient la direction dans le sens horizontal. Les mouvements d'ascension et de descente s'obtenaient au moyen d'une vis fonctionnant verticalement. Les essais se firent d'abord à Rouen, puis au Havre. De là, l'ingénieur américain entreprit de se rendre à Brest; il intrigua fort, durant cette traversée, les canonniers des batteries de côtes qui le voyaient s'enfoncer, tout d'un coup, sous l'eau pour reparaître, quelques instants après, à la surface.

Bientôt, l'on construisit à Paris un second bateau, plus élégant que le premier, et qui portait fièrement à l'arrière son nom de *Nautilus* écrit en lettres d'or. Ce nouveau *diving-boat* de Fulton avait des membrures de fer, un doublage en cuivre; il affectait la forme d'un ovoïde très allongé et était muni, à l'une des extrémités du grand axe, d'un collet propre à recevoir un couvercle. Sur le milieu du pont, se trouvait une rigole destinée à loger un petit mât, lequel pouvait se relever à charnière. A l'intérieur, qui avait environ six pieds de diamètre, étaient rangés des manches de rames en forme d'hélice, organisées de manière à produire le mouvement de translation horizontale. Un réservoir, dans lequel on introduisait l'eau, permettait de faire, à volonté, plonger le *Nautilus;* une pompe foulante servait à le faire émerger.

ment cannelée et figurant assez bien une chaloupe. Lorsque la mer est calme, il s'en sert comme d'une véritable embarcation. Six de ses tentacules fonctionnent comme des avirons; il lève en l'air les deux autres qui s'élargissent et s'enflent au vent comme des voiles. Les vagues s'agitent-elles? un ennemi s'approche-t-il? Voiles et rames, tout rentre dans la coquille et l'on voit sombrer la chaloupe

Terminé en juin 1801, le *Nautilus* n° 2 fut essayé sur la Seine, à la hauteur de l'hôtel des Invalides. Fulton, s'étant enfermé dans son bateau avec un matelot muni d'une bougie allumée, s'enfonça sous l'eau, demeura caché pendant vingt minutes et émergea après avoir parcouru une assez grande distance. Il s'immergea de nouveau pour regagner le point de départ; puis il reparut à la surface et courut plusieurs bordées sous voile, aux applaudissements du public.

Les essais se continuèrent en rade de Brest. Le 5 juillet 1801, l'ingénieur, accompagné de trois hommes, se rendit à bord de son bateau; il plongea à la profondeur de 25 pieds, et resta sous l'eau durant une heure, se dirigeant, à volonté, dans tous les sens. — Le 24 juillet, il remplaça ses lumières, qui consommaient beaucoup d'air respirable, par une ouverture pratiquée à la partie supérieure du bateau et garnie d'une vitre épaisse, qui laissait passer assez de jour pour que, durant l'immersion, il pût compter les minutes à sa montre. Le 26, il adapta au *Nautilus* un mât, une grande voile et un foc.... Tout à coup, au milieu de la rade, il fit abattre voiles et mât et se prépara à plonger. Son branle-bas ne demanda, en tout, que deux minutes! L'embarcation sous-marine pouvait prendre *sous l'eau* la vitesse d'un mètre à la seconde; elle gouvernait parfaitement et manœuvrait aussi bien qu'à la surface. Le compas ne perdait, à une profondeur quelconque, aucune de ses propriétés magnétiques.

Le 7 août suivant, il y eut une dernière expérience : Fulton emporta dans son *diving-boat* un pied cube d'air comprimé et demeura sous l'eau *quatre heures et vingt minutes !*

Malgré ce succès incontestable, le gouvernement français, toujours sujet aux tiraillements administratifs, ne crut pas devoir encourager plus longtemps la navigation sous-marine. L'empereur Napoléon Ier était, d'ailleurs,

fatigué de la lenteur avec laquelle s'opéraient les perfectionnements jugés nécessaires. Victime de sa propre impa-
tience, il cessa de se rendre un compte exact de l'importance de l'invention... et finit par la déclarer impraticable.

Mais la palinodie ne répugnait pas toujours au génie
de Napoléon ; huit ans plus tard, en 1809, on le voit faire
construire par les frères Coëssin un petit bateau-plongeur
qui prend le nom de *Nautile*, et qu'on essaye au Havre.
L'équipage, d'un effectif de neuf hommes, devait aller, la
nuit, attacher des chemises soufrées aux œuvres vives des
vaisseaux anglais. Une Commission de l'Institut, composée
de Biot, Monge et Carnot, fut chargée de rédiger un
rapport sur la forme et les propriétés du *Nautile*, ainsi
que sur la manière dont il se comportait, à la mer et
sous l'eau. — « *Il n'y a plus de doute*, proclamèrent les
trois savants, *il n'y a plus de doute qu'on ne puisse établir
une navigation sous-marine très expéditivement et à peu
de frais.* » Le rapport de la Commission porte la date du
11 avril 1810. Ce document fut publié, commenté par
des hommes compétents, notamment par de Castera, mais
il ne rencontra point d'échos. La France, si prompte à
s'engouer de tant d'utopies dangereuses, la France demeura
froide et ne tarda pas à tomber dans l'indifférence.

Les Américains, au contraire, n'ont pas cessé, depuis un
siècle, de poursuivre avec une sorte d'acharnement la
solution du problème de la conduite des embarcations
submersibles, embarcations pouvant permettre à quelques
hommes résolus d'aller porter des torpilles sous la carène
des navires ennemis.

Dans cet ordre d'idées, les constructions américaines
les plus curieuses sont celles de l'*intelligent whale*
Halstead et du *submarine boat* Holland.

C'est en 1872 que M. Abel Halstead opéra, à Brooklyn
(New-York), le lancement de son *Intelligent Whale*, grande
embarcation de 9 mètres de longueur et treize hommes

d'équipage, pouvant demeurer plongée sous l'eau durant dix heures. Malgré l'heureuse disposition de ses compartiments étanches, cette *baleine intelligente* n'a pas eu tout le succès qu'en attendait le gouvernement des États-Unis.

Le projet du *submarine boat* fut présenté, en février 1875, par M. Holland, de Paterson (New-Jersey). Cette embarcation, qu'il est permis de comparer à une *périssoire*, ne reçoit à bord qu'un seul homme. Celui-ci fait marcher l'appareil à l'aide de ses deux pieds, fonctionnant à la manière de ceux d'un monteur de véloci-

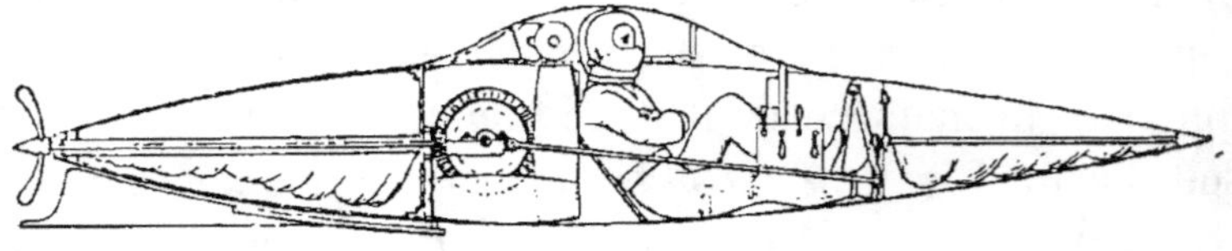

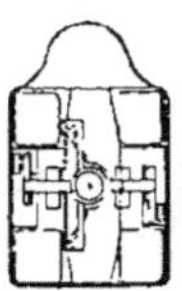

Fig. 40. — *Submarine boat* Holland.

pède. L'opérateur, dont la libre respiration est assurée, peut manœuvrer à sa guise. Il a sous la main cinq torpilles (voy. la fig. 40).

On peut qualifier d'ingénieuses les diverses dispositions préconisées par M. Holland, en observant que cet inventeur s'est évidemment inspiré de celles de l'*American turtle* de l'illustre Bushnell.

Canots à espar porte-torpilles. — On semble renoncer à l'emploi des embarcations submersibles, montées simplement par quelques hommes munis de scaphandres. La vogue est aux canots — submersibles ou non — qui sont armés d'un espar au bout duquel est fixée la torpille.

L'idée des canots porte-torpilles n'est pas aussi nouvelle qu'on le pourrait croire. On la trouve en germe dans la conception hardie de Cornelius van Drebbel (1624). L'ingénieur hollandais avait effectivement armé son bateau sous-marin d'une hampe à torpilles.

La guerre de la Sécession devait faire sortir de cette idée des effets saisissants.

Dès le début de la guerre, le gouvernement des États-Unis avait commandé à un ingénieur français un *plunging torpedo boat* destiné à faire sauter, à Norfolk, le célèbre confédéré *Merrimac*. Le navire mis sur chantier était en fer et affectait la forme d'un cigare (*in form like a cigar*) de 35 pieds de long et de 6 pieds de diamètre. Il était muni, sur sa longueur, d'un compartiment destiné à recevoir l'eau de submersion; cette eau s'expulsait au moyen de deux *forcing pumps*. Lorsque le compartiment était plein, il fallait encore un poids de seize hommes pour obtenir la position plongeante. La propulsion du navire, tant à la surface qu'au-dessous de l'eau, était assurée par le moyen de huit paires d'avirons d'une forme particulière, fonctionnant symétriquement à bâbord et à tribord. Un système de verres épais (*dead lights*) laissait arriver la lumière à l'intérieur, où deux machines étaient employées à opérer la restitution de l'air respirable. L'une était un appareil produisant de l'oxygène; l'autre consistait en un vase empli de chaux dans laquelle un soufflet faisait passer l'air ambiant.

Vers la même époque, un autre Français, du nom de Villeroi, construisit —encore à Philadelphie — un *plunging boat* de 35 pieds de long et de 44 pouces de diamètre. Ce bateau sous-marin était mis en mouvement par le jeu d'une hélice de 3 pieds de diamètre; l'introduction de l'eau de submersion s'y opérait, par le moyen d'une pompe, dans des tuyaux de *gutta-percha*. C'était un ovoïde très allongé, dont l'avant se terminait en pointe aiguë comme la tête d'un mar-souin.

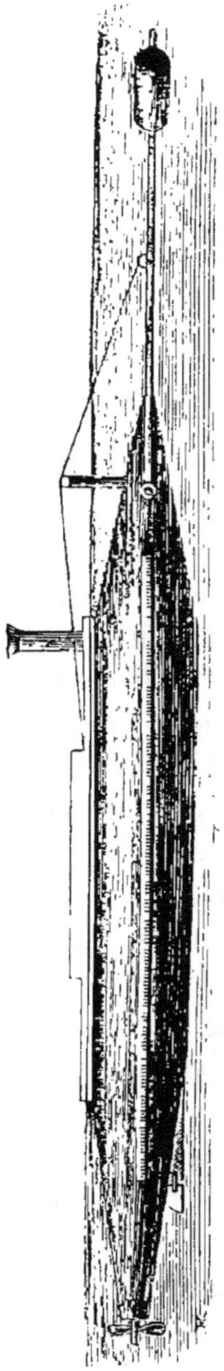

On en revint bientôt à la forme du cigare, préconisée par l'ingénieur français. Fédéraux et Confédérés ne rêvèrent plus que bateaux-cigares porte-torpilles.

On en construisit un grand nombre, d'une longueur de 25 à 40 pieds, d'une largeur et d'une hauteur de 6 à 7 pieds, pouvant marcher presque entièrement plongés sous l'eau ; il n'y avait plus alors de visible qu'une partie du bordage et de la cheminée (voy. la fig. 41). Le plus grand de ceux qui furent lancés est la *Newera*, qui mesurait 75 pieds de long, 20 pieds de large et 7 pieds de profondeur. Les bateaux-cigares américains étaient loin d'être sans défauts : on pouvait les apercevoir de loin ; une partie de leur bordage s'élevait au-dessus de l'eau ; il en était de même de la cheminée. En outre, leur machine faisait un bruit considérable, lequel neutralisait ainsi l'avantage des attaques nocturnes.

La figure 42 représente le bélier-torpille (*ram torpedo*) fixé à la hampe d'un bateau-cigare américain. L'enveloppe du fourneau consistait en un cylindre de cuivre dont les bases avaient été remplacées par deux calottes sphériques ; elle pouvait contenir de 50 à 70 livres de poudre.

Fig. 41. — Bateau-cigare américain (*cigar ship*).

Le *screw picket boat* de MM. Wood et Lay était une chaloupe à vapeur lançant une sorte de projectile captif, dit *offensive torpedo shell*. Cette torpille, rendue libre au moment du besoin, a pour enveloppe un cylindre de cuivre divisé, par un plan oblique aux génératrices, en deux compartiments dont l'un contient la charge, et l'autre fait office de chambre à air. L'appareil est construit de telle façon qu'il se trouve un peu plus léger que l'eau. Quant au principe de l'allumeur, il ne manque pas d'originalité. Le cylindre est, en effet, traversé suivant son axe par un tube au fond duquel se trouve un cône de pulvérin, muni d'une capsule au fulminate de mercure. La percussion s'opère du fait de la chute sur la capsule d'une balle de fer, maintenue, à l'autre bout du tube, par une broche qui communique avec l'extérieur à travers une boîte d'étoupes (*stuffing box*). Dans l'œil de la broche passe un grelin qu'il suffit de tirer pour mettre le feu à la charge. A bord du *screw picket boat*, le *torpedo shell* est fixé au bout d'un espar placé le long des fargues sur des fourches et des guides ; ces guides-avant sont munis de rouleaux. L'avant de l'espar porte un

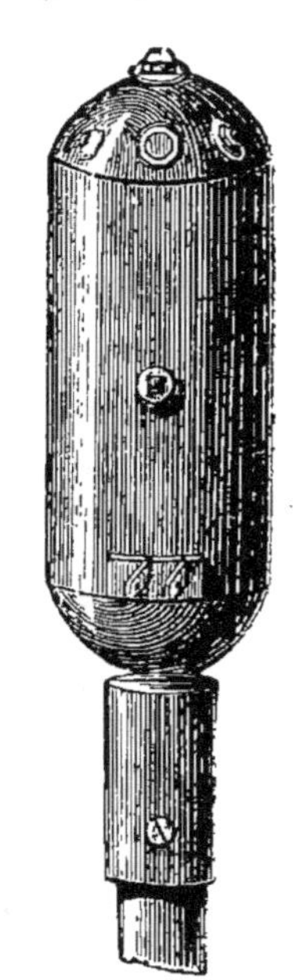

Fig. 42. — *Ram torpedo* de bateau-cigare.

auget — ou écope (*scoop*) — destiné à recevoir la torpille au moment opportun. Il est procédé comme il suit au lancement ou, si l'on veut, au tir : au moment de l'attaque, la torpille se place dans son écope ; le grelin est dans la main de l'opérateur. D'un coup de palan vivement enlevé, l'équipage envoie l'espar en avant. La torpille quitte l'écope et prend, à raison des dispositions de ses compartiments, la position verticale. L'opérateur n'a plus alors qu'à tirer sur la broche, qui saute... la balle de fer tombe sur la capsule.

Un certain nombre de chaloupes à vapeur, armées de cette façon par le gouvernement fédéral, furent mises à la disposition des escadres de la flotte. Ces embarcations étaient légères, maniables, très propres à rendre l'ennemi circonspect. Elles comptaient de douze à quinze hommes d'équipage; l'avant en était défendu par un petit obusier.

Théoriquement, toute embarcation porte-torpille doit pouvoir se hisser à bord d'un navire de guerre; marcher sans bruit, sans fumée, et prendre, au besoin, de grandes vitesses.

Les ingénieurs des constructions navales étaient parvenus, sans trop de peine, à satisfaire aux deux premières conditions, mais non à la troisième. Ils n'obtenaient point la vitesse voulue et cette partie du problème fut, quelque temps, déclarée insoluble. Toutefois, l'on ne se décourageait point; on travaillait toujours. Tant de ténacité méritait sa récompense; on apprit, certain jour de l'année 1871, que M. Thornycroft venait de construire un torpilleur dont la vitesse mesurait plus de 16 nœuds. Ce canot, c'était la célèbre *Miranda*, le prototype des Thornycroft actuellement en service chez la plupart des puissances (voy. la fig. 45).

Les dimensions d'un Thornycroft sont les suivantes :

Longueur à la flottaison	20^m,40
Largeur au bau.	2^m,65
Tirant d'eau moyen.	0^m,61

La coque, divisée en six compartiments par le moyen de cinq cloisons étanches, est construite en tôles et cornières d'acier Bessemer. Les épaisseurs de ces éléments, varient de 0^m,0015 à 0^m,0045. Le pont est en tôle recouverte de toile goudronnée. La machine, système Compound, est d'une force de 200 chevaux; silencieuse et légère

elle est dotée d'une grande puissance de propulsion.
Ainsi, le Thornycroft anglais de 1re classe, n° 5, parti
une fois de Spithead, à 7 h. 30 du matin, est arrrivé à
Portsmouth le même jour, à 6 heures du soir. La consommation de charbon avait été, durant ce trajet, de 400 kilogrammes à l'heure; la vitesse moyenne, de 18 nœuds.
En général, on admet que, en eau calme, la vitesse d'un
Thornycroft s'élève à 18 nœuds 202, soit plus de 18 milles
à l'heure. Les hommes et les officiers qui montent l'embarcation sont abrités sous des capots en tôle d'acier,
dont la partie supérieure est munie d'une claire-voie,

Fig. 45. — Canot Thornycroft.

qu'on recouvre également d'un panneau en tôle, au moment du combat.

L'armement du canot consiste en deux espars, de 11^m,60
de longueur, portant des torpilles Mac-Evoy, chargées
de 12 à 25 kilogrammes de dynamite. Ces espars sont disposés sur le pont de façon à permettre d'opérer l'attaque
soit de l'avant, soit par l'un des bords.

Dans une attaque de l'avant ou de front, il faut, aussitôt que l'explosion s'est produite, arrêter l'embarcation
et faire machine arrière à toute vitesse, afin d'échapper
à l'ennemi.

Dans le cas d'une attaque par l'un des bords, l'embarcation doit poursuivre sa route, afin de parer ainsi à l'inconvénient des pertes de temps dues au ralentissement, à l'arrêt et à la marche en arrière.

L'ingénieur Thornycroft ne pouvait manquer ni d'imitateurs, ni d'émules. MM. Herreshoff ont construit, dans leurs ateliers de Rhode-Island (États-Unis) et livré, en 1879, à l'Amirauté anglaise un petit canot-torpille doté de brillantes qualités nautiques. Cette embarcation marche aussi bien en arrière qu'en avant, et gouverne facilement dans les deux sens. Elle tourne en décrivant un cercle dont le diamètre est inférieur à trois fois sa longueur. Brusquement stoppée au moment où elle a acquis son maximum de vitesse, elle ne court guère plus de 18 mètres. Moins de cinq minutes après que ses feux ont été allumés, on peut la mettre en route, à la vitesse de 14 nœuds. Extérieurement, elle offre l'aspect d'un *bateau-cigare* ponté : sa teinte grise la rend presque imperceptible à l'œil de l'observateur, même à faible distance. Sa longueur est de 18 mètres ; sa largeur, de $2^m,30$. Complètement armée, elle ne pèse que de 7 à 8 tonnes et peut, en conséquence, se hisser facilement à bord d'un navire de guerre.

Vers la fin de 1878, MM. Yarrow et Co, de Poplar, ont entrepris, pour le compte de l'Amirauté anglaise, la construction d'un grand torpilleur, appelé à filer 18 nœuds. Ce bateau, qui n'aura point de cheminée, sera, de ce fait, peu visible au cours de ses opérations nocturnes. Sa fumée s'échappera suivant des ouvertures pratiquées par le travers, un peu au-dessus de la flottaison, et munies de valves automatiques qui s'opposeront à l'introduction de l'eau ou des corps étrangers. La fumée pourra s'expulser de l'un ou de l'autre bord, à la volonté du commandant. Le bateau Yarrow mesurera $24^m,58$ de long sur $3^m,65$ de large ; il doit être armé de trois espars en acier.

MM. Yarrow et Cᵒ, de Poplar, ont d'ailleurs bien mérité de tous les torpilleurs, en apportant d'importantes modifications à la disposition des chambres de chauffe des bateaux.

La valeur du jeu des torpilles portées dépend essentiellement, on le comprend, de la vitesse des navires et canots qui les portent. On a fait et l'on continue à faire de grands progrès dans cette voie, mais la condition de vitesse n'est pas la seule à laquelle il convienne de satisfaire. Aussi s'attache-t-on à développer les qualités nautiques de toutes les embarcations torpédifères. Les constructeurs, qui se sont mis à la recherche de la solution de ce problème, espèrent arriver à un type de chaloupe qui, *même par les gros temps*, soit capable de rester — plusieurs heures — détachée du cuirassé à bord duquel elle aura été embarquée.

Les bateaux torpilleurs de construction récente sont tout en fer. Leurs œuvres supérieures affleurent à peine le niveau de l'eau. Ils sont munis d'une tourelle à destination d'observatoire. De puissants ventilateurs en aèrent les compartiments. Un tampon hydraulique, organisé à l'avant, a reçu charge d'amortir le choc du torpilleur lancé à toute vitesse sur le navire ennemi.

Il est, d'ailleurs, certains principes essentiels que tout ingénieur torpédiste doit avoir présents à l'esprit.

L'expérience a prouvé qu'on peut tirer sans danger des torpilles chargées de 25 à 50 kilogrammes de poudre de guerre, pourvu que cette charge soit placée à 6 mètres de l'embarcation, et submergée sous 2ᵐ,50 d'eau. En tenant compte de la puissance relative attribuée aux poudres brisantes, on peut admettre qu'une charge de 6 à 7 kilogrammes de dynamite — ou de 10 à 12 kilogrammes de fulmi-coton — peut être tirée par une embarcation dans les mêmes conditions que ci-dessus. Une charge de ce poids est, d'ailleurs, suffisante à l'effet d'endommager sérieusement un navire quelconque. Cependant, les limites exprimées par les nombres sus-énoncés ont été parfois dépassées dans la pratique, et même théoriquement. C'est ainsi que, à l'exposition de Philadelphie, on a pu voir des torpilles à espar comportant des charges de poudre de 34^{kg},500 à 45^{kg},400. L'un des espars mesurait 14 mètres de longueur.

L'enveloppe d'une torpille portée se confectionne en cuivre ou en tôle mince; on lui donne ordinairement une forme cylindro-ogivale. L'organisation de cette carcasse légère comporte un trou de charge, un trou d'amorce, un inflammateur à antennes et deux cercles métalliques portant chacun une douille à section carrée. Il est facile de comprendre le rôle que doit tenir le système de ces cercles. Quel que soit, en effet, le mode de manœuvre adopté par l'opérateur, la torpille n'est pas directement fixée à la hampe. On la monte sur une petite tringle qui traverse les douilles, et s'y trouve maintenue au moyen de goupilles. Cette tringle est ensuite réunie à la hampe à l'aide de plusieurs amarrages plats, dont on entoure les deux parties connexes. La tringle auxiliaire a pour fonction de préserver la hampe-maîtresse de tout accident de rupture et ce, en se brisant elle-même. Dans de telles conditions, cet organe ne doit pas mesurer moins de 0^{m},50 de longueur, comptée de l'extrémité de la hampe au bout arrière de la torpille.

La mise du feu peut être électrique, électro-automatique ou simplement automatique. Ce dernier mode peut donner de bons résultats, mais l'emploi ne laisse pas d'en être dangereux à bord. Si l'on a recours à l'une des deux autres méthodes, il est bon de ne faire usage que de circuits métalliques complets. Dans ce cas, les fils conducteurs doivent être élongés et bridés le long de la tige porte-torpille lorsque celle-ci est pleine, ou logés dans son intérieur, lorsqu'elle est creuse. Ils sont introduits

dans la torpille au moyen d'un bouchon d'amorce étanche
et soudés aux branches de l'amorce. Le mode électro-automatique — comportant un système d'antennes ferme-circuit — est le vrai procédé *de combat;* c'est celui qui se
prête le mieux aux attaques *debout au bois.* L'explosion
qui résulte de l'emploi de ce moyen se produit *au contact* et cette circonstance en accroît l'effet destructeur;
mais il n'est pas toujours possible de réaliser ce contact.
On dote, en conséquence, les torpilles portées de deux
systèmes d'appareils de mise du feu, dont l'un fonctionne
sous l'action du choc; et l'autre, à la volonté de l'opérateur. On fait usage de celui-ci alors qu'on n'a pu obtenir
le contact, mais que cependant la torpille a été portée
assez près de la carène du navire ennemi pour en me-
nacer encore sérieusement les œuvres vives. L'ensemble
de ces deux procédés constitue la *méthode double,* due à
l'initiative de M. Mac-Evoy.

Il peut arriver que, faute de Thornycroft, on soit dans
l'obligation d'improviser un torpilleur *de fortune.* L'installation d'un espar porte-torpille — à bord d'un canot
quelconque — doit satisfaire aux conditions suivantes : la
tige, ou hampe, à l'extrémité de laquelle est fixée la torpille, doit être de longueur telle que, sous une inclinaison
donnée, le fourneau puisse être porté à 6 mètres de la
muraille de l'agresseur et à $2^m,50$ au-dessous de la ligne
de flottaison du navire ennemi. Le dispositif adopté doit,
quel qu'il soit, permettre de pousser la torpille en avant;
puis, de la ramener en retraite, facilement, rapidement,
à la volonté de l'opérateur. Enfin, cet appareil doit être,
aussi peu que possible, perceptible à l'œil vigilant d'un
adversaire.

Navires porte-torpilles. — Ce n'est pas d'aujourd'hui
que l'on songe à construire des navires porte-torpilles.
L'idée est de Fulton.

Sa torpille de *block ship* tire, en effet, son nom d'un modèle de navire en bois proposé par lui, et analogue aux prames blindées que d'Arçon employait au siège de Gibraltar. Spécialement destinés à la guerre sous-marine, ces *block ships* portaient, aux joues et aux hanches, des espars ou tiges de bois de fort échantillon, qu'un mécanisme simple pouvait laisser descendre à quelques pieds sous l'eau. Chacune de ces tiges avait son extrémité armée d'une torpille; sa longueur (environ 30 pieds) garantissait suffisamment le block ship des effets de l'explosion dirigée contre l'adversaire.

Peu de temps avant sa mort, survenue le 24 février 1815, Fulton avait entrepris en Amérique la construction d'un navire porte-torpilles. Le *Mute* — c'était le nom du *diving boat* — avait 80 pieds de longueur; sa largeur était de 22; sa profondeur, de 14 pieds. La muraille avait un pied d'épaisseur; le pont était revêtu de plaques de fer forgé. Le *Mute* devait naviguer habituellement à la surface de l'eau, comme les navires ordinaires; mais, en approchant de l'ennemi, il pouvait s'enfoncer vivement pour mettre son bastingage immédiatement au-dessous de cette surface.

Un hublot cylindrique permittait alors à l'officier de quart de mettre, de temps à autre, la tête au-dessus de l'horizon liquide, afin de donner la route et de commander la manœuvre en toute connaissance de cause. L'effectif de l'équipage était fixé au chiffre de cent hommes, dont une partie pouvait, en agissant sur une bielle, faire marcher une grande roue à aubes. Celle-ci ne produisait plus aucun bruit perceptible à 5 ou 6 pieds de profondeur; de là le nom de *Mute* — ou *bateau muet* — donné par Fulton à ce navire sous-marin qui ne devait recevoir ni mâts ni voiles. Il était destiné à surveiller, la nuit, les côtes et les rades; à porter des coups de torpille aux navires de l'ennemi. Fulton savait alors diriger les bateaux à vapeur; il est donc fort possible qu'il eût amélioré son *Mute* de manière à le doter d'une grande vitesse.

Dix ans après la mort de Fulton, c'est-à-dire en 1825, de Montgéry initiait le public à ses projets de construction de navire torpilleur (voy. fig. 44).

L'*Invisible* était un vaisseau plongeur de 86 pieds de

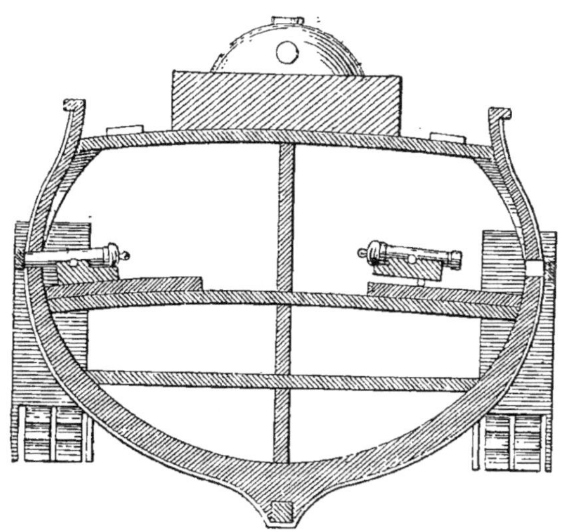

Fig. 44. — L'*Invisible* de Montgéry.

long, 25 de large et 14 de profondeur, ou pour mieux dire, telles étaient les dimensions qu'il devait avoir, car il n'a jamais été exécuté. En voici, d'après l'auteur, la description sommaire :

La partie supérieure de l'*Invisible* est à peu près semblable à la carène, mais sensiblement aplatie, afin de faciliter les manœuvres lorsqu'on navigue à la surface de l'eau ; elle est percée de deux écoutilles — qui laissent passer les hommes de service, — et garnie de verres lenticulaires (*patent lights*) destinés à éclairer l'entrepont. Le beaupré rentre, à volonté, dans le navire ; les mâts verticaux sont à charnière ; lorsqu'on veut plonger, on loge tout le gréement dans une rainure pratiquée par le milieu du tillac.

L'intérieur du bâtiment est divisé en deux parties par un plancher horizontal ; la partie inférieure est elle-même subdivisée en compartiments qui servent à loger : les uns, les munitions ; les autres, le volume d'eau dont le poids détermine les submersions. Pour plonger, il suffit d'ouvrir des robinets ; lorsque, ensuite, on veut émerger, on expulse, au moyen de pompes foulantes, l'eau qu'on avait introduite à l'effet d'effectuer la descente. Quant aux mouvements dans le sens horizontal, ils s'obtiennent au moyen d'une roue logée à la poupe et de pales fonctionnant sur chacun des flancs du navire. L'*Invisible* devait être armé de torpilles.

Après Montgéry, et pendant plus d'un quart de siècle, les puissances maritimes négligent l'étude des navires porte-torpilles. C'est seulement en 185 3 que la question revient à l'ordre du jour, du fait d'une invention de James Nasmyth. Cet ingénieur venait d'imaginer un bâtiment submersible, qu'il considérait comme le véhicule ou l'affût d'un immense mortier caché sous l'eau et chargé d'une bombe cylindro-sphérique. Un appareil percutant devait faire éclater ce projectile, au moment du choc contre les œuvres vives d'un navire ennemi. La grande épaisseur de coque du *mortier flottant*, non moins que son état constant de submersion presque complète, mettait à l'abri du danger l'équipage, la machine et l'hélice.

Tous les Confédérés américains étaient munis, au début de la guerre, d'un bélier-torpille qui faisait partie de leur armement régulier et dont il leur était enjoint de se servir au moment du combat. Le bélier-torpille d'un navire était ordinairement assujetti à l'extrémité d'un espar de 20 à 30 pieds (de 6^m,096 à 9^m,144) de longueur. L'autre bout de la bigue était fixé à l'avant, de telle sorte que l'appareil explosible fût maintenu, en temps ordinaire, à peu près à la hauteur de la ligne de flottaison. L'immersion et l'émersion s'obtenaient au moyen de palans manœuvrés par quelques hommes de l'équipage. Il était, d'ailleurs, nécessaire de peser avec des gueuses de fer pour obtenir un enfoncement rapide.

La figure 45 représente le bélier-torpille en usage à bord des navires cuirassés de Richmond et de Charleston, durant la dernière période de la guerre. Le système de tiges de fer qu'on y remarque était destiné à soulager le poids de l'appareil. notamment lors de ses émersions. La tête hémisphérique de ce bélier se trouvait munie de cinq fusées percutantes (*chemical* ou *sensitive fuze*); quant à la charge, on l'introduisait préanlablem par le trou de l'une des cheminées de fusée. La configuration piriforme de l'enveloppe avait pour effet de rapprocher, autant que possible, le centre des poudres de l'objectif qu'on se proposait d'atteindre.

Le bélier-torpillle du *Charleston* consistait simplement en une futaille de fort échantillon (*strong cask*) dont un chapiteau conique coiffait la base antérieure. La mise du feu s'obtenait au moyen d'un système de sept fusées percutantes.

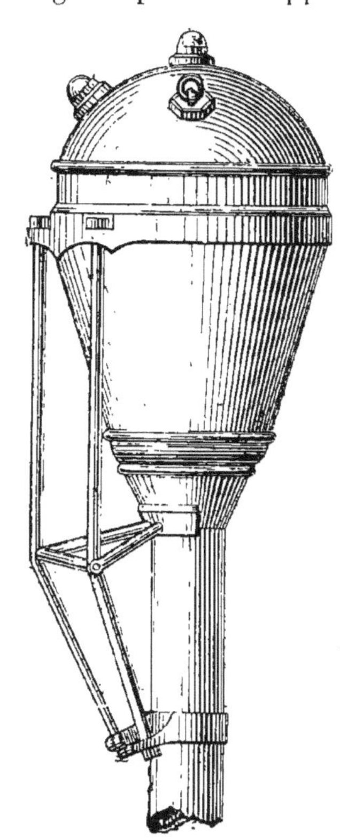

Fig. 45. — Bélier-torpille

Les Américains se servaient aussi d'un foudre à soda-water (*soda water tank*) renforcé par de solides armatures métalliques. Au lieu d'avoir son axe en prolongement de l'espar, cette torpille monstre se relevait comme le fourneau d'une pipe sur son tuyau, disposition qui lui permettait de toucher aisément les flancs surplombants des monitors.

La vogue était dès lors, aux béliers torpédiques. On ne rêva plus que monitors armés, en guise d'éperon, d'un fourneau submergé. Vers la fin de 1863, M. Alstitt construisit, à Mobile, un bateau sous-marin en tôle, de 21 mètres de longueur. Une cloison horizontale divisait le bateau en deux parties : le dessus était destiné à l'équipage, aux machines, aux deux gouvernails et à des réservoirs à air comprimé ; le dessous comprenait un certain nombre de compartiments pouvant recevoir, suivant les besoins, de l'eau ou de l'air, le charbon, les vivres, etc. La propulsion se tirait du jeu d'une hélice mise en mouvement : tantôt, par une machine à vapeur ; tantôt, par des moteurs électriques. Quand le navire n'avait rien à craindre de l'ennemi, il emplissait d'air ses réservoirs et marchait comme un vapeur ordinaire ; mais, au moment du danger ou du combat, il faisait rentrer l'eau dans lesdits réservoirs, plongeait, éteignait ses feux et remplaçait la vapeur par l'électricité.

L'équipage étant tout entier logé dans la chambre supérieure, il ne restait dans la guérite vitrée — organisée sur le pont — qu'un seul homme chargé de veiller aux approches et de donner la route. Pour devenir invisible, le navire n'avait qu'à s'enfoncer de $0^m,91$; à cette profondeur, les rayons de lumière solaire étaient encore assez intenses à l'intérieur.

Vers le milieu de l'année 1863, le contre-amiral Bourgois présidait à Rochefort la Commission d'expériences du *Plongeur*, de M. Charles Brun. En voici la description sommaire (voy. la fig. 46) :

Sa forme rappelle celle d'un poisson ou d'un cigare court, légèrement aplati. Il mesure $44^m,50$ de long et $3^m,60$ de haut. Son tirant, lorsqu'il flotte, est de $2^m,80$; il ne dépasse alors la surface de l'eau que de $0^m,80$. Son arrière est évidé de manière à contenir une hélice, un gouvernail vertical et deux gouvernails horizontaux.

Intérieurement, on remarque une cursive allant de l'avant
à l'arrière et divisant ainsi le navire en deux parties qui
renferment : la première, une machine à air comprimé;
la seconde, de vastes réservoirs en forme de tubes, dans
lesquels l'air se comprime à douze atmosphères. Immédiatement au-dessous de ces compartiments tubulaires, se
trouvent d'autres soutes, destinées à recevoir l'eau qui
forme lest et permet les submersions. Pour chasser cette
eau — afin de rendre au bâtiment sa légèreté — il suffit
de mettre les soutes en communication avec les tubes
renfermant l'air comprimé. Le *Plongeur* est, en outre,

Fig. 46. — Le *Plongeur*.

pourvu d'un mécanisme particulier, à l'aide duquel
certaine partie de sa carapace supérieure peut se déta-
cher et, du même coup, se transformer en canot de
sauvetage pour l'équipage, dont l'effectif est de douze
hommes. Lancé en mai 1863, le *Plongeur* a été essayé
dans le bassin de Rochefort, sur la Charente; puis, en
pleine mer, sous la direction de l'amiral Bourgois et du
lieutenant de vaisseau Doré.

Sa dernière expérience n'a guère été satisfaisante. Il
s'est, tout d'un coup, empli d'eau, et la Commission, qui se
trouvait à bord, n'eut que le temps de pourvoir à ses
moyens de salut.

Vers la même époque, au moment où guerre de la Sécession touche à sa fin, on voit apparaître le célèbre *Spuyten Duyvil* (voy. la fig. 47).

Construit par MM. William Wood et John Lay, ingénieurs maritimes des États-Unis, le *Spuyten Duyvil* a pour propulseur une hélice, mise en mouvement par une machine due à MM. Mallory et Cie, de Mystic (Connecticut). La direction et la projection du *torpedo* s'obtiennent au moyen d'un couple de tambours à chaînes, mis en rotation par une autre machine, inventée et fabriquée par M. Root, de New-York. Ce navire, dont l'équipage est limité à neuf hommes, y compris le commandant, mesure 82 pieds 2 pouces de longueur; sa largeur maximum

Fig. 47. — Le torpilleur Spuyten Duyvil.

est de 20 pieds 8 pouces; sa profondeur, de 9 pieds 11 pouces et demi. Au milieu du pont se trouve une tour-vigie de 5 pieds de diamètre. Il est construit en bois, mais son pont est blindé; les plaques de fer qui le recouvrent ont un pouce d'épaisseur. Lorsqu'il est complètement équipé, muni de sa *machine à projection* et de plus de deux tonnes et demie de torpilles, son tirant d'eau est de 7 pieds 5 pouces et demi; il cale seulement 4 pieds lorsqu'il n'est point muni de cet armement. Pendant l'action, on peut restreindre l'étendue de la surface exposée au feu, en lemplissant d'eau par le un jeu de pompes aspirantes; on lui donne ainsi un tirant de 9 pieds 1 pouce. Il peut acquérir une vitesse de 9 milles

à l'heure; cette vitesse se réduit à 3 milles et demi ou
4 milles quand il est à peu près complètement immergé.

Le *Spuyten Duyvil* fut attaché, durant la première
partie de l'année 1865, à l'escadre du James River, où
il eut à remplir les fonctions de *picket launch* jusqu'au
jour de la prise de Richmond.

Depuis la guerre de la Sécession, les Américains ne font
que s'ingénier à perfectionner les navires porte-torpilles.

Le bateau *Porter*, construit en 1873, à Brooklyn (États-
Unis), est un navire en fer, de 174 pieds de long, sur 28
de large et 13 de hauteur. L'épaisseur de ses bordages
varie de trois à quatre huitièmes de pouce. Il est établi

Fig. 48. — Bateau Porter.

d'après le système anglais dit *bracket-plate*, c'est-à-dire
que l'on construit, l'un dans l'autre, deux navires. Dans
le vide ménagé entre les deux coques s'établissent trois
fortes plaques longitudinales reliées par des barres hori-
zontales et des tasseaux; le tout est ensuite recouvert d'un
chapeau de bordage et d'un pont en fer. Inutile d'ajouter
que chacun de ces compartiments est étanche et que, en
cas d'avaries, un petit nombre d'entre eux seulement
peut s'emplir d'eau. Des plaques mobiles sont, en outre,
convenablement disposées entre ces diverses cloisons,
afin de donner passage aux ouvriers chargés des travaux
de réparations. Le moteur est une roue ou barre Fowler.

La figure 48 ci-dessus représente un bateau *Porter* à

l'heure du combat. Le fait de l'inondation d'une partie de ses compartiments ne laisse plus apparaître qu'environ trois pieds de coque au-dessus de l'eau; ses mâts sont abattus et rien ne serait visible sur le pont, n'étaient la fumée de sa cheminée, la tourelle du pilote et le gros canon dont il est armé.

Quoique armé d'une sorte d'éperon, ce navire ne doit employer le choc qu'à titre de moyen d'attaque secondaire; la torpille doit en être l'arme principale. A cet effet, l'avant est muni d'un bec — ou prolongement — de vingt pieds de longueur; il y est ménagé un couloir — légèrement incliné de bas en haut — par lequel on pousse la torpille (fixée à une perche) à vingt pieds encore plus en avant, de sorte que le navire n'ait rien à craindre de l'explosion et que, en cas d'accident, cette dernière n'étende pas ses ravages au delà des cloisons du bec ou prolongement.

Subsidiairement, après l'explosion, un coup de bélier frappé à toute vapeur — et appuyé d'un coup de canon à bout portant — laisserait au vaisseau ennemi peu de chances de rester longtemps à flot. Deux ouvertures — visibles sur les flancs — serviraient aussi à pousser des torpilles au cas où l'on serait forcé d'attaquer un ennemi, non plus de l'avant, mais bord à bord.

Les Anglais s'attachent aussi à la recherche des perfectionnements possibles du type bélier-torpilleur.

Leur *Polyphemus*, récemment sorti des chantiers de Chatham, est pourvu de dix chaudières en acier, du type locomobile. Ces chaudières fonctionnent à la pression de $8^k,430$, laquelle est, au moins, double de la pression ordinaire. Les machines développent une force de 5500 chevaux, force considérable pour un navire qui ne déplace que 2600 tonnes. Les ingénieurs espèrent obtenir une vitesse de 17 nœuds.

Théoriquement, tout navire — submersible ou non —

peut devenir torpédifère, moyennant quelques modifications à son organisation intérieure. Et, en effet, pour manœuvrer la torpille portée, le navire considéré doit nécessairement être pourvu d'un organe spécial, *tige* ou *tube*. La *tige* est une sorte d'arc-boutant porte-torpille, qui se plante soit à l'avant, soit à tribord ou à bâbord. On en fait de plusieurs modèles ; le meilleur type est celui de M. Lebelin de Dionne ; mais, en thèse générale, les tiges n'ont pas donné de résultats satisfaisants. Aussi, dans la pratique, leur préfère-t-on les *tubes*.

Réduit à sa plus simple expression, un *tube* se compose d'un cylindre métallique débouchant à l'extérieur et au-dessous de la flottaison du navire. Une vanne et une porte étanche — au travers de laquelle glisse la tige — s'opposent à l'introduction de l'eau dans l'intérieur. La tige est creuse et son âme livre passage aux conducteurs.

La manœuvre de l'appareil est facile à saisir. Pour faire prendre à la torpille sa position d'attaque, il suffit d'ouvrir la vanne, de pousser la tige en avant jusqu'à certain cran de repère. Quant à la submersion voulue, on l'obtient : soit en plaçant le tube à profondeur convenable au-dessous de la flottaison, soit en lui donnant certaine inclinaison vers l'extérieur. Pour introduire une nouvelle torpille — au lieu et place de la torpille qui a fait explosion, — on rentre la tige en deçà de la vanne. On ferme celle-ci. Cela fait, on ouvre le robinet pour laisser l'eau du tube s'écouler dans la cale. Alors on ouvre la porte étanche, et la tige se trouve complètement, ramenée à l'intérieur.

Radeaux porte-torpilles. — Au début des hostilités, le gouvernement de l'Union fut un instant atterré par le prodigieux succès des torpilles confédérées. Vivement préoccupé du sort qui semblait réservé à tous les monitors de la flotte Fédérale, le ministre de la marine demanda à M. Ericson le projet d'une machine puissante, dont l'effet fût celui-ci : mettre, d'une part, les navires de guerre à l'abri de l'insulte des fourneaux submergés ; leur conférer, d'autre part, les moyens de détruire tous les barrages, de balayer tous les obstacles qui obstruaient, on le savait, les passes de Charleston.

Étant ainsi donné le but à atteindre, M. Ericson se mit à l'étude et sut habilement satisfaire à toutes les conditions du problème. Son appareil consistait en une énorme torpille (*an immense torpedo*) portée par un radeau (*raft*) que le monitor engagé devait pousser devant lui, comme un rempart mobile. La torpille éclatait au premier contact d'un corps solide. Ce grand fourneau mobile reçut officiellement le nom d'*Obstruction remover ;* mais les Américains, dont le langage admet volontiers la métaphore, ne tardèrent pas à le désigner sous celui de *Boot-jack* (Tire-bottes). L'*Obstruction remover* n'eut pas l'occasion de faire ses preuves durant la période de la guerre.

VIII

TORPILLES REMORQUÉES

On sait que les torpilles remorquées sont *à la traîne* ou *divergentes*.

Torpilles à la traîne. — L'idée première de la traîne est de Reveroni Saint-Cyr. L'auteur du *Mécanisme de la guerre* expose les merveilleux résultats qu'il attend de ses flottilles de catamarans explosibles, conduits par des pétardiers-nageurs attachés à des outres, voguant à fleur d'eau et presque invisibles à l'ennemi (voy. la fig. 49). « Ils passent ainsi, dit-il, en remorquant le catamaran, à droite et à gauche des navires ennemis, au moyen d'un léger câble passant par des anneaux dans le plan du centre de gravité de la machine. Un léger cordage permet de le glisser — à droite ou à gauche — le long du grand câble, autant qu'il est nécessaire pour le faire arriver sous la carène du navire attaqué. »

Ultérieurement, Montgéry préconisait l'emploi de deux navires — combinant leurs manœuvres de manière à conduire à son but le fourneau submergé. Un seul navire pouvait aussi, pensait-il, rendre de bons services, en remorquant *à la traîne* un chapelet de torpilles.

Aujourd'hui encore, au cas d'une attaque de navires au mouillage, on conseille la torpille *à la traîne* ou, plus exactement, un chapelet que remorquent silencieusement deux embarcations marchant de conserve. Les deux canots manœuvrent de façon à embrasser l'ennemi dans la remorque dont ils tiennent chacun un bout. L'un

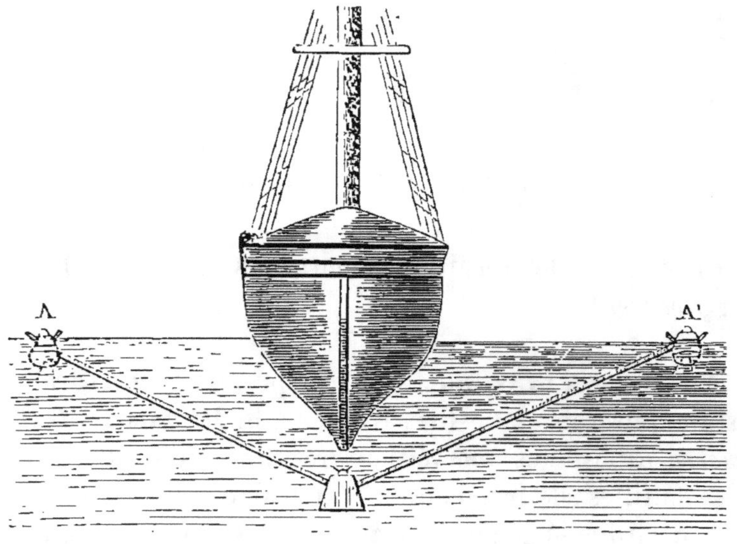

Fig. 49. — Traine du catamaran Reveroni Saint-Cyr,
d'après un croquis de l'inventeur.

AA', *pétardiers-nageurs (sic)* attachés à des outres.

des deux portant, en outre, la pile et les conducteurs, opère la mise du feu au moment opportun.

Torpilles divergentes. — Les torpilles divergentes sont organisées de façon à pouvoir être méthodiquement tenues à distance et hors du sillage du remorqueur. Elles affectent des dispositions conformes à des types divers qui seront décrits ci-après; mais tous les modèles en usage dérivent d'un prototype, lequel a nom *torpille Harvey*. Il convient de rapporter ici les origines d'un appareil sous-aquatique auquel était réservé un grand et légitime succès.

Au cours de l'année 1868, le monde militaire apprend que le capitaine John Harvey et le commodore Frédéric Harvey, son neveu, viennent d'inventer une torpille *diri-*

geable (*sic*). Ces deux marins étaient, dit-on, depuis plus d'un quart de siècle, à la recherche d'un moyen propre à couler les navires plus facilement que par le boulet ou l'obus; ils ont enfin trouvé l'appareil tant désiré!

La torpille Harvey, disent alors les *reporters*, est un engin construit sur le principe de la *loutre*. La loutre est un bordage plat chargé de corps pesants sur l'un de ses bords, de manière à flotter verticalement, le bord non chargé se trouvant constamment maintenu au niveau de la surface de l'eau (voy. la fig. 50). Une ligne en patte-d'oie passe sur le côté; une corde de remorque est fixée au milieu. De cette façon, quand la loutre est à l'eau et qu'on la traîne, elle tend sans cesse vers le plus fort cou-

Fig. 50. — La loutre.

rant, bien que le pêcheur qui en fait usage suive, sur la rive, une direction à peu près parallèle. Tel est le principe de la torpille Harvey.

Le nouvel appareil fut expérimenté en 1868, en présence de la commission anglaise des obstacles flottants (*floating obstruction Committee*), et le commodore Harvey fit sauter un vieux navire hors de service. Aussitôt, toutes les puissances maritimes essayèrent sa torpille. Les Américains, par exemple, entreprirent en 1874, à Newport, des expériences au cours desquelles l'*Intrepid*, manœuvrant une Harvey, détruisit la goélette *Uncas*, du port de quarante tonneaux. Dès lors, la fortune du nouvel engin était faite; il fut immédiatement adopté par les États-Unis, l'Italie, la Hollande, la Russie, l'Angleterre, la Suède, etc.

En voici la description sommaire :

L'enveloppe de la torpille consiste en un coffre de bois d'orme, revêtu de tôle mince et contenant une caisse de cuivre, laquelle renferme la charge (voy. la fig. 51). C'est une boîte à six pans. La face *avant* est affectée de certaine inclinaison sur la base; l'une des faces latérales se prolonge à l'arrière, de manière à dessiner une sorte de gouvernail fixe. Le fond est lesté en gueuses de fer; aussi l'appareil coulerait-il s'il n'était soulagé par des bouées de liège B dont l'orin est frappé sur la face *arrière*. Au-dessus de la caisse se trouve une cheville d'inflammation ou *inflammateur* I, qu'actionnent plusieurs leviers

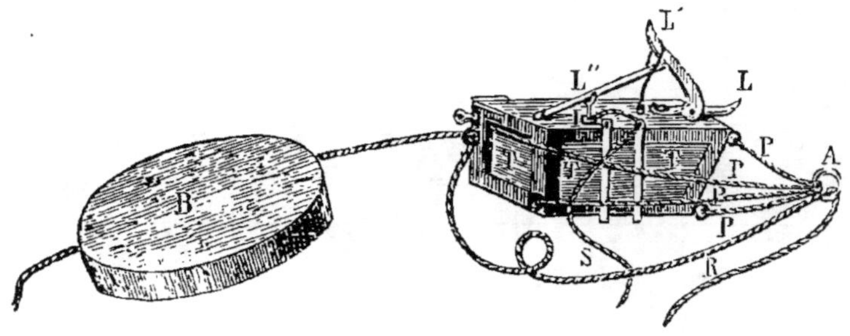

Fig. 51. — Torpille Harvey automatique à remorquer par bâbord.

A, anneau de la patte-d'oie. — B, bouée. — I, inflammateur. — L L' L", leviers de choc, commandant l'inflammateur. — P P P P, branches de la patte-d'oie. — R, remorque. — S, ligne de sûreté. — T T T, torpille.

L, L', L", en saillie sur l'avant. Cette cheville fait éclater une capsule fulminante, au cas d'une mise du feu automatique; elle ferme un circuit, si l'on a adopté le mode électro-automatique. Au moment où il veut produire une explosion, l'opérateur dégage un *verrou de sûreté*, que commande la ligne S. Ainsi établi, l'appareil est peu volumineux et le poids n'en n'excède guère 150 kilogrammes. La *patte-d'oie* d'attache se compose de quatre branches, P, P, P, P, symétriquement inégales, qui viennent se fixer ensemble à l'anneau A. Sur cette patte-d'oie est frappée une remorque R destinée à produire la divergence. Ladite remorque passe dans une poulie appendue à une vergue ou accrochée à l'un des mâts du navire à bord duquel se trouve l'opérateur. Elle s'enroule en-suite autour d'un treuil; un second treuil est affecté à la ligne de sûreté. Chacun de ces appareils est muni d'un frein à main.

Quand on la mouille, la torpille se submerge à l'aplomb de ses bouées, mais remonte à la surface, au premier appel de la remorque. Elle navigue alors en se tenant écartée de son remorqueur d'un angle d'environ 32 de-grés d'amplitude et, latéralement, à une distance qui dépend de la longueur de remorque filée. Elle peut être employée par tout navire marchant à plus de 6 nœuds; lorsque la vitesse de ce navire est très grande, l'écart an-gulaire mesure jusqu'à 45 degrés.

Au moment de l'attaque, on *mollit* brusquement la tor-pille... qui se submerge et passe sous le navire, dont les œuvres vives sont heurtées par les leviers... quand la remorque est derechef raidie. Ces manœuvres, passa-blement délicates, s'exécutent à l'aide des deux treuils établis sur le pont du navire, ainsi qu'il a été dit.

Telle est, rapidement esquissée, l'économie générale d'une torpille Harvey.

Les torpilles remorquées peuvent être chargées à poudre ordinaire ou à poudres brisantes. Dans le premier cas, la charge est de 25 kilogrammes, et le système doit permet-tre à l'explosion de se produire à 2 mètres ou $2^m,50$ sous l'eau, pour qu'on puisse obtenir des effets sérieux. Il y a, en général, avantage à employer la dynamite ou le fulmicoton, car alors, avec une charge de 12 à 15 kilo-grammes submergée par 1 mètre ou $1^m,50$, on peut dé-truire un navire de rang quelconque.

En Angleterre, la remorque des torpilles est formée de plusieurs fils d'acier galvanisé, enveloppant une âme en chanvre. Ce cordage, de $0^m,032$ de diamètre, s'enroule autour d'un tambour fixé sur le pont du navire, et mesure ordinairement 400 yards ($365^m,76$) de longueur. On fait usage, en France, de *remorques Rattier;* fines, simples, dotées d'une grande force de résistance à la traction, ce sont là les vraies *remorques de combat.* Chaque bobine de bord ne doit pas emmagasiner, à son pourtour, un développement de plus de 500 mètres de remorque.

La plupart des puissances maritimes ont, ainsi qu'il a été dit plus haut, adopté l'usage de la torpille Harvey; quelques-unes ont tenté d'en perfectionner le mécanisme, et certains essais ont réussi, témoin celui de M. Barben. La *torpille Barben,* qui figurait à l'exposition de Philadelphie, est une *Harvey modifiée,* dans laquelle les leviers sont remplacés par six fusées fixées, sous divers angles, à la surface de l'enveloppe. Un système de nageoires, fonctionnant à l'arrière de la torpille, permet d'en régler l'immersion.

Les officiers de marine de tous pays ont été unanimes à reconnaître l'importance considérable de la torpille Harvey. Dès l'apparition de ce nouvel engin, ils ont applaudi sans réserve à l'idée de l'auteur touchant le remorquage oblique, ayant pour effet de tenir le fourneau à distance du remorqueur. Que suivant ce procédé, disent-ils, un navire couvre ses flancs — tribord et bâbord — de torpilles divergentes, et sa sphère d'action se trouve singulièrement agrandie. Un système de torpilles de 150 à 140 mètres de remorque ouvre aussitôt à ce navire un champ de 180 à 190 mètres de largeur. L'appareil est appelé à tenir *en haute mer* le rôle que la torpille portée remplit dans les eaux peu profondes; il est très maniable, très *marin,* en parfaite harmonie avec les goûts et les habitudes des gens de mer, auprès desquels il est fort en faveur. Cet appareil n'est pas, comme la torpille sur boute-dehors, un appareil accessoire, auxiliaire; c'est une *arme,* dans toute l'acception du mot. Le capitaine Harvey propose de ne l'adapter qu'à des navires spéciaux; mais

on peut dire qu'elle convient très bien à tout grand navire
ayant à se défendre contre un bélier. Le bâtiment armé
de la torpille divergente n'a besoin que de vitesse pour
réussir ses attaques, mais cette vitesse lui est absolument
indispensable. La tactique à suivre par ce navire est beaucoup plus simple que celle d'un bélier, car il ne s'agit
point pour lui d'occuper, à un moment donné, une position déterminée; il lui suffit, pour obtenir plein succès,
de passer, par n'importe quelle route, à moins de 200 mètres de l'ennemi. Cette arme est appelée à jouer un rôle
considérable dans les futures opérations de guerre maritime. De deux navires armés de torpilles le meilleur
marcheur doit nécessairement arriver à détruire son adversaire. Partout où la torpille Harvey se trouve engagée,
seule ou appuyée de béliers et d'artillerie, c'est de la vitesse que doit dépendre le dénouement. Quelque fond
qu'un navire puisse faire sur la puissance de son
éperon et de ses bouches à feu, il faut bien qu'il ait
recours à la vitesse et à l'emploi de la torpille, si son adversaire opte en faveur de ce mode d'attaque.

Toutefois, l'emploi de cet engin précieux n'est pas sans
présenter certains inconvénients. Les officiers de marine
déclarent qu'il donne lieu à de grandes tensions sur les
remorques. On ne pourrait, sans s'exposer à des accidents
de rupture, donner à l'appareil des vitesses supérieures à
10 nœuds. La manœuvre en sera, d'ailleurs, toujours difficile, souvent inefficace. Et, en effet, *mollir* à propos une
remorque, puis la *raidir* en temps opportun, en vue
d'obtenir un choc!... c'est là, il faut en convenir, un ensemble d'opérations qui, pour être bien menées, réclament de la part de l'opérateur un coup d'œil remarquable. Et ces opérations délicates, possibles à la rigueur en
plein jour, peut-on admettre qu'elles soient praticables de
nuit ou par des temps de brume? Le navire assaillant
manquera, le plus souvent, son but.

Les officiers qui soulèvent ces objections ont tenté de résoudre le problème en partant d'un principe différent de celui qui préside à l'organisation de la torpille Harvey.

Flotteurs torpédifères. — Ils ont proposé de remorquer — directement contre le navire attaqué — un appareil qui ne cesse point de flotter à la surface, tout en maintenant, sous la hauteur d'eau voulue, une torpille qui s'y trouve annexée. Le heurt d'un tel engin peut s'opérer dans de bonnes conditions, sans astreindre l'opérateur à des manœuvres de remorque extrêmement compliquées. Un flotteur de ce genre doit affecter des formes affinées; mesurer de 4 à 5 mètres de longueur et porter, à son avant, une charge de matière explosible. Sur l'un des flancs de l'appareil est frappée une patte-d'oie à deux ou quatre branches. Une remorque, fixée au point de jonction desdites branches, passe dans une poulie appendue à une vergue ou accrochée à l'un des mâts du navire, à bord duquel se trouve l'opérateur (voy. la fig. 52), et s'enroule autour d'un treuil établi sur le pont. On voit que le dispositif adopté est analogue à celui des manœuvres de la torpille Harvey.

Quand le remorqueur pousse de l'avant en ligne droite, le flotteur, s'écartant du bord, va se placer de lui-même à certaine distance — laquelle ne change pas, tant que la longueur de la remorque demeure constante — et se maintient dans cette position, en accompagnant le navire, dont il protège ainsi le flanc ou la hanche. Quand la vitesse du navire augmente ou diminue, celle du flotteur varie exactement de même, mais son écartement ne change pas sensiblement. Toutefois, ledit écartement diminue un peu, si la vitesse devient considérable ou si la mer grossit. Quand le navire tourne du côté opposé au flotteur, celui-ci se rapproche de ses eaux, tant que dure l'évolution. Il peut même arriver, si la giration se fait

dans un cercle très petit relativement à la longueur de
la remorque, que celle-ci appelle momentanément du
bord opposé; mais, dès que le remorqueur redresse sa
route, le flotteur ne tarde pas à rejoindre son poste.
L'effet inverse se produit quand le remorqueur tourne
du côté opposé au flotteur. Enfin, si ce remorqueur
marche en arrière, la remorque commence par appeler
de plus en plus de l'avant et finit par passer de l'autre

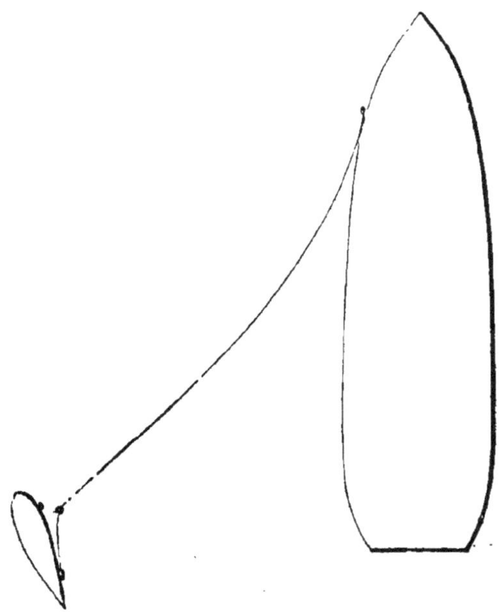

Fig 52. — Remorquage d'un flotteur torpédifère.

bord. Et le flotteur qui, par exemple, se trouvait, lors de
la marche directe, dans la hanche de bâbord derrière
finit par s'établir à *poste fixe* par le bossoir de tribord
devant, pour tout le temps de la marche en arrière. On
conçoit donc que le remorqueur puisse, par de simples
mouvements de barre, manœuvrer un flotteur torpédifère
de manière à lui faire aborder un navire ennemi. Ce n'est
là, pour le marin, qu'affaire de coup d'œil.

Il est deux types distincts de flotteurs torpédifères, savoir : les flotteurs *à tige fixe* et les flotteurs *à tige articulée*.

Dans le flotteur *à tige fixe*, la torpille est fixée à l'extrémité d'une tige ou hampe, maintenue parallèlement à l'appareil flottant, et à 1 ou 2 mètres au-dessous, au moyen d'un système de tiges verticales. La torpille déborde l'avant du flotteur et peut, par conséquent, aborder la carène de l'ennemi avant que le flotteur lui-même en rencontre la flottaison. Le choc des antennes de l'inflammateur détermine le fonctionnement d'un mécanisme analogue à celui des torpilles électro-automatiques, lequel fait passer dans l'amorce le courant d'une pile placée dans l'entrepont du navire remorqueur. A cet effet, un conducteur métallique isolé fait partie de la remorque, jusqu'au point d'attache des branches de la patte-d'oie; de là, il pénètre, par un prolongement de ladite remorque, dans l'intérieur de la torpille, et arrive à l'une des branches de l'amorce.

Voici le modèle de flotteur à tige fixe adopté par quelques puissances maritimes : l'appareil se compose d'une caisse FF de forme oblongue, en bois ou en tôle d'acier (voy. la fig. 53). Il se développe sous l'eau, suivant deux tiges rigides D, D servant de supports à une troisième tige E, laquelle se maintient horizontale et porte à son avant la torpille T, qui, du fait des longueurs adoptées, se trouve en saillie sur la tête du flotteur. Sur le corps de celui-ci est frappée une patte-d'oie à quatre branches OB, OC, OB', OC'. Au point de jonction O de ces branches aboutit une *remorque-conductrice* RRR qui se prolonge jusqu'à l'amorce de la torpille. La mise du feu électro-automatique s'opère au moment du heurt du ferme-circuit à antennes I contre la carène de l'adversaire. Un soufflage en bois S, organisé sous la torpille T, soulage l'avant de l'appareil. Au repos, le flotteur à tige fixe se maintient horizontalement en équilibre; sous l'action de la remorque, il diverge à plus de 45°.

Ce type présente certains inconvénients. A bord, il est fort encombrant; mouillé, il exerce sur les remorques une tension considérable; il est difficile d'en assurer la navigabilité.

Sous la partie antérieure des appareils flottants du second type est pratiquée une sorte de niche où se place la torpille — emmanchée à l'extrémité d'une hampe ou tige. Celle-ci, articulée à la hauteur du milieu du flotteur, se loge dans une rainure ménagée à cet effet. Un système de déclanchement, convenablement organisé, fonctionne vi-

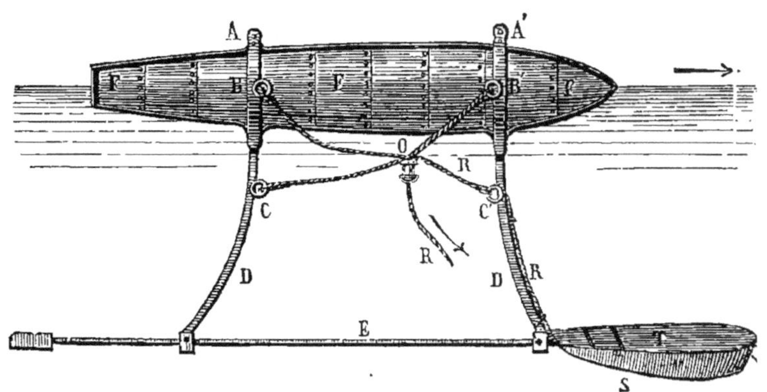

Fig. 55. — Flotteur torpédifère à tige fixe.

AA', pitons de suspension. — BB', pitons d'amarrage des branches supérieures de la patte-d'oie. — CC', pitons d'amarrage des branches inférieures. — DD, tiges en fer rigides, maintenant la tige porte-torpille par la submersion voulue. — E, tige porte-torpille. — FF, flotteurs en tôle d'acier. — I, antennes de l'inflammateur. — S, souf-flage en bois destiné à soulager la torpille. — T, torpille.

vement alors que l'avant du flotteur heurte la flottaison du navire ennemi. A ce moment, la torpille se détache de son logement. Un mouvement de rotation autour du pivot de sa tige lui permet de se porter soit au contact, soit au moins dans le voisinage de la carène visée, sous une hauteur d'eau de 2 mètres à 2^m,50. Le fait même de cette brusque chute de la torpille en détermine l'inflammation.

Quelle peut être, se demandent les praticiens, l'importance du rôle que l'avenir réserve aux remorqués torpédifères de ce genre? Il est permis de penser que tous les appareils *à mécanisme articulé* semblent *à priori* trop délicats pour résister aux fatigues d'un service de guerre ; qu'ils doivent se détériorer facilement ; que le fait d'un séjour dans l'eau, si peu prolongé qu'on le suppose, peut en paralyser, au moins momentanément, les organes. Le flotteur *à tige fixe* est évidemment de constitution plus robuste ; c'est une arme encombrante à bord, il est vrai, mais légère, facile à manœuvrer et d'un fonctionnement plus sûr que celui de la torpille Harvey. A ces titres, elle a droit aux préférences des gens de mer.

La forme une fois admise, on s'est posé la question de savoir comment et en quelle matière il convenait de construire l'appareil. A cet égard, l'expérience semble avoir prononcé. Les flotteurs à tige fixe *en tôle* peuvent, par 2 mètres de submersion, acquérir certaine vitesse ; mais, dans les meilleures conditions possibles, cette vitesse ne s'élève jamais à plus de 10 ou 11 nœuds. Les flotteurs à tige fixe *en bois* prennent, au contraire, des vitesses de 13 à 14 nœuds, si l'on veut réduire à 1 mètre la submersion de la torpille qu'ils portent. Or, cette hauteur d'eau est très suffisante, quand la charge est formée d'une douzaine de kilogrammes de poudre brisante, dynamite ou fulmicoton. En somme, les flotteurs à tige fixe *en bois*, remorqués par des navires rapides, conviennent parfaitement aux combats en pleine mer ; les flotteurs *en tôle*, au service de la défense des ports.

Observons en terminant que, à peine sortis de la période d'expériences, ces divers types de flotteurs torpédifères sont déjà démodés. On semble leur préférer le modèle dit *à aiguille*, dont le mécanisme est jusqu'à présent tenu secret.

IX

TORPILLES AUTOMOBILES

L'avènement de la torpille automobile semble être de nature à opérer toute une révolution dans les méthodes de l'art militaire naval. On sait que cet appareil part, à la manière d'un projectile, soit des flancs d'un navire, soit des fonds d'une batterie de côtes; que, sous l'action de sa machine propre, il comporte des vitesses de 10 à 21 nœuds, et des portées de 200 à 2000 mètres. On sait aussi qu'il a, le plus souvent, raison des obstacles semés sur sa route; qu'il passe sous les estacades flottantes et qu'il peut percer des filets, sans pour cela faire nécessairement explosion.

C'est un officier d'artillerie de la marine autrichienne qui, le premier, conçut l'idée d'une automobile. Une lampe à pétrole, allumée à l'intérieur de l'appareil proposé, y engendrait la vapeur, à laquelle était dévolu le rôle de force motrice. A l'avant, se trouvait ménagé un compartiment empli de coton-poudre ou de quelque autre matière explosible. Quant à la mise du feu, elle s'obtenait au moyen d'une batterie commandée par des antennes. Le *torpedo boat* pouvait aussi marcher à l'air chaud.

Cet officier d'artillerie, dont nous regrettons de ne pas savoir le nom, mourut avant d'avoir pu faire consacrer par l'expérience l'excellence de son invention. La plupart des papiers contenant l'exposé de ses projets tombèrent alors en la possession du capitaine Luppis. Frappé de l'importance de cette idée féconde, celui-ci s'empressa d'en provoquer la réalisation et s'adressa, à cet effet, à M. Robert Whitehead, directeur de la grande usine de Fiume.

Cela se passait en 1864.

Quatre ans plus tard, c'est-à-dire en 1868, la torpille automobile opérait son entrée en scène. Le monde maritime en était émerveillé, et la plupart des puissances achetaient, à beaux deniers, le *secret* de M. Robert Whitehead. L'appareil de cet ingénieur prit successivement place dans les armements de l'Autriche, de l'Angleterre, de la France, de l'Italie, de l'Allemagne et du Danemark.

La torpille Whitehead, de structure pisciforme (voy. fig. 54), affecte ordinairement une longueur de $4^m,26$ sur $0^m,355$ d'épaisseur[1]. L'assiette verticale en est assurée, du fait de l'adjonction de tôles plates BB', CC' faisant saillie : l'une au-dessus, l'autre au-dessous de la torpille en équilibre, et suivant toute sa longueur. L'appareil porte aussi sur ses flancs quelques ailerons fixes D, D', D″, destinés à le guider lors de l'opération du lancement. Il est pourvu de deux gouvernails : l'un, vertical, qui, se réglant à l'avance, assure la parfaite rectitude de la trajectoire voulue; l'autre, horizontal, qui préside à la constance de la submersion déterminée par l'opérateur. A l'arrière, fonctionne une hélice en bronze, à trois branches H, qu'un cadre protecteur K met à l'abri des accidents de heurt.

Le corps de la torpille comprend six compartiments distincts renfermant : le premier, un inflammateur et un appareil de sûreté; le deuxième, la charge; le troisième, un régulateur de la submersion; le quatrième, le réser-

---

1. Ces dimensions ne sont point absolues, mais, au contraire, variables avec la nature et l'importance de la charge. La torpille Whitehead peut affecter des longueurs de $3^m.50$, $3^m,65$, $4^m,34$ correspondant respectivement à des diamètres de $0^m,360$, $0^m,406$, $0^m,420$. Une charge de 34 kilogrammes de poudre ordinaire impose à la torpille $4^m,34$ de longueur et $0^m,42$ de diamètre.

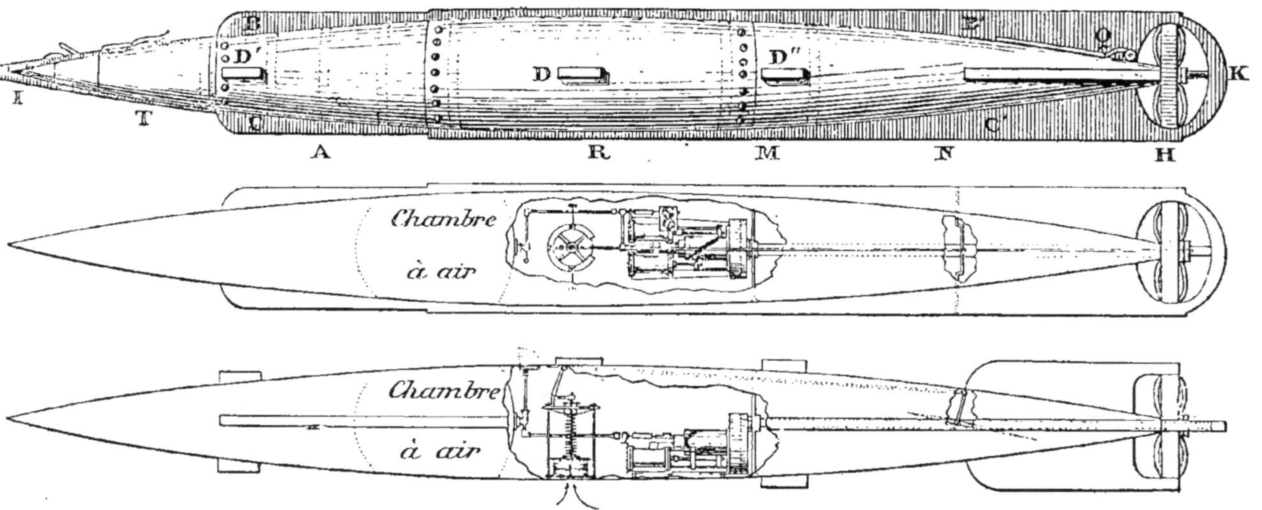

Fig. 54. — Torpille Whitehead.

A, régulateur de la submersion. — BB', tôles plates en saillie sur le corps de la torpille. — CC', *idem*. — DD'D'', ailerons. — U, hélice. — I, inflamma-teur ou *pistolet*. — K, cadre protecteur de l'hélice. — MNH, compartiment de l'arbre de couche. — Q, compteur. — R, machine. — T, chambre aux poudres.

voir à air comprimé; le cinquième, la machine; le sixième, enfin, l'arbre de couche de l'hélice.

L'inflammateur I, qui forme le bec de la torpille, se compose essentiellement d'un tube empli de poudre sensible, mis en communication avec la charge et portant en tête une embase sur laquelle repose une cheminée d'acier, coiffée d'une amorce fulminante. La mise du feu s'opère automatiquement, du fait d'un heurt contre l'obstacle visé. L'explosion peut, d'ailleurs, se produire dans des circonstances diverses, selon que le choc est reçu par la pointe de l'appareil, par une antenne disposée au-dessus du bec ou l'une des deux antennes latérales.

Le deuxième compartiment T est organisé à destination de *chambre aux poudres* et, en conséquence, séparé des deux compartiments contigus par des doubles cloisons étanches. La charge est ordinairement de 10 kilogrammes de dynamite.

Le troisième compartiment A est mis en communication avec l'eau ambiante par des orifices forés dans l'épaisseur de la coque. Il renferme le *régulateur de la submersion*, c'est-à-dire un mécanisme dont les organes sont reliés au gouvernail horizontal par un système de transmissions métalliques. La submersion peut se régler entre des limites étendues : de la surface de l'eau jusqu'à 12 mètres de profondeur. Cette hauteur fixée, le régulateur y maintient la torpille, et celle-ci, une fois en route, ne commet jamais d'écarts supérieurs à $0^m,50$.

Le quatrième compartiment, qui sert de réservoir à certain volume d'air comprimé à 60 atmosphères, est solidement construit en fer forgé, de $0^m,007$ d'épaisseur. Avant d'actionner le moteur de la torpille, cet air passe dans un *réducteur*, où il prend une pression réduite à 30 atmosphères.

Le cinquième compartiment R renferme une machine à cylindres oscillants. Ces deux cylindres, de dimensions inégales, travaillent sous des pressions différentes.

Le sixième et dernier compartiment MNII est traversé, de bout en bout, par l'arbre de couche qui fait mouvoir l'hélice. La longueur de cet arbre a, d'ailleurs, été déterminée de façon à donner à la torpille la finesse de formes et la bonne répartition des poids nécessitées par les conditions de la navigation sous-marine.

Le mécanisme d'une Whitehead comporte une foule d'organes ingénieux qui tiennent chacun un rôle, mais dont la description ne saurait entrer dans le tableau sommaire que nous venons d'exposer. Toutefois, à titre d'exemple, il convient de dire un mot du *compteur* à engrenages Q, que le constructeur a fixé au-dessus du gouvernail horizontal. Cet appareil, qui se relie au verrou de sûreté par le moyen d'un fil, permet à l'hélice d'armer elle-même ou de désarmer l'inflammateur à percussion I, après un nombre de tours *déterminé*. Ainsi l'opérateur peut faire que la torpille ne devienne offensive qu'à une distance *donnée* du point de départ, ou qu'elle cesse de l'être quand elle a terminé sa course et manqué le but qu'on se proposait de lui faire atteindre. Il peut également alors la faire, à volonté, remonter à la surface ou couler.

Ainsi construite et munie de tous ses accessoires, la torpille automobile est d'un poids de 177 kilogrammes; d'un prix de revient de 5000 francs.

La Whitehead *modèle* 1877, actuellement en usage en France, n'est mue que par une hélice. Elle mesure 5^m,720 de long, 0^m,381 de diamètre et comporte : à l'avant, la charge et son inflammateur; au centre, une chambre enfermant de l'air comprimé à 70 atmosphères; à l'arrière, le compartiment des machines. Un gouvernail vertical assure la direction voulue; un gouvernail horizontal, l'immersion. Celui-ci est commandé par un « appareil pendulaire » qui lui sert de régulateur. Cet organe est de l'invention de l'ingénieur américain Rendel.

Le fourneau sous-aquatique automobile peut se lancer : soit du rivage, soit d'un navire, soit d'une embarcation légère montée par quelques hommes. Le lancement s'opère soit au moyen de projecteurs sous-aquatiques, soit par des tubes fonctionnant au-dessus de la surface de l'eau. Ces lanceurs sont actionnés par des machines à air comprimé, par un ressort, ou du fait de la combustion d'une poudre lente.

Un projecteur sous-aquatique s'installe ordinairement dans une batterie basse, ménagée à l'arrière du navire. Au moment voulu, le moteur agissant sur une colonne d'eau qui détermine le départ de la torpille. Ce mouvement a pour conséquence l'ouverture de la vanne du projecteur.

La torpille est guidée et assurée dans sa direction jusqu'à sa sortie du tube. Là, elle rencontre un *toc* dont le heurt détermine la mise en mouvement de sa machine. Dès lors, elle pique en avant, suivant la *ligne* qui lui a été assignée par l'opérateur. Quelle que soit l'origine du mouvement, l'impulsion à donner doit être assez forte pour porter *d'un coup* le projectile à une cinquantaine de mètres en avant du point de départ. L'intervalle de temps durant lequel la machine peut fonctionner dépend nécessairement de la quantité d'air comprimé que renferme le réservoir. Plus l'hélice tourne vite, moins la *portée* est grande, et réciproquement. On peut donner à la White-head une vitesse de 6 à 10 nœuds et demi. Au cas de cette vitesse maximum, la torpille parcourt sous l'eau de 190 mètres à 200 mètres; elle peut fournir une course de 1400 à 1600 mètres, si l'on ne lui fait prendre qu'une vitesse de 6 à 7 nœuds. Étant donné l'approvisionnement d'air, il faut bien que la vitesse soit en raison inverse de la distance à parcourir.

En concurrence de la Whitehead, il s'est produit quantité de types d'automobiles ou *torpilles-poissons*, et, dans cette voie, ce sont les Anglais qui, comme toujours, ont ouvert la marche.

L'*English torpedo fish* se fait en tôle d'acier de 0^m,0048 à 0^m,005 d'épaisseur, emboutie sur mandrins, et se divise en trois compartiments : avant, milieu, arrière. Le compartiment-avant contient une charge de 7 à 8 kilogrammes de fulmicoton. Au milieu se trouve la chambre de la machine motrice, à deux cylindres, qui fait tourner une hélice en bronze. Le compartiment-arrière, où s'emmagasine l'air comprimé, est formé de lames d'acier, d'un acier extrêmement résistant; il s'emplit moyennant la manœuvre d'une pompe pneumatique; on peut y obtenir des pressions de 50 à 57 atmosphères. Tempérée par l'action d'un puissant régulateur à ressort (*spring pressure gauge*), la pression utilisée mesure ordinairement 42^k,500 par centimètre carré.

Les ingénieurs anglais se sont principalement préoccupés du soin d'assurer au *fish torpedo* une vitesse qui lui permît de passer au travers d'une *crinoline,* d'un de ces filets protecteurs dont s'enveloppent les navires, à une douzaine de mètres de distance de leur muraille. Ils ont d'abord, à cet effet, réduit le poids de leur torpille-poisson; ils y ont ensuite, en 1878, adapté *un système de deux hélices;* grâce au fonctionnement de ce propulseur double, ils obtiennent, dit-on, des vitesses de 26 nœuds.

On distingue nombre de types d'automobiles américaines parmi lesquelles nous citerons la torpille Rendel, l'*American torpedo fish*, la torpille Ericson.

La torpille Rendel, qui fit son apparition en 1871, offre à l'œil un aspect semblable à celui d'une Whitehead. Elle a pour propulseur, non une hélice, mais un appendice qui peut se comparer à une patte de palmipède. Sa machine marche à l'air comprimé. Ce *cigar-shaped-boat* est remarquable en ce qu'il porte, à l'intérieur, un appareil pendulaire (*pendulum arrangement*) destiné à régler la hauteur d'eau sous laquelle ledit *boat* doit se maintenir au cours de son mouvement de translation.

L'*American torpedo fish* est un type très étudié qui fut soumis, en 1874, à l'examen de la direction de l'artillerie (*Bureau of Ordnance*) des États-Unis d'Amérique (voy. la fig. 55). L'action du propulseur y est déterminée par le jeu d'une machine Broterhood, marchant soit à l'acide carbonique, soit à l'air comprimé.

La nouvelle torpille Ericson est un appareil au choc duquel, dit l'inventeur, aucun cuirassé ne saurait opposer de résistance efficace. Le poids de ce projectile (y compris sa fusée percutante) est de 1281 livres; le diamètre, de 15 pouces; la longueur, de 19 pieds; la charge, de 250 livres de dynamite. Cette automobile, qui affecte la forme d'un cigare, peut recevoir une vitesse initiale de 1 mille 600 (par minute).

Parmi les automobiles autres que la Whitehead, on peut

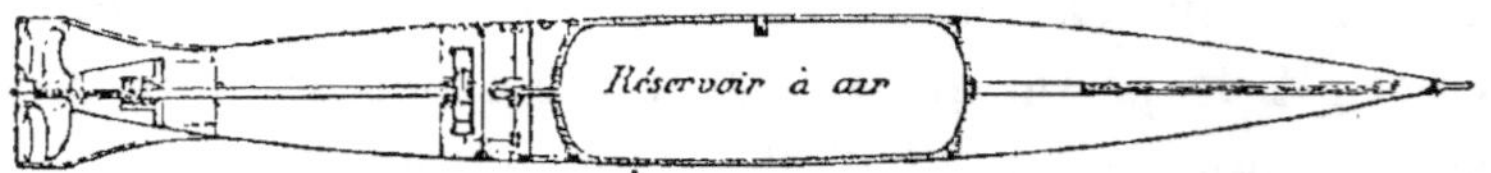

Fig. 55. — Torpille-poisson américaine (*American torpedo fish*).

encore citer : la torpille Türner, tirant sa force motrice de la combustion d'une poudre fusante; un *fish torpedo* mû par un mouvement d'horlogerie, essayé en Angleterre en 1874; la torpille Mac-Evoy (1877), destinée seulement à parcourir de petites distances (environ 100 mètres) sous l'action d'un gaz obtenu, au moment du besoin, par le moyen du bris d'une fiole d'acide, lequel tombe sur un carbonate; la torpille Mac-Donald (1878), qui se meut sous l'action de la combustion lente d'une poudre à canon; enfin, la torpille Reunert (1879).

MM. Reunert et Otto Sack sont les promoteurs d'une nouvelle torpille dite *offensive à réaction*. Cet appareil, dont l'organisation interne est encore le secret des inventeurs, se compose essentiellement d'un cylindre en tôle à destination de réservoir à air comprimé. L'air peut s'échapper de ce récipient par une petite ouverture pra-

tiquée dans une cloison à mince paroi. De là l'origine
d'un de ces effets de réaction bien connus résultant
d'une rupture de l'équilibre des pressions sur les parois
d'un vase. Tel est le principe.

Il est naturel de se demander quelle est la vraie valeur
militaire d'une torpille automobile. Or la réponse à cette
question ne saurait encore être aujourd'hui catégorique.

Par une mer calme et en l'absence de tout courant,
une Whitehead arrive certainement à toucher un but dis-
tant de 200 à 400 mètres de son point de départ. Les
chances d'atteindre le but diminuent nécessairement à
mesure que la distance augmente. Toutefois, le succès
semble encore assuré au cas d'une cible de 6 à 7 mètres
de largeur, placée à 630 mètres. Dans des eaux tran-
quilles, mais soumises à l'action d'un courant traversier,
on peut, à 200 mètres, compter sur le succès du coup.
Les chances sont faibles à 400 mètres; nulles à 600.
Lorsqu'on opère par la houle et le clapotis, mais sans
être contrarié par un courant, la distance de 200 à
400 mètres comporte un succès probable; celle de
600 mètres, un échec. En somme, l'on peut dire que les
probabilités d'atteindre le but sont grandes dans des limites de 200 à 400 mètres. Il est d'ailleurs évident que les
chances décroissent dans les proportions notables quand,
au lieu d'être fixe, le but visé devient mobile. Il ne faut
guère compter sur l'effet du coup porté, si l'on attaque
un navire en marche à la vitesse de 10 nœuds.

Le pointage d'une Whitehead est toujours une opération délicate. Les difficultés ne font que s'accroître si le
but est mobile; si l'on pointe à bord d'un navire ou d'une
embarcation; si l'on opère dans des parages à marées ou
dans des eaux coupées de courants.

Il serait, en l'état, difficile de déterminer l'importance
que l'avenir peut réserver à la torpille Whitehead. Il est
certain que des engins de ce genre peuvent rendre de

bons services dans la défense des côtes. Établies sous des plates-formes ou pontons attachés au rivage, ces torpilles sont appelées à former de véritables batteries sous-marines dont le champ de tir peut prendre un rayon de 1600 mètres. Lancées à petite distance par des embarcations silencieuses, les Whitehead peuvent encore donner d'excellents résultats contre des navires au mouillage. Mais, en haute mer et à grandes distances, espérer frapper un navire en marche d'un coup de torpille automobile lancée du bord d'un autre navire également en marche!... c'est, prématurément au moins, confesser une foi robuste. Telle est l'opinion des torpilleurs autrichiens qui, après maintes expériences, abandonnent aujourd'hui l'usage *au large* de la Whitehead. Les Américains n'ont même pas cru devoir l'essayer dans ces conditions. Quant aux Anglais, la faveur qu'ils ont, jusqu'à ce jour, accordée à leur *fish torpedo* a nécessairement dû baisser à la lecture de ces lignes écrites de la main de leur compatriote, M. Charles William Sleeman :

« ... Il ne faut pas conclure que l'invention ne servira jamais à rien; cependant, même avec un engin aussi perfectionné que la torpille Whitehead, avec les meilleurs appareils de lancement, les attaques de cette nature peuvent donner lieu à de fréquents échecs. Il faut bien remarquer que les exercices pratiques qu'on exécute à l'effet d'expérimenter cet engin ont lieu généralement en plein jour et dans des conditions spécialement favorables, lesquelles ne sauraient se produire à la guerre.... Elles sont considérables les difficultés d'une attaque de torpilles Whitehead lancées, la nuit, par des chaloupes! L'obscurité, le manque de données précises touchant la situation du navire ennemi, l'émotion des opérateurs, toutes les circonstances semblent se conjurer en vue d'un insuccès. »

Doit-on parvenir un jour à assurer correctement le tir des automobiles?

L'avenir le dira.

X

TORPILLES DIRIGEABLES

C'est en 1854 qu'il fut, pour la première fois, question de fourneaux submergés *dirigeables* et nous revendiquons l'idée de ces torpilles. Nos appareils avaient été dits *ichtyoïdes*, à raison des formes générales qu'ils affectaient, — forme qui rappelaient celles d'un poisson osseux, de l'ordre des *acanthoptérygiens*. Leur enveloppe pisciforme était armée de nageoires propulsives et gouvernait de la queue. Le moteur consistait en un système d'électro-aimants enfermés dans le corps de la torpille et commandés directement par une batterie électrique placée sous la main de l'opérateur.

Il nous fut alors impossible de faire prévaloir l'excellence du principe que nous préconisions, et nos *ichtyoïdes* n'obtinrent aucun des succès auxquels ils se croyaient en droit de prétendre.

Nous savons bien pourquoi.

L'idée devait être un jour reprise en Amérique et sortir les conséquences fécondes qu'il nous avait été donné de pressentir.

Au cours d'un chapitre spécial du rapport qu'il adressait, en 1872, au Congrès des États-Unis, le secrétaire de la marine fédérale écrivait ce qui suit : « Un bateau-torpille, actuellement en essai à Newport, est dirigé par la volonté humaine, fonctionnant à distance et à l'abri. Il avance, recule, s'arrête à la volonté de l'opérateur agissant au moyen d'une touche électrique, correspondant à une bobine métallique qui se dévide du bâtiment. Ce bateau porte 500 livres de poudre explosible, qu'on peut enflammer au contact de l'ennemi. »

Ce bateau-torpille était celui de M. Lay, qui, effectivement, poursuivait alors à Newport le cours de ses expériences. « On vient, disaient alors les journaux américains, d'essayer le *Lay torpedo boat*. Cette nouvelle torpille peut se lancer à la distance de 2 milles anglais. »

Torpille Lay. — Voici quelle est l'économie de l'appareil qui émerveillait alors le monde américain : construit en tôle à chaudière, le *Lay torpedo boat* affecte la forme d'un *cigar ship*, de $7^m,60$ de longueur sur $0^m,90$ de diamètre ; cette coque est peinte couleur vert d'eau (voy. la fig. 56). A l'arrière, sont adaptés une hélice H et un gouvernail compensé G ; au-dessus, deux tiges en fer servant de supports aux fanions ou fanaux F, F' ; au-dessous, près du maître-couple, un câble CCC, renfermant deux fils, et mettant l'intérieur de l'appareil en communication directe avec le poste de l'opérateur. Deux ailerons A A, un de chaque bord, maintiennent la stabilité de l'équilibre, lors de la submersion.

Théoriquement, le *torpedo boat* comprend quatre compartiments intérieurs, savoir : 1° la chambre aux poudres T ; 2° le réservoir à acide R ; 3° le logement du treuil *t*, sur lequel s'enroule le câble CCC ; 4° la chambre aux machines, laquelle occupe tout l'arrière.

Au lieu d'aménager sur l'avant une chambre T, d'une contenance relativement considérable, on peut y planter, dans le prolongement de l'axe, une torpille 0, automatique et à poudre brisante.

Le réservoir R, construit en fer forgé, se divise en un certain nombre de compartiments étanches, qu'on emplit d'acide carbonique liquide. Les parois de chacune de ces cellules doivent pouvoir résister à une pression d'environ

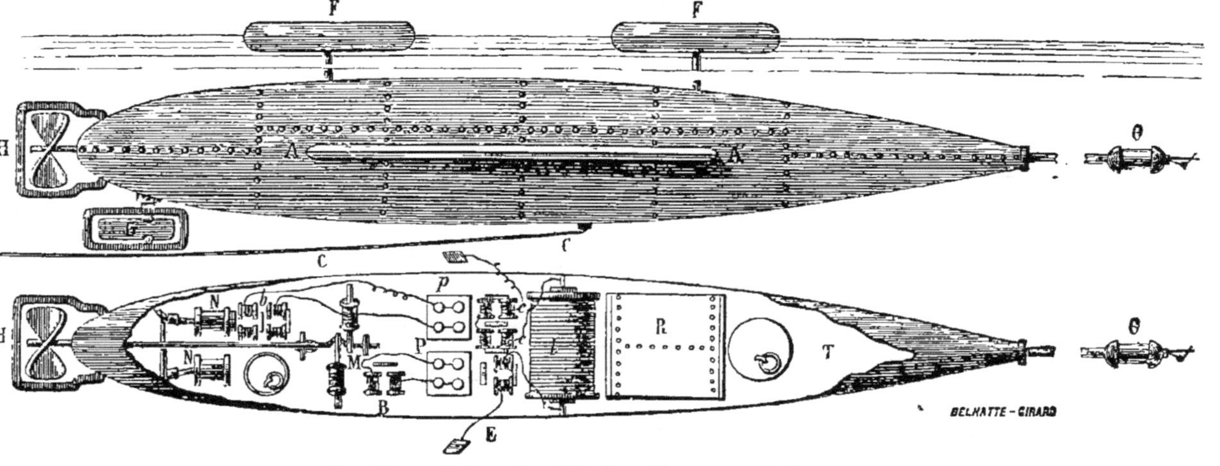

Fig. 56. — Bateau-torpille Lay (*Lay torpedo-boat*).

AA, ailerons destinés à maintenir la stabilité de l'équilibre du *torpedo boat* immergé. — H, hélice du *torpedo boat*. — G, gouvernail compensé. — F, F′, fanions ou fanaux. — T′, chambre aux poudres. — 0, torpille automatique à poudre brisante. — R, réservoir à acide carbonique liquide. — C, C, C, câble à deux fils. — *t*, treuil d'enroulement du câble à deux fils. — M, machine *motrice* à cylindres oscillants. — P, pile commandée par l'un des fils du câble CCC. — B, E, électro-aimants soumis à l'action de la pile D et réglant l'introduction du gaz acide carbonique dans la machine motrice M. — N, machine *directrice* à cylindres fixes. — *p*, pile commandée par le second fil CCC. — *b, e*, électro-aimants soumis à l'action de la pile *p* et réglant l'introduction du gaz acide carbonique dans la machine directrice N.

125 atmosphères. Le fonctionnement de la torpille comporte un approvisionnement normal de 400 litres.

Le treuil *t* doit être de diamètre tel qu'il se prête à l'enroulement de 2 à 3 milles ($3218^m,63$ à $4827^m,94$) de longueur de câble. Sur une paroi de la chambre du treuil se visse un robinet automatique, qui demeure ouvert pendant la marche, et se ferme lors des temps de halte de l'appareil dirigeable. De cette disposition résulte l'introduction dans la coque d'une eau dont le poids est toujours égal à celui du câble déroulé. De là le maintien d'une flottaison constante.

Les deux machines, logées dans le compartiment-arrière, ont des destinations très distinctes : l'une est *motrice* ou propulsive; l'autre, *directrice*.

La machine motrice M est à deux cylindres oscillants, sollicités par le gaz acide carbonique. Ce gaz, qui développe une pression de 600 livres au pouce carré, est détendu par un système de *réducteurs* à celle de 90 livres, laquelle suffit au fonctionnement. Il s'introduit méthodiquement dans la machine, du fait de la mise en activité d'une pile P, qui gouverne deux jeux d'électro-aimants B et E. Mais ces organes — pile et électro-aimants — sont, grâce à l'un des fils du câble CCC, commandés par l'opérateur en station à l'extérieur, soit à terre, soit à bord. Ce torpédiste a sous la main une pile de 12 éléments Bunsen, enfermée dans une boîte à cadran et à clefs. Il peut donc, *à volonté*, faire passer, interrompre ou renverser un courant qui provoque, arrête ou change de sens le jeu du mécanisme interne. Ce dispositif lui permet de faire marcher en avant le *torpedo boat ;* de le stopper; de lui faire ensuite reprendre sa marche en avant.

La machine directrice N est à deux cylindres, dont les pistons agissent sur la barre du gouvernail. Une pile *p* et deux jeux d'électro-aimants *b, e* président à l'introduction du gaz, qu'un réducteur spécial a préalablement détendu à la pression de 45 livres par pouce carré. La manœuvre du gouvernail est également placée sous la dépendance de l'opérateur, qui, moyennant l'emploi du second fil du câble C C C, peut mettre *à volonté* sur bâbord ou tribord ou filer droit.

Telle est, rapidement esquissée, l'économie générale d'une *torpille Lay*, appareil extrêmement ingénieux, comme on vient de le voir, mais non exempt de tous défauts.

Nous ne saurions nous soustraire à l'obligation de nous faire ici l'écho des inconvénients signalés. Décidément, dit-on, le mécanisme de ce *torpedo boat* est compliqué et ne fonctionne pas toujours convenablement. Les conducteurs sont sujets à rupture. La force motrice dont on dispose est insuffisante et de peu de durée; en outre, l'opérateur est impuissant à rectifier la marche de la torpille; à la ramener à lui quand elle a manqué le but. L'appareil vogue à fleur d'eau, ballotté par les vagues; le fait de l'expulsion des gaz et du jeu de l'hélice donne lieu à un bouillonnement considérable; le fourneau dirigeable se décèle ainsi aux yeux de l'adversaire et s'expose à ses coups. L'explosion de la charge ne saurait être suivie de bien grands effets destructeurs, attendu qu'elle ne menace que la flottaison des navires. Enfin, le coût du moindre *Lay torpedo boat* atteint le chiffre énorme de soixante mille francs!...

Pourquoi, s'est alors demandé le capitaine Ericson, s'astreindre à l'emploi du torpedo Lay si compliqué, si coûteux? Il suffirait, pour réussir, d'équiper une petite embarcation en bois, de 6 à 7^m,50 de longeuur, munie à l'avant d'une charge submergée par 4^m,50 d'eau, et mue par une hélice obéissant à un courant d'air comprimé, courant qui émanerait d'un câble tubulaire.

Dans cet ordre d'idées le capitaine Ericson a construit un bateau qui n'émerge que de 0^m,10 ; il est ponté. Le moteur, de la force de 15 chevaux, est logé à l'arrière ; l'hélice, de 0^m,90 de diamètre, est à quatre lames. Le câble tubulaire (*tubular cable*) s'enroule autour d'une bobine-dévidoir (*reel*) qu'on peut, à volonté, placer sur le *torpedo boat* ou établir à terre. La charge explosible est enfermée dans un cylindre de cuivre à bouts hémisphériques, et cette torpille est maintenue en avant par le moyen de deux tringles régulatrices disposées obliquement sur chacune des faces du bateau. Des goupilles sont, dans ce but, fixées aux plats-bords. Une tige glissant dans un œil permet d'élever ou d'abaisser la charge contre la coque du navire attaqué.

Tel est le principe de l'*Ericson torpedo boat*, principe qui devait donner naissance à l'idée des torpilles *pneumatiques*, à câble tubulaire.

La construction de ces appareils est basée sur ce fait que, au lieu d'emmagasiner l'air comprimé dans sa torpille dirigeable, l'opérateur a tout avantage à le lui insuffler soit du rivage, soit du bord, suivant le cas. Cette insufflation s'opère par le moyen du *tubular cable*, qui se déroule du fait de la marche du fourneau sous-aquatique, au fur et à mesure de cette marche en avant.

Construite en bois de pin ou en tôle très légère, la torpille Ericson affecte, à peu près, la forme d'un cylindre de 3 mètres de longueur et de 0^m,20 à 1 mètre de diamètre (voy. la fig. 57). A l'avant sont adaptés : un gouvernail *vertical* A, présidant à la direction de l'appareil ; un gouvernail *horizontal* B, destiné à en régler la submersion. La propulsion s'opère sous l'action d'une hélice H, établie sur l'arrière. La machine, qui préside au mouvement de cet organe, est sollicitée elle-même par l'air comprimé, qu'un câble *tubulaire* CCC lui amène du rivage ou du bord sur lequel l'opérateur s'est mis en station. Ce câble — en chanvre revêtu de caoutchouc vulcanisé — mesure 0^m,015 de diamètre; une longueur de 450 à 500 mètres suffit généralement aux besoins de la manœuvre. Des orifices T, *t, t, t* pratiqués dans la coque laissent à l'eau de mer toute liberté de pénétrer dans la chambre aux machines. Un mât en acier D, frappé sur cette coque cylindrique, pique une boule de bois E, peinte en blanc, laquelle émerge et permet de suivre de l'œil la marche du *torpedo*.

L'intérieur se divise en deux compartiments dont l'un renferme la charge; l'autre, les machines. La machine motrice développe moyennement une force de 15 che-

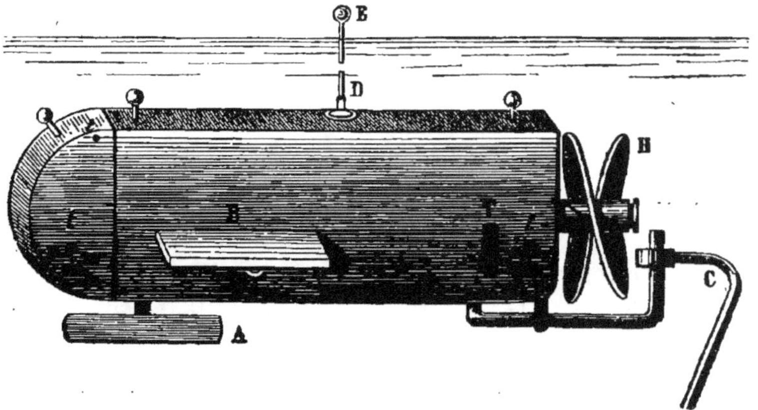

Fig. 57. — Torpille pneumatique Ericson (*Movable submarine torpedo*).

A, gouvernail vertical présidant à la direction de l'appareil. — B, gouvernail horizontal réglant la hauteur de submersion. — C, câble tubulaire. — D, mât en acier. — E, bouée-fanion. — T, — H, hélice. — *t, t, t, t,* orifices permettant à l'eau de pénétrer librement à l'intérieur de la machine.

vaux; l'air comprimé qui l'alimente est chassé dans le câble tubulaire CCC : soit par une machine à vapeur établie sur le rivage, soit par la machine du bord. Un registre permet d'en régler l'introduction dans les cylindres. Le câble s'enroule sur un treuil et se déroule à la volonté de l'opérateur.

L'appareil directeur est, en principe, extrêmement simple. Un des côtés de la barre, maintenu par un ressort, est soumis à l'action de l'air comprimé que lui envoie l'opérateur. Or, en introduisant plus ou moins d'air dans le câble, celui-ci développe une quantité variable de force et fait ainsi varier l'azimut de la barre.

On distingue nombre de types de torpilles dirigeables, autres que ceux dont il vient d'être fait mention.

En 1872, par exemple, M. Julius Smith, mécanicien à Boston, soumettait à l'examen des ingénieurs compétents un appareil de son invention, appareil congénère des torpilles Lay, Ericson et Whitehead. Toutefois, la torpille Smith se distingue de celles-ci en ce qu'elle se meut à la surface des eaux comme une embarcation ordinaire; que, lors du heurt contre un navire ennemi, la charge se détache automatiquement du flotteur; que ladite charge coule à pic et fait explosion... à telle profondeur qu'on a voulu fixer d'avance. La coque se divise en trois compartiments que séparent des cloisons étanches. A l'avant, se trouve la chambre contenant les caisses que le choc doit faire tomber et éclater... par la submersion voulue. Le compartiment du milieu renferme bobines, fils conducteurs et récipients d'ammoniaque liquide. A l'arrière, sont disposés des appareils électro-magnétiques dont le fonctionnement assure la propulsion, ainsi que la manœuvre du gouvernail.

Au cours du mois de septembre 1873, l'amiral anglais sir Astley Cooper Key fut prié d'assister à certain essai qui se fit, dans le canal de l'Arsenal royal, où la chaloupe à vapeur *Ethel*, de la marine militaire, avait été conduite à cet effet. L'inventeur manœuvra la barre de son *torpedo boat* par le moyen de l'électricité, et ce, de façon à *diriger* ce fourneau sur la chaloupe.

En 1874, une commission d'officiers de la marine française procéda, en rade de l'île d'Aix, aux expériences du canot porte-torpille *dirigeable*, construit par M. Froment. C'était une embarcation à machine silencieuse, marchant au pétrole et munie d'un gouvernail électrique.

La même année 1874 vit apparaître, en Allemagne, une torpille analogue à celle de M. Ericson. C'était, dit-on, une espèce de cylindre mû par des courants électriques et capable d'acquérir des vitesses supérieures à la vitesse maximum d'un navire cuirassé.

Il faut citer aussi la torpille dirigeable que les Américains essayaient, le 19 novembre 1878, à Ramapo (New-Jersey). Mû par un fil électrique, l'appareil marchait en ligne droite, à la vitesse de dix milles à l'heure; il exécutait, avec une précision remarquable, tous les mouvements voulus par le chef de manœuvres.

Enfin, M. Pugibet, lieutenant de vaisseau de la marine française, vient de proposer l'emploi d'un *Appareil directeur permettant de gouverner de terre les torpilles automobiles*. Il substitue, à cet effet, au gouvernail vertical des torpilles — dont le réglage est toujours délicat — un organe dont le jeu n'entraîne aucune dépense de la force motrice (détente d'air comprimé ou d'acide carbonique) emmagasinée à bord. L'auteur n'utilise, comme il le dit lui-même, qu'une fraction, jusqu'alors oubliée, de la force motrice, emmagasinée sous forme de force vive dans les molécules de l'eau déplacée par la torpille en marche et s'écoulant le long de ses flancs.

L'adaptation de l'appareil Pugibet aurait pour effet d'opérer la transformation d'une torpille automobile *de type quelconque* en torpille essentiellement dirigeable. Il est à désirer que l'expérience justifie l'heureuse idée et les calculs de l'inventeur.

XI

TORPILLES PROJETÉES

Le tir des torpilles projetées peut être *sous-aquatique* ou à *ciel ouvert*.

Tir sous-aquatique. — On peut tirer sous l'eau des bouches à feu et des fusées.

Bouches à feu. — Dès l'année 1797, Reveroni-Saint-Cyr propose son *catamaran* (voy. la fig. 58). C'était un caisson de bois affectant la forme d'une pyramide quadrangulaire tronquée, solidement construit, calfaté et renfermant une caronade en fer, du calibre de 48, mise en batterie verticalement, la bouche en haut. La culasse reposait sur un plancher solide, en madriers arc-boutés de bois debout, d'un fort équarissage.

Il était réservé à Fulton de procéder aux premières expériences de tir sous-aquatique. Vers la fin de 1814, il fit partir sous l'eau des bouches à feu de différents calibres, dont l'une défonça, en rade de New-York — et à la distance de 12 ou 15 pieds — un but en bois de chêne aussi épais que la carène d'un vaisseau de premier rang.

Bientôt après, on coula, dans le district de Columbia, des pièces spécialement destinées à la guerre sous-marine et qui reçurent le nom de *columbiades* (voy. la fig. 59). Le projectile était un boulet plein du poids de cent livres. A bord, la bouche à feu était portée par un affût glissant à coulisse sur une solide plateforme. La volée s'enga-

geait perpendiculairement à la muraille de la cale, dans
un sabord ayant exactement son diamètre, et fermé par

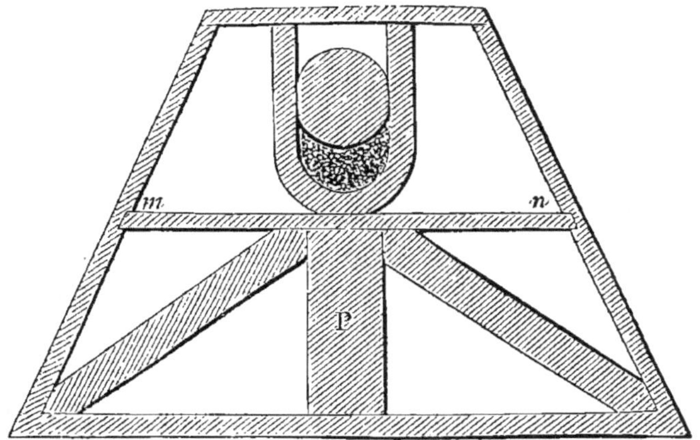

Fig. 58. — Catamaran Reveroni Saint-Cyr, d'après un croquis de l'inventeur
mn, plancher de madriers. — P, Potelet de support.

une forte soupape opposée à l'eau extérieure. Par-dessus
la charge on introduisait un bouchon d'étoupes bien
serré, bien graissé. Au moment du tir, on levait la sou-

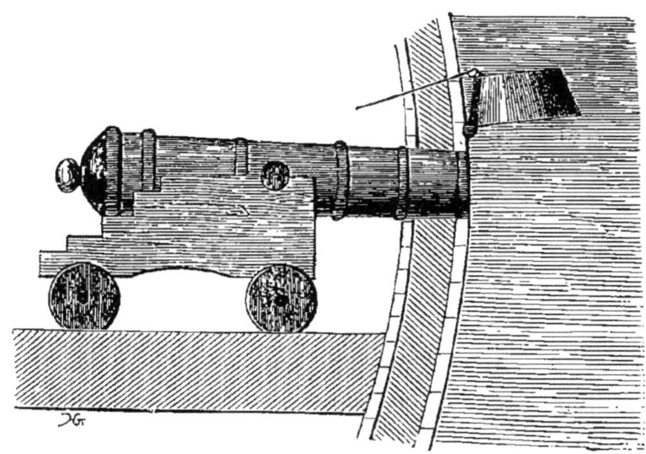

Fig. 59. — Columbiade.

pape. Celle-ci était disposée de telle sorte que le recul
la faisait retomber sur-le-champ; par suite, il ne pouvait

entrer chaque fois dans le navire qu'une très petite quantité d'eau, dont on se débarrassait facilement.

Fulton, dont l'esprit fécond demeurait assez rarement
au repos, inventa aussi, vers la même époque, une petite
bouche à feu dont le projectile devait aller couper sous
l'eau les amarres des navires ennemis. Le *cable-cutter*
était un canon de faible poids muni, vers la tranche de
la bouche, d'un croc en S, destiné à saisir le câble (voy.
la fig. 60). Par-dessus la charge, que protégeait un bouchon hydrofuge, se plaçait le
dard-projectile, petit cylindre métallique, du
diamètre de l'âme, terminé par un croissant
tranchant. On jetait à l'eau le *cable-cutter;*
une ligne de bouée le conduisait au navire...
l'amarre, dès qu'elle était accrochée, se
trouvait coupée par l'explosion que provoquait le heurt d'arrêt du croc. Après plusieurs essais, l'ingénieur américain parvint
à détruire ainsi, à plusieurs pieds sous l'eau,
un câble de 14 pouces de circonférence.

Fig. 60. — Le coupeur de câbles, de Fulton (*cable-cutter*).

Ultérieurement, Fulton pensait devoir armer
de bouches à feu sous-marines son navire
submersible, le *Mute*. Montgéry comprend
aussi des canons de ce genre dans l'armement de son *Invisible*.

Suivant les Américains, l'idée de l'emploi
méthodique d'un matériel d'artillerie sous-marine aurait
été réalisée, dès 1855, par un certain M. Phillips, de
l'Indiana et, ultérieurement, en 1861, par M. Wood-
bury, de Boston. Les expériences faites par ce dernier
furent satisfaisantes et, cela étant, le gouvernement de
l'Union passa, en 1862, avec M. R.-B. Forbes, aussi de
Boston, un marché pour la construction d'un petit bâtiment spécial. Ce navire devait être armé, à l'avant, d'un
canon de 7 pouces, établi de manière à tirer sous l'eau.

De 1862 à 1864, l'Amirauté anglaise, a fait faire, à son tour, diverses expériences de tir sous l'eau ; les résultats en ont été consignés dans un document officiel présenté au Parlement.

La période de temps correspondant à la guerre de la Sécession des États d'Amérique a vu se produire, dans le même ordre d'idées, le *Jones's submarine battery* et le *Hunt submarine gun*. Le *Jones's submarine battery* consistait en un obusier de bronze, monté sur un châssis en bois et fer, avec tourillons reposant sur des coussins élastiques (*packers*). L'appareil se mettait en batterie sur le lit d'un fleuve ou d'un canal, verticalement, la bouche en haut. La mise du feu s'obtenait par le moyen d'une étoupille à friction enfermée dans un compartiment étanche (*water-tight box*), et commandée par un bras de levier que manœuvrait le navire passant à l'aplomb de la pièce. Il a été fait une expérience de tir d'un projectile creux (*hollow shell*) avec une charge de deux livres de poudre. Coulée par quatre brasses d'eau, la bouche à feu mettait en pièces un grand radeau, sans éprouver elle-même aucune espèce d'avaries. La batterie Jones n'est, comme on le voit, qu'une réminiscence du *catamaran* de Reveroni Saint-Cyr. Le *Hunt submarine gun* n'est de même qu'une reproduction — celle des *columbiades* construites, vers 1815, d'après les idées de Fulton. Le canon du major Hunt, rayé et se chargeant par la culasse, était mis en batterie à bord d'un navire, au-dessous de la ligne de flottaison ; l'âme en était maintenue étanche par le moyen d'un tampon imperméable (*water-tight tompion*). L'inventeur, tué par accident au cours de ses expériences, pensait pouvoir lancer ses projectiles à plusieurs centaines de pieds sous l'eau (*several hundred feet*). Ce résultat eût été bien supérieur à celui qu'ont obtenu les Anglais tirant, dans les mêmes conditions, sur le bordage de l'*Excellent*.

En 1864, le gouvernement français fit aussi procéder, sur le polygone de Gavres, à des expériences de tir sous-aquatique. Les résultats en furent soumis, par ordre du ministre, au Comité de l'artillerie, lequel déclara être dans l'impossibilité de formuler un jugement quelconque touchant la valeur de ce tir.

De ce qui précède il convient de retenir qu'il est *possible* de projeter des torpilles au moyen d'une bouche à feu tirant sous l'eau.

Fusées. — S'il faut en croire le dire de quelques vieux auteurs, l'emploi des fusées sous l'eau serait bien antérieur au temps de Bushnell; il remonterait même à plusieurs siècles. On dit que, dès 1730, Désaguliers savait couler des chaloupes au moyen de ses fusées aquatiques. Les expériences que de Brûlard fit plus tard, à Hambourg, démontrèrent surabondamment que les fusées de guerre peuvent acquérir certaine vitesse entre deux eaux; que, si l'eau détruit de diverses manières l'action des gaz de la poudre et oppose aux projectiles, ainsi qu'aux fusées, plus de résistance que l'air atmosphérique, elle les dirige en revanche plus facilement; qu'elle en annule, en partie, la gravité. En 1811, Paixhans tirait, sous les eaux du bassin de la Villette, des fusées employées comme moteurs de ses embarcations incendiaires.

Un citoyen de la Nouvelle-Orléans, Joshua Blair, soumit en 1823 à un comité spécial le projet de ses *american torpedoes*, grosses fusées sous-aquatiques destinées à perforer la carène des vaisseaux. Le comité n'hésita pas à déclarer qu'un seul navire chargé de ces artifices *braverait toutes les forces navales du globe*. Sans nous associer à ces conclusions enthousiastes, nous constaterons avec Montgéry que les fusées sous-marines peuvent rendre d'utiles services, soit comme moteurs, soit comme machines incendiaires. On pourrait les employer à bord, aussi bien que dans des casemates noyées.

La figure 61 représente en coupe l'organisation — proposée par Montgéry — d'une batterie de fusées sous-aquatiques. Qu'on imagine un tube métallique, muni d'une

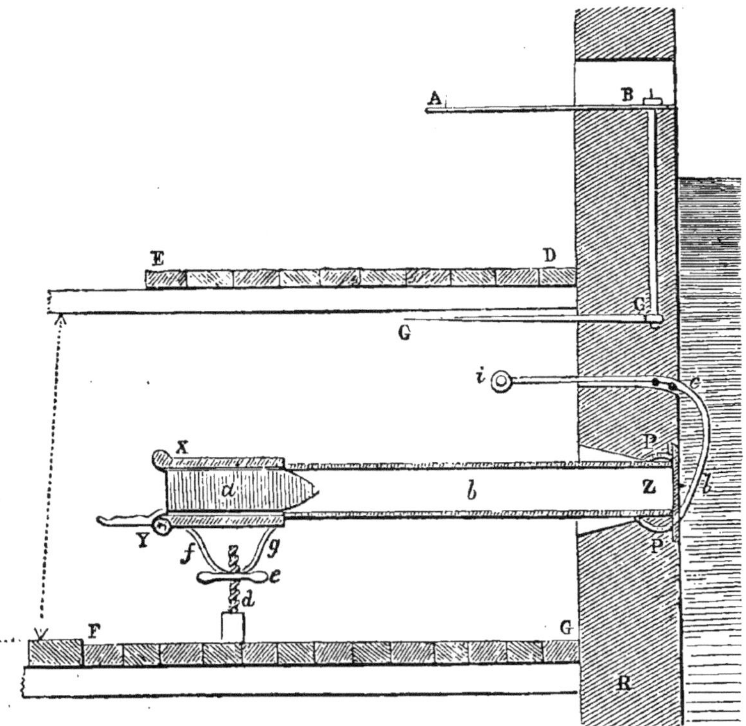

Fig. 61. — Coupe d'une batterie de fusées sous-aquatiques de Montgéry.

BR, muraille du navire. — ED, FG, planchers ou ponts. — ZX, tube avec culasse à
charnière Y. — PP, articulation sphérique qui permet de faire varier la direction du
tube — fg, support du tube, qu'on élève plus ou moins en faisant tourner l'écrou à
poignée c sur la vis de pointage d. — Z, soupape à charnière empêchant l'introduction de l'eau dans le tube. — a, fusée placée dans l'âme du tube ; la partie b de
l'âme pourra être garnie d'un cylindre de bois qui, ouvrant d'abord la soupape,
empêchera la fusée de briser celle-ci par un choc brusque. — icl, fil métallique
servant à lever la soupape au moment du tir, et pouvant suppléer à l'emploi du
cylindre en bois ci-dessus. — B, hublot au-dessus de l'axe du tube. — AB, alidades
à pinnules. — BC, tige tournant dans la membrure du navire. — GC, aiguille directrice suivant les mouvements de l'alidade et donnant des indications aux pointeurs
de la batterie sous-marine.

culasse à charnière, pénétrant dans l'embrasure ou le
sabord que ferme une soupape, à charnière comme la
culasse. Une vis de pointage donne au tube l'inclinaison
nécessaire, en même temps qu'une articulation sphérique

permet d'en modifier l'azimut. La fusée, coiffée d'un cylindre de bois du diamètre de l'âme, s'introduit par la
culasse et ouvre elle-même la soupape, qui retombe immédiatement après la sortie de l'artifice. Ces dispositions
sont, à peu de chose près, celles qui étaient en usage
dans le service des columbiades ; le perfectionnement ne
consiste qu'en divers appareils directeurs, assurant au tir
une plus grande précision.

La *torpille Lancastre*, que l'Angleterre préconisait
en 1874, n'est autre chose qu'une fusée sous-aquatique,
qui se meut en tournant autour de son axe. Les gaz provenant de la combustion s'échappent par des orifices ouverts à la partie postérieure de l'appareil.

En Amérique, la question des *torpilles-fusées* préoc-
cupe vivement les esprits ; le bureau du *Naval-Ordnance*
donne les fonds nécessaires à la bonne conduite de
toutes les expériences qu'on peut tenter dans cette voie.
Inaugurées par le célèbre Hale (1831) ; continuées par le
major Hunt (1862) ; puis, par l'ingénieur Weir et l'artifi-
cier Burdett (1874), ces études se poursuivent avec plus
d'ardeur que jamais.

L'un des meilleurs modèles est celui de la *rocket torpedo* de M. Barber.

Les officiers de marine de l'Union prétendent être
sur le point d'obtenir, dans cette voie, d'importants résultats ; il leur semble possible de substituer à l'*espar*,
actuellement en usage, un appareil d'où la torpille pourrait être projetée sur l'ennemi à l'aide d'une faible
charge de poudre. Cet appareil, disent-ils, consisterait en
un tube se chargeant par la culasse, tube qu'on pourrait
mettre en batterie — au-dessous de la ligne de flottaison — à bord de presque tous les navires. On voit que
l'École de Newport reprend l'idée de Montgéry, dans le très
ferme espoir de la rendre féconde.

Quel est l'avenir probable des fusées sous-aquatiques?

Malgré les conclusions favorables qu'il est permis de tirer des expériences anglaises, quelques esprits compétents pensent qu'il est difficile de compter sur une bonne direction de la fusée dans un milieu 855 fois plus dense que l'air; ils estiment que les pertes de vitesse subies par les projectiles, qui ont à traverser un matelas d'eau de plusieurs mètres d'épaisseur, doivent nécessairement leur ôter le pouvoir de percer une carène de bâtiment cuirassé. D'autres ingénieurs considèrent comme trop dangereux ces larges sabords ouverts, en vue des besoins du tir, à deux mètres au-dessous de la ligne de flottaison! Ils ne croient pas qu'il soit possible d'obtenir l'étanchéité absolue de ces orifices qu'ébranleront, dans toutes leurs parties essentielles, les secousses dues aux explosions.

Tir à ciel ouvert. — L'emploi des bouches à feu tirant des torpilles à ciel ouvert n'est pas, comme on l'a dit, chose nouvelle. L'idée est de Fulton.

Les *torpilles à harpon* de l'ingénieur américain ne sont, en effet, autre chose que des torpilles projetées (voy. les fig. 62, 63 et 64).

La *torpille à harpon* devait, ainsi que son nom l'indique, être lancée contre les navires ennemis, suivant la méthode en usage à la pêche de la baleine. Seulement, Fulton avait substitué l'action d'une arme à feu à celle de la main du harponneur.

Le fourneau, relié à un flotteur de liège, se plaçait à l'arrière d'une chaloupe, organisé en plateforme. Un cordage, soigneusement lové à bord, se divisait en Y sur la torpille et son flotteur, d'une part; il attenait, de l'autre, à un harpon barbu, dont la tige cylindrique pénétrait dans le canon d'une espingole. Lorsqu'on faisait feu, la torpille, entraînée par le harpon, partait.... et ce départ détachait la goupille d'arrêt d'une horloge-allumeur.

Quand la barbe de fer était entrée dans le bois de l'ennemi, l'explosion de la charge en défonçait les œuvres vives.

En 1870, M. Ericson recommandait à ses compatriotes un nouveau mode d'attaques sous-marines, basé sur les effets du tir d'un *projectile-torpille*. Qu'on imagine un obus très allongé, chargé de dynamite, pourvu d'un harpon et d'un mécanisme percutant. Cet obus est projeté contre le navire ennemi sous un angle tel qu'il se submerge avant d'arriver au but et acquiert ainsi des *propriétés torpédiques*. L'angle est, d'ailleurs, déterminé d'après cette condition que, aussitôt après son contact avec l'eau, l'obus poursuive en ligne droite et aille frapper la coque ennemie à une profondeur donnée au-dessous de la ligne de flottaison. Là, il fonctionne à la manière d'une torpille.

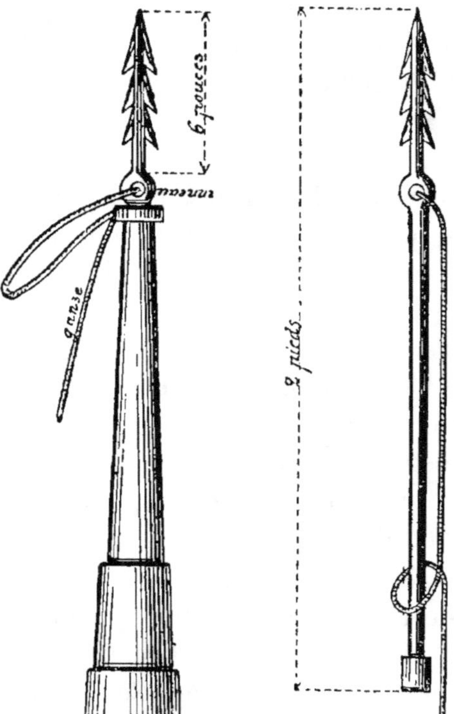

Fig. 62. — Harpon à torpilles dans son espingole.

Fig. 63. — Harpon à torpilles hors de son espingole.

Au cours d'une étude spéciale qu'il a récemment publiée, le général Rosset préconise, pour la défense des côtes, l'usage des *obus-torpilles*. Il estime que l'on obtiendrait déjà de bons résultats en lançant ces projectiles torpédiques avec le canon de 32^c, mais que les bouches à feu vraiment indiquées à cet égard sont les pièces de 40ᶜ et de 46ᶜ. Les obus-torpilles correspondant à ces calibres péseraient respectivement 700 et 1000 kilogrammes; se tireraient aux charges de 120 et 170 kilogrammes; seraient dotés d'une vitesse initiale d'environ 400 mètres et d'une justesse comparable à celle des projectiles de rupture. Ils cuberaient intérieurement $0^m,061$ et de $0^m,088$, de sorte qu'ils pourraient recevoir

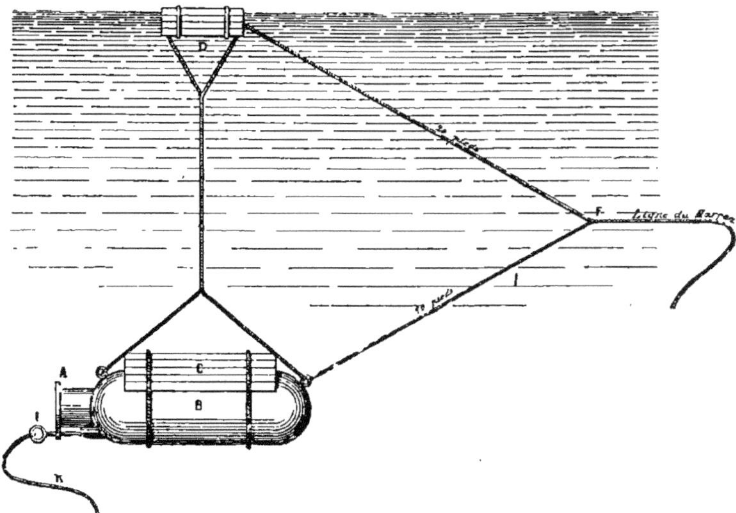

Fig. 64. — Torpille à harpon, après exécution du tir.

A boîte d'amorce avec platine, canon de fusil et mouvement d'horlogerie, — B, torpille. C, boîte à liège. — D, flotteur. — F, ligne du harpon. — I, goupille. — K, ligne fixée à la goupille qui arrête le mouvement d'horlogerie.

respectivement des charges de 60 et 68 kilogrammes de dynamite ordinaire. En employant, d'ailleurs, des dynamites riches en nitro-glycérine et facilement compressibles jusqu'à la densité de 1,4 et même 1,5, on arriverait à faire jouer des charges de 90 et 130 kilogrammes.

Un chimiste de Pétersbourg vient de proposer l'emploi d'un nouvel engin torpédique. C'est une espèce de *bombe* chargée de dynamite, qu'un mortier peut lancer à 200 pas de distance, et qui se brise du fait de sa chute contre le bois du navire ou simplement à la surface de l'eau.

Les torpilles *à main* sont, comme le nom l'indique, des *grenades-torpilles* dont la chute détermine la submersion... et l'explosion *sous l'eau*. Ces appareils sont actuellement très en vogue en Russie. — « Rien, dit à ce propos M. Chtchensnowitch, rien n'équivaut, en certaines circonstances, à l'emploi des torpilles à main. » Cet officier demande, en conséquence, que tous les hommes d'équipage d'un navire de guerre — chauffeurs et mécaniciens compris — soient réglementairement munis de deux torpilles à main, du poids d'*un kilogramme*. Il pense que quelques *grenadiers*, de garde sur le pont du navire, suffiraient à protéger efficacement celui-ci en faisant sauter tous les bateaux-torpilles assez osés pour dessiner une attaque.

Nous estimons que les torpilles *à main* pourraient, comme nos anciennes grenades, se lancer *à la fronde*. Les hommes d'équipage pourraient ainsi se défendre, à plus grande distance, au moyen de leurs projectiles *à effets sous-aquatiques*.

Ballons-torpilles. — Un Américain, M. Franck Peppard, de New-Jersey, préconise l'emploi d'un ballon captif, capable d'enlever un poids de 100 à 500 livres de matière explosible. Quand l'aérostat, dit-il, est monté à l'aplomb du point voulu, l'opérateur n'a qu'à faire passer un courant par les conducteurs enfermés dans le câble. Une cartouche, qui fait incontinent explosion, coupe le fil d'attache.... et la torpille obéit aux lois de la pesanteur.

La question est de savoir si le ballon captif s'est correctement élevé au-dessus du navire qu'on attaque ; si la torpille va bien éclater aux abords et éclater à bonne portée des œuvres vives de ce navire. Le problème, on le voit, est assez compliqué pour qu'il nous soit permis d'émettre quelques doutes touchant la précision possible des solutions à intervenir.

Cependant la race des inventeurs à outrance est loin de se décourager. « Durant la guerre du Pacifique, dit M. Diego Barros Arana, un citoyen de l'Amérique du Nord, M. Blackmann, de l'État de Tennessee, faisait (au dictateur péruvien Pierola) l'offre de construire un navire aérien, espèce de ballon de guerre qui, naviguant dans les régions des nuages, eût pu marcher à la vitesse de vingt-cinq milles (40 kilomètres) à l'heure, et détruire l'escadre chilienne. Le projet offrait cet avantage que l'inventeur ne demandait aucune avance d'argent. Le gouvernement du Pérou s'occupa de cette affaire dans les derniers jours du mois de juin 1880, mais nous ignorons s'il accepta la proposition. »

Dans l'opinion de l'auteur, ladite proposition n'était qu'une amère raillerie à l'adresse du dictateur Pierola, alors à bout de ressources.

XII

APPAREILS TORPÉDIQUES ACCESSOIRES

Nous venons de passer en revue tous les genres de torpilles. Il convient maintenant d'examiner s'il est possible d'en paralyser à volonté l'action, et quels moyens de défense un navire peut opposer à l'attaque de ces appareils explosibles.

Modes divers de mise hors de service des torpilles de l'ennemi. — On peut faire mettre hors de service les torpilles de l'ennemi : soit par la main d'un simple plongeur, soit par celle d'un homme installé dans une machine plongeante ou revêtu d'un scaphandre. Quand il descend à de grandes profondeurs pour détruire, par exemple, des organes de torpilles dormantes, l'opérateur doit faire usage d'appareils d'éclairage sous-aquatique, tels que ceux de Guigardet et de Denayrouse, de Bornet et Toster; de Haine et Davis, etc.

On peut aussi confier le soin de paralyser l'action des fourneaux submergés à l'équipage d'une embarcation submersible, telle que le *torpedo groper* du capitaine Stone. Le *torpedo groper*, ou chercheur de torpilles, consiste en un cylindre métallique, affectant la forme d'un canot de 9^m,70 de long sur 2^m,40 de large. Sa face supérieure s'ouvre à double valve, de manière à laisser à l'équipage — manœuvrant à la surface de l'eau — l'aisance qu'il aurait dans un canot ordinaire. Il est mis en mouvement par le moyen d'une hélice, et contient de l'air comprimé logé dans un double fond. On peut, au moyen de cet appareil, s'enfoncer à 6 ou 7 brasses; on descend et l'on remonte suivant une méthode analogue à celle dont on fait usage à bord d'un nautilus. Quelques torpilleurs étrangers suivent résolument la voie dans laquelle est entré M. Stone. Un ingénieur grec a présenté, en 1877, le projet d'une embarcation submersible, éclairée à la lumière électrique et spécialement destinée à la chasse aux torpilles.

Au lieu de descendre au-dessous de la surface des eaux, l'opérateur peut demeurer à bord d'une embarcation ordinaire, d'où il manœuvre à l'effet de *pêcher* ou de *draguer* les torpilles.

Les torpilles flottantes ou mouillées à peu de profondeur se pêchent à l'aide de gros filets attachés à un système de deux corps-d'arbres disposés en forme de croix, — système qui se place et fonctionne à l'avant des navires éclaireurs. Au cours de la guerre de la Sécession des États d'Amérique, l'amiral Dupont avait muni tous ses cuirassés de filets à pêcher les torpilles. L'amiral Dahlgren n'eut aussi qu'à se louer de cette méthode qu'il employa en rade de Charleston. On conçoit facilement qu'il est possible de faire varier presque indéfiniment la disposition de ces engins de pêche, et l'on en connaît déjà bon nombre de types essentiellement divers.

Pour draguer les câbles de torpilles, on se sert de chaloupes à vapeur armées de forts grappins. Ces embarcations remorquent ordinairement un radeau sur lequel on opère, *à la poudre*, la rupture des câbles relevés par le *torpedo catcher*. Les navires eux-mêmes s'arment aussi parfois de dragues de types divers, tels que le *cow catcher* ou l'*appareil Arthur*. Une description sommaire de ce dernier ne sera pas ici jugée hors de propos.

L'appareil Arthur est formé d'une couple d'espars, de 9 mètres de longueur, que l'on pousse hors du navire à peu près à la hauteur des bossoirs. Une traverse, de 12 mètres de longueur, relie entre eux les bouts plongeants de ces espars et porte un *zigzag* de fer dont chacune des pièces affecte la forme d'un V, ouvert dans le sens de l'avant. Chacune de ces tenailles est organisée de façon à saisir un gréement de torpille, puis à l'abaisser. Une fois tombé à profondeur voulue, ledit gréement rencontre des cisailles dont les lames obéissent à des leviers que l'on manœuvre au cabestan. L'appareil a 15 mètres de portée efficace ; un filet tendu sous les cornes du beaupré reçoit les torpilles ainsi draguées.

Concurremment, d'autres torpédistes — tels que MM. Gélin et Sholl — préconisent des procédés de dragage empreints d'un caractère de grande originalité. La méthode Gélin consiste à faire lancer, par un canon *ad hoc*, un projectile entraînant à sa suite un câble spécial, lequel drague les fils des torpilles quand on le hale. En vue d'atteindre au même but, le colonel américain Sholl a proposé, en 1878, l'emploi concurrent de deux mortiers de $0^m,14$, en batterie sur le pont du navire éclaireur. Pointées dans des directions un peu divergentes, les deux bouches à feu partent simultanément, du fait du jeu d'un appareil électrique. Chacun de ces projectiles emporte un faux-bras de 400 yards ($565^m,76$) soigneusement lové sur le pont. Les deux projectiles sont, d'ailleurs‘ unis par une chaîne de 50 yards ($45^m,72$) munie de solides grappins. En halant ensuite les faux-bras, on drague les torpilles ou l'on en coupe les conducteurs.

Nous estimons que le système de deux embarcations — deux Thornycroft, par exemple — opérant de conserve et marchant parallèlement en traînant ensemble un filet, constituerait un excellent appareil à draguer les torpilles mouillées.

On donne le nom de *contre-torpilles* aux fourneaux submergés que l'assaillant coule et fait partir à l'effet de se débarrasser de ceux de la défense. Il peut ainsi dégager les passes qu'il lui faut pratiquer, et ouvrir un chenal sûr à ses navires. En opérant ainsi, le contre-torpilleur ne se propose pas nécessairement de provoquer l'explosion des torpilles de l'ennemi, mais seulement de les rendre inoffensives, en suite de la destruction de leurs communications électriques.

Les ingénieurs anglais ont procédé naguère à plus d'une expérience, afin d'élucider les questions de mouillage et de portée des contre-torpilles. En 1878, les spectateurs assemblés à bord de la *Nettle*, dans Porchester-creek, ont assisté à la mise en place d'un de ces engins de combat. Le fourneau à submerger était conduit à l'aplomb de son poste par une petite embarcation sans équipage, mue par une machine électrique. Ayant fourni, suivant une ligne courbe, un parcours d'environ 500 mètres, le canot contre-torpilleur coula le fourneau qu'il portait et revint à grande vitesse à son point de départ. Ainsi mouillé au point voulu, la contre-torpille fit explosion, à fin de durée de son amorce *à temps*.

En ce qui concerne la *portée* des contre-fourneaux, les officiers du *Vernon* ont aussi procédé à divers essais, en faisant varier les conditions et données du problème. Nous relaterons, à titre d'exemple, l'un des cas particuliers qu'ils ont étudiés au cours de la campagne de 1877. Une contre-torpille de 227 kilogrammes de fulmi-coton avait été submergée par eux dans le voisinage de cinq torpilles de 113 kilogrammes, *dormantes* par 6^m,10 de profondeur. Les cinq objectifs formaient ceinture autour de l'assaillant, à des distances variant de 12 à 52 mètres. Les deux torpilles les plus voisines du centre d'explosion furent mises absolument hors de service. On estime qu'une contre-torpille peut, selon sa charge, être dotée d'un rayon d'action de 12 à 70 mètres.

On peut aussi faire usage de contre-torpilles *mobiles*,

analogues à l'*Obstruction remover* ou *Boot-jack* Ericson. Ce sont d'énormes fourneaux, portés par des radeaux, que l'on pousse contre les dispositifs torpédiques à dètruire. On se rappelle que M. Ericson avait, un instant, eu l'idée de munir l'avant de chaque monitor fédéral d'une énorme contre-torpille (*an immense torpedo*).

Le contre-torpilleur qui opère sur la côte d'une région maritime ou dans des eaux fluviales dispose, en outre, de moyens dont l'action peut s'exercer en terre ferme. Il fera bien de donner à quelques troupes de débarquement, dûment armées d'outils, mission de reconnaître et de balayer le rivage; de couper les conducteurs, de détruire, s'il se peut, les postes d'observation; d'en mettre, au moins, les appareils hors de service; et le personnel, hors de combat. Ainsi faisaient les officiers de la marine fédérale, au cours de la guerre de la Sécession. En même temps qu'ils fouillaient les fleuves, ils jetaient à terre, sur les deux rives, des détachements de matelots chargés du soin de donner la chasse aux torpilleurs confédérés.

Moyens de défense des navires. — Est-il possible de concevoir un mode de construction propre à mettre la coque d'un navire à l'abri des effets d'une explosion de torpille ou à lui conférer le moyen d'en éviter le choc? On a pensé que, en prolongeant les cuirasses sur toute la surface de la carène, on obtiendrait un accroissement de résistance. On a présenté des projets de navire à double carène; l'intervalle entre les deux coques devait être partagé en un certain nombre de compartiments, qu'on eût emplis d'eau. M. J. A. Mœrath, ingénieur en chef de la marine autrichienne à Trieste, propose une coque en bois imbibée de goudron jusqu'au cœur (procédé Rosthom), et la recouvre d'une seconde coque composée de caissons en tôle zinguée. Ces caissons sont emplis d'un mélange de rognures de liège, de chaux hydraulique et de silicate de soude. M. Mœrath pense que l'élasticité de ce mélange doit apporter le plus grand obstacle à l'action destructive des torpilles. Le navire ainsi protégé ne coulera point, dit-il, à pic; il lui sera possible de gagner un port pour réparer ses avaries.

M. Micheli, directeur des constructions navales de la marine italienne, introduit dans la cale du navire qu'il préconise un *système cellulaire* protecteur. « Mais, observait, il y a quelques années, un rédacteur du *Naval science*, des constructeurs très expérimentés ont exprimé l'opinion que, la puissance des torpilles pouvant être augmentée sans limites et le choc produit par l'explosion d'une torpille, même de dimensions modérées, étant terrible, l'espérance d'arriver à construire des navires parfaitement à l'épreuve de cet engin était purement illusoire. Leur conclusion est que le problème ne se résoudra pas par la surchage des coques déjà si lourdes, mais par la recherche des moyens de draguer et de rejeter à distance les torpilles que l'on aurait à craindre. Et fût-on même arrivé à ce résultat, la zone de protection ne pouvant être indéfiniment prolongée, tandis que la zone d'action des torpilles peut être augmentée si l'on accroît leurs charges, le problème ne serait, on le voit, qu'imparfaitement résolu. »

Nous partageons de tous points l'opinion exprimée, à cet égard, en un rapport du secrétaire de la marine fédérale au Congrès des États-Unis. « L'art des constructions navales, est-il dit en ce document, n'a pas encore trouvé ni même indiqué de moyen qui permette de soustraire les navires aux effets du pouvoir destructeur des torpilles. » Nous l'avons dit et le répétons : la torpille est un ennemi du genre de ceux qu'on ne combat bien que par la fuite. Tout bâtiment surpris par cet engin, — soit au mouillage, soit *sans pression* au large — est un bâtiment perdu. Il faut donc qu'il soit toujours prêt à appareiller, à se porter au loin à grande vitesse.

Il est, d'ailleurs, certaines précautions dont le commandant du bord dispose le plus souvent et que, dans tous les cas, il doit se ménager le moyen de prendre : nous entendons parler du service de garde, des estacades et de l'éclairage électrique.

Le service de garde d'un navire doit être fait par des embarcations qui en surveillent les abords et en défendent les œuvres vives. L'Amirauté anglaise a décidé que tout vaisseau de guerre serait désormais appuyé d'une chaloupe à vapeur, spécialement destinée à tenir ce rôle de sentinelle.

Au cours des opérations de la guerre turco-russe, l'amiral Hobbart-Pacha procédait comme il suit à la défense d'un navire au mouillage : à certaine distance de ce navire, il mouillait sur ancres des chaloupes, unies entre elles par le moyen d'un grelin et formant de cette manière une enceinte fermée. Des chaloupes de ronde, à rames ou à vapeur, circulaient en permanence, tant à l'extérieur qu'à l'intérieur de cette barrière.

Une estacade est destinée à couper à la torpille le chemin qu'elle suit, à en parer le coup. Cet appareil peut affecter des formes diverses. M. de Penfentenyo propose d'établir, autour du navire à défendre, une *ceinture de madriers flottants* tenus à distance de la muraille par des espars de 12 à 15 mètres de longueur; à cette estacade est suspendu un *cours de filets*. M. Lindsay, de la marine anglaise, demande qu'on plante, au pourtour du navire, un système de huit *arcs-boutants* en fer creux; trois de chaque bord, un à l'avant, un à l'arrière. Cet ensemble de hampes — dont les bouts portent à 12 mètres de la muraille — soutient un *grillage en fer*, ou cotte de mailles, d'une hauteur égale au tirant d'eau. C'est aux défenses de ce genre que nos marins ont affecté la dénomination de *crinolines*.

Mais tous les filets métalliques, quelle qu'en soit l'organisation, présentent ce commun défaut qu'ils entravent considérablement la manœuvre et gênent la marche du navire; de plus, ils ne résistent point toujours au choc de la torpille. Un panneau dont les mailles mesurent 0^m,0075 de diamètre est facilement transpercé par une Whitehead. Une telle vulnérabilité n'est due qu'au fait de la rigidité de l'appareil; aussi, pour remédier à cet inconvénient, préconise-t-on aujourd'hui l'emploi des filets en fer *doués d'élasticité*, des nattes en torons métalliques de 0^m,0125, tressés à mailles ouvertes.

Toujours est-il qu'il n'est aucune espèce de filets capable de résister à la charge d'un Thornycroft.

En prévision d'une attaque possible de torpilles remorquées, genre Harvey ou flotteur, un navire fera toujours sagement d'armer son avant et son arrière d'un appareil tranchant, sorte de grande faulx qu'on désigne sous le nom de *coupe-remorques*.

Ce qu'un équipage peut, en tous cas, faire de mieux, c'est de s'attacher à découvrir le torpilleur qui s'approche. afin de le canonner ou de le fusiller à distance. On donne le nom d'*éclaireurs* à des appareils destinés à fouiller l'horizon pour y déceler la présence de l'ennemi.

C'est en 1874 que M. Henri Wilde soumit à l'examen des lords de l'Amirauté un modèle de son *torpedo detector*, appareil d'éclairage à lumière tiré des effets du jeu d'une machine magnéto-électrique à rotation (600 tours à la minute). Un régulateur y modère l'intensité de la lumière obtenue; un mécanisme spécial en projette au loin les rayons. L'Amirauté fit installer l'appareil Wilde du soin à bord de la canonnière *Comet*, laquelle fut chargée de procéder aux expériences. Sorti de Portsmouth, vers huit heures du soir, ce navire se porta sur un mouillage de l'île de Wight, pour y attendre l'attaque de deux bâteaux porte-torpilles qui devaient arriver sur lui suivant des directions inconnues. Le jeu du *torpedo detector* permit à la canonnière de découvrir les bateaux; d'en suivre tous les mouvements; de les tenir sans cesse dans la nappe d'un cône lumineux; de les rendre, par conséquent, incapables de toute manœuvre ou démonstration offensive.

L'année suivante (1875), les expériences se poursuivirent à bord du *Minotaur;* assemblés en conseil sur le pont de l'*Enchantress*, les lords de l'Amirauté les déclarèrent concluantes. Des rayons lumineux émanés de l'appareil Wilde laissaient percevoir, à des distances considérables, tous les objets de dimensions minimes. Il fut constaté qu'un navire, *même peint en gris sombre*, ne pouvait dissimuler sa présence à la distance d'un mille ($1609^m,32$); que la fumée d'une chaloupe à vapeur se décelait nettement à 2000 yards ($1828^m,80$). Cela étant, on décida que l'*Alexandra* et le *Temeraire* seraient pourvus chacun d'un *torpedo detector*.

La France ne tarda pas à suivre l'Angleterre dans cette voie nouvelle. Dès les premiers jours de 1877, un appareil d'éclairage électrique s'installait à bord du *Suffren*, et ce navire en essayait les effets en rade de Cherbourg.

Cependant, en France comme en Angleterre, quelques officiers de marine soulevaient de sérieuses objections. Un seul jet de lumière électrique ne commande, disaient-ils, que la moitié d'un tour d'horizon; or, dans ces conditions, il est à craindre qu'un ennemi audacieux ne se jette vivement dans le secteur non éclairé, pour brusquer une attaque. Ayant reconnu la justesse de cette observation, l'Amirauté anglaise a aussitôt pourvu le *Temeraire* de deux foyers de lumière électrique; l'un, à bâbord; l'autre, à tribord. Elle a modifié, dans le même sens, l'organisation du *torpedo detector* à bord de la *Devastation*, de l'*Iris*, du *Dreadnought*, du *Neptune*, etc., etc.

Comme tous les engins du monde, l'appareil d'éclairage de M. Henri Wilde ne laisse pas de présenter certains inconvénients. D'abord, le fonctionnement en est assez cher. En second lieu, le navire qui en fait usage se place *ipso facto* en pleine lumière, et signale ainsi à l'ennemi la position que lui-même occupe. Les officiers de la marine anglaise ont pensé que le problème doit se poser en termes différents. Il convient, disent-ils, qu'un navire puisse éclairer son horizon, tout *en demeurant lui-même plongé dans une obscurité profonde.* Dans ces conditions, ils préconisent l'emploi des signaux de détresse inventés par M. Nathaniel Holmes. Le système dont il s'agit consiste à lancer, à des distances variant de 457 à 2285 mètres, l'espèce de bombes en usage dans le service des signaux. En arrivant au contact de l'eau, ces projectiles s'enflamment et émettent, pendant 30 ou 40 minutes, une lumière blanche dont la vigueur défie l'action des vents et des marées. En tirant une demi-douzaine de ces bombes-signaux, un cuirassé se créerait, à l'entour de ses œuvres vires, une ceinture lumineuse que le torpilleur ennemi n'oserait sans doute pas se hasarder à franchir.

XIII

DÉFENSE TORPÉDIQUE DES PASSES MARITIMES ET DES COURS D'EAU

Toute puissance dont le sol est baigné par la mer et coupé de grands fleuves est nécessairement tenue d'organiser : sur le littoral, des *places maritimes* pour y abriter ses flottes; à l'intérieur, des *places fluviales* qui commandent ses cours d'eau, et favorisent ainsi les opérations de ses armées de terre.

Fortifications sous-aquatiques. — Il est facile de concevoir qu'un dispositif de torpilles fixes soit de nature à prêter aux fronts de mer d'une place maritime l'appui qu'un système de contremines donne aux ouvrages qui regardent l'intérieur des terres. Or les contremines sont classées *défenses accessoires* et font, à ce titre, partie intégrante des fortifications. Cela étant, nous estimons que, par analogie, il convient de désigner sous la dénomination de *fortifications sous-aquatiques* les dispositifs de torpilles, dormantes ou mouillées, destinées à appuyer les enceintes, forts ou batteries des côtes qui protègent un port. Cette désignation rationnelle semble aujourd'hui admise.

Défense torpédique des passes maritimes. — Comment les défenses permanentes d'une passe maritime peuvent-elles et doivent-elles s'organiser? Quels dispositifs de torpilles fixes faudra-t-il adopter, suivant le cas?

Il est permis d'énoncer, à cet égard, quelques règles générales — qui semblent admises par les praticiens de la plupart des puissances européennes.

Ces règles sont les suivantes :

Les défenses sous-aquatiques d'une passe peuvent s'établir sur une ou plusieurs lignes. Considérons d'abord le premier cas. Soit, par exemple, *ab* (fig. 65) un alignement *simple* formé de quatre torpilles fixes, espacées de 50 à 70 mètres. Le défenseur doit d'abord s'attacher à choisir, sur la côte qu'il occupe, deux points A et B, d'où il lui soit possible d'apercevoir la majeure partie de la passe et, spécialement, toute l'étendue de la ligne *ab*. De ces deux points l'un doit être situé sur le prolongement de *ab;* l'autre, sur une perpendiculaire à cette ligne et passant, autant que possible, par le milieu de celle-ci. Ainsi déterminés, les points A et B prennent respectivement les noms de *poste extérieur* et de *poste intérieur*. En chacun d'eux, le défenseur organise un observatoire, bien défilé des vues et convenablement abrité des coups de l'assaillant.

Chaque observatoire est pourvu des appareils indispensables à l'exécution du service de visée et de mise du feu. Lesdits appareils sont méthodiquement rangés sur un banc ou plateau qui prend le nom de *table de manipulation*.

Quelques détails sont ici nécessaires :

Au *poste intérieur*, la table de manipulation comporte divers organes essentiels dont voici la nomenclature :

Un viseur V (voy. la fig. 65), mobile autour d'un axe vertical, et entraînant dans son mouvement une aiguille horizontale dont la pointe se meut sur un limbe en ivoire MN. Ce limbe gradué indique les repères de chaque torpille, ainsi que le *champ d'action* ou *rayon du cercle dangereux* dont cette torpille est dotée; un *communicateur* correspondant à deux plaques de terre : l'une, en tôle;

l'autre, en cuivre ; un galvanomètre ; une bande métallique pouvant, à la volonté de l'opérateur, être amenée au
contact du fil conducteur de chacune des torpilles ; un
communicateur reliant cette bande au fil intermédiaire.

Toutes les pièces métalliques qui font partie de ce
système sont *isolées*, du fait des propriétés isolantes du

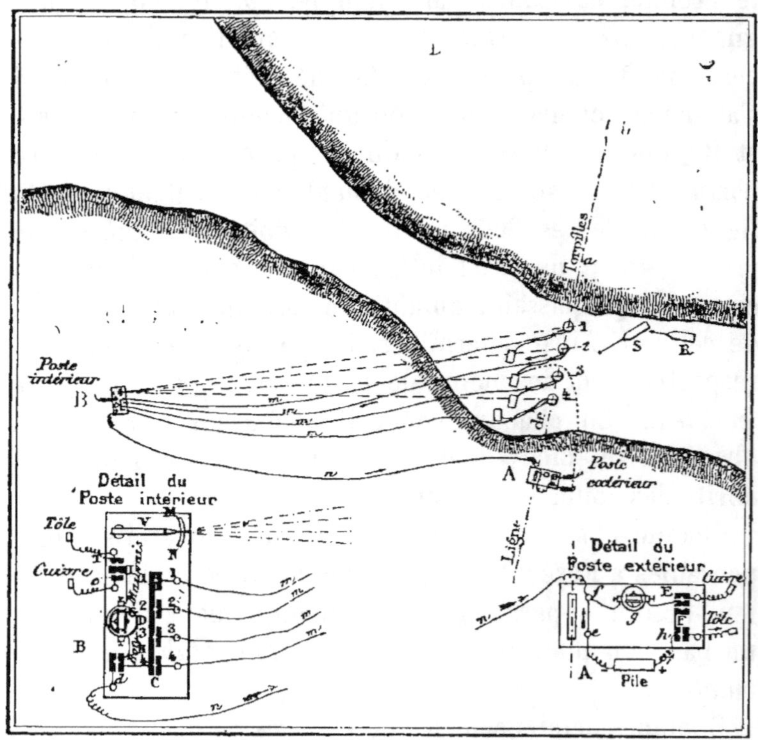

Fig. 65. — Défenses sous-aquatiques des places maritimes. Organisation
d'une ligne de torpilles *simple*.

bois de la table. Pour fermer ou rompre les circuits,
l'opérateur fait usage de bouchons métalliques mobiles.

Au *poste extérieur*, la table de manipulation porte :

Un *viseur* fixe, établi dans le prolongement de l'alignement des torpilles ; deux plaques de terre ; un galvanomètre ; une pile d'inflammation, dont l'un des pôles est
toujours relié au fil intermédiaire ; un communicateur

spécial au *bouchon d'inflammation*, et reliant aux plaques de cuivre le second pôle de la pile.

Étant donné ce matériel, comment doit se conduire l'opération d'une mise du feu? La figure 65 permet de le comprendre.

Les torpilles sont numérotées. Leurs câbles conducteurs *m, m, m, m* aboutissent à la table de manipulation du poste intérieur, et sont reliés à des *bornes* portant des numéros correspondant à ceux des torpilles. Toutes ces bornes peuvent être mises en communication — au moyen d'un commutateur à bouchons D et d'un fil *cd* — avec un deuxième commutateur H. De celui-ci part un conducteur *n*, appelé *fil intermédiaire*, à raison de la corrélation qu'il établit entre les deux postes. Ce fil, qui aboutit à la borne *f* de la table du poste extérieur, est relié à la borne *e* par le fil *fe*, fixé sur la table. Une plaque de terre en tôle peut être mise en communication avec la borne *h*, au moyen du commutateur F. Les deux bornes *e* et *h* sont destinées à recevoir les pôles de la pile d'inflammation.

On va voir maintenant comment il est possible de faire feu. Pour enflammer une torpille de la ligne, celle qui, par exemple, porte le numéro 2, il faut et il suffit de mettre en place :

Au poste intérieur, le bouchon numéro 2 et le bouchon du commutateur H, dit *bouchon d'inflammation;* au poste extérieur, le bouchon du commutateur E.

Cela fait, l'opérateur du poste extérieur n'a qu'à plonger la pile dans le bichromate de potasse… et il obtient instantanément l'explosion voulue. La pile employée doit être assez puissante pour qu'on puisse enflammer simultanément plusieurs torpilles.

Chacun des postes est pourvu d'un appareil télégraphique, système Morse, afin que les deux opérateurs puissent échanger, d'une façon continue, toutes les communications utiles à la défense de la passe considérée. Les deux appareils sont reliés l'un à l'autre par un *fil intermédiaire* et des plaques de terre spéciales.

Les praticiens ont quelquefois recours à l'emploi de certains mécanismes auxiliaires désignés sous le nom d'*avertisseurs*. Le docteur P.-J. Kaiser proposait, dès l'année 1867, un appareil magnéto-galvanique, dont le jeu spontané fait que tout navire cuirassé doit forcément, et de lui-même, signaler son passage au-dessus d'une torpille. L'ennemi, observe l'auteur, est le plus souvent cuirassé; dès lors, sa puissance magnétique est assez considérable pour mettre une aiguille en mouvement à la distance de 50 ou 60 mètres. Si la torpille renferme une aiguille aimantée qui, à l'état d'équilibre, ferme le courant d'un galvanomètre et qui, au moment où elle est déviée, ouvre ce courant, l'opérateur de la station compétente sera informé sans retard qu'un ennemi vient d'entrer dans la sphère d'activité d'une torpille déterminée. Il peut alors enflammer la charge, en fermant un circuit spécial. Qu'on imagine une passe défendue par un système de 50 torpilles; on disposera sur le rivage une table d'opérations garnie de 50 galvanomètres correspondant aux fourneaux submergés. Auprès de chaque aiguille devra se trouver un bouton de fermeture du courant, propre à enflammer la torpille qui aura révélé l'approche d'un navire. L'aiguille enfermée dans la torpille pourrait, d'ailleurs, fermer immédiatement le courant destiné à la mise du feu, et l'on aurait ainsi un appareil automatique.

Il a été dit ci-dessus comment doit s'établir une ligne de torpilles *simple;* mais une ligne peut être *double* ou même *triple*. Au cas où la défense d'un mouillage comporte ainsi pluralité d'alignements convergents ou parallèles, il convient d'en organiser le dispositif suivant l'ordre dit *en échiquier*.

Si la ligne doit être double, les torpilles du premier rang peuvent se mouiller à 50 mètres de distance l'une de l'autre; celles du second rang, en arrière, par les milieux des intervalles du premier, de manière à figurer les sommets d'une suite de triangles équilatéraux, de 50 mètres de côté. (Voyez la figure 66).

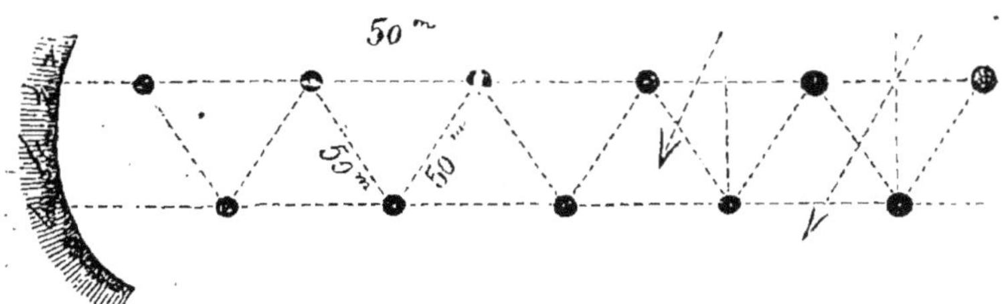

Fig. 66. — Organisation d'une ligne de torpilles *double*.

S'il faut organiser une ligne triple, les torpilles du troisième rang se disposent à une cinquantaine de mètres en arrière de celles du deuxième, en prenant méthodiquement pour *chefs de file :* soit celles du premier (fig. 67); soit celles du deuxième rang (fig. 68). Suivant le premier mode, l'élément du système affecte la forme d'un losange; suivant le second, celle d'un Y. Ce

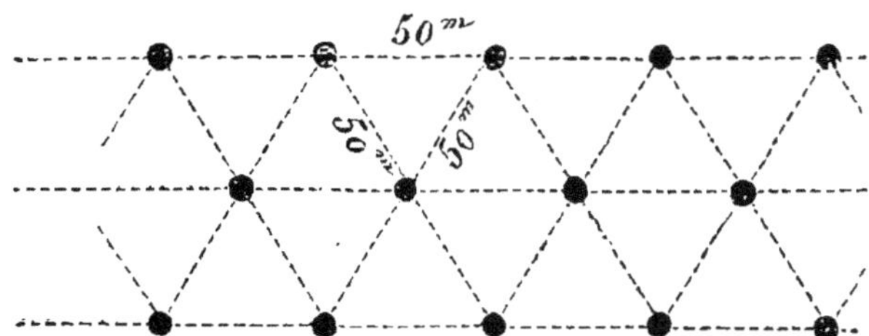

Fig. 67. — Ligne triple suivant l'ordre dit *en échiquier*.

dernier dispositif, qui se rencontre le plus souvent et tend définitivement à prévaloir, ne dessine plus qu'un ordre en échiquier *modifié*.

La simple inspection des figures 66, 67 et 68 permet de juger que, moyennant l'emploi de l'ordre *en échiquier* classique ou modifié, tout navire qui serait parvenu à échapper aux effets de l'explosion des torpilles du premier rang, aurait peine à se soustraire à l'action des fourneaux mouillés en arrière.

La ligne de torpilles simple, double ou triple constitue l'élément d'une *ligne de défense*, et il est essentiel d'observer que celle-ci peut comporter l'emploi concurrent de plusieurs lignes de torpilles de l'un ou l'autre genre. Les instructions et règlements émanés des autorités maritimes de la plupart des puissances disposent que, pour opposer une résistance efficace aux tentatives de forcement, il est indispensable d'établir dans la passe PLUSIEURS LIGNES DE TORPILLES. C'est suivant ce principe que, lors de la guerre de 1855-1856, les Russes avaient semé de four-

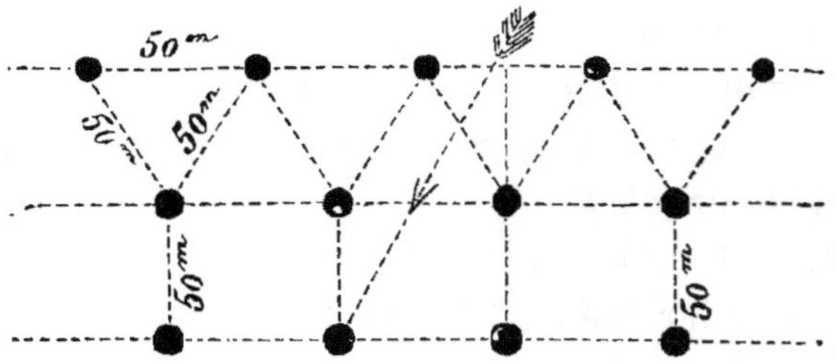

Fig. 68. — Ligne triple. Dispositif en échiquier *modifié*.

neaux submergés la plupart de leurs rades de la Baltique et de la mer Noire. A Kronstadt, par exemple, on ne comptait pas moins de dix lignes de torpilles entre les forts Alexandre et Paul. « Aujourd'hui, dit le général Brialmont, pour forcer la rade de Kronstadt, l'ennemi devra d'abord franchir l'intervalle de 2000 mètres qui sépare les forts Constantin de la nouvelle batterie à coupoles, intervalle défendu par *dix* rangées de *torpédos*, espacés de 70 pieds en tous sens. Il devra ensuite franchir l'intervalle de 1500 mètres qui sépare les forts Alexandre et Paul, également défendus par des torpilles. »

La figure 69 indique, à titre d'exemple, comment il conviendrait de défendre les passes d'un port de com-

merce au moyen de plusieurs alignements de torpilles.
La figure 70 donne des indications analogues en ce qui
concerne l'organisation défensive de la passe d'un port
militaire.

Lors d'une organisation de lignes de torpilles doubles

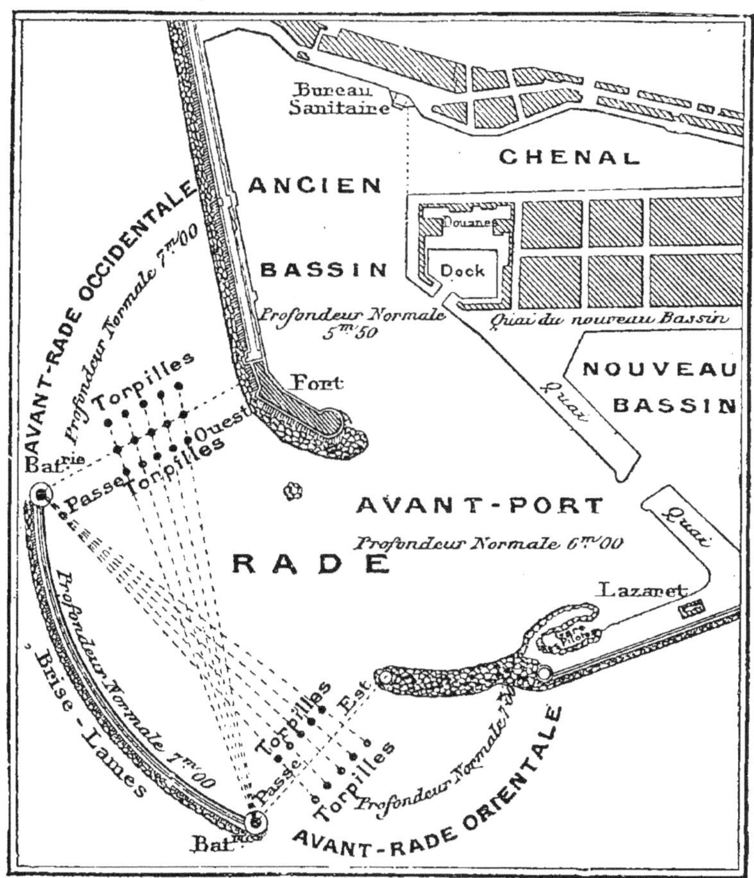

Fig. 69. — Exemple d'organisation défensive d'une passe maritime.

ou triples, le défenseur doit avoir soin de ménager aux
conducteurs de chaque ligne un itinéraire particulier,
tracé de telle sorte qu'aucun réseau de fils ne risque
jamais d'être avarié, du fait des explosions qui auraient à

se produire dans le voisinage. Il doit proscrire, en outre, tout croisement des réseaux du système, attendu que, faute de satisfaire à cette condition, il lui serait impossible de vérifier les circuits et qu'il s'exposerait à errer à l'aventure entre les mailles d'une vraie *toile d'araignée*. Il est tenu de ménager, pour les navires amis, un

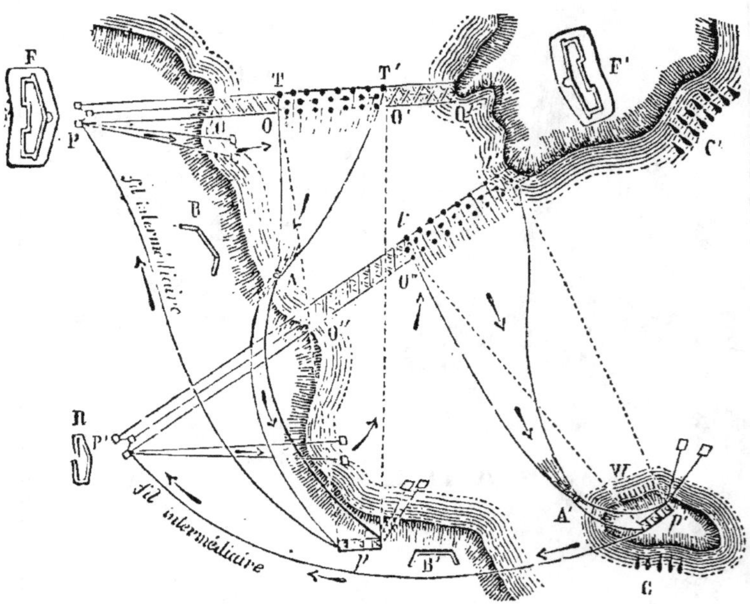

Fig. 70. — Autre exemple d'organisation défensive d'une passe maritime.

A, A', blocs d'atterrage. — B, B', batteries de côtes. — C, C', mouillages de bateaux Thornycroft. — F, F', forts. — O O, ligne d'obstructions. — O'O', *idem*. — O" O", *idem* P, poste extérieur de la ligne T T'. — p, poste intérieur de la ligne T T'. — P', poste extérieur de la ligne *t t'*. — p', poste intérieur de la ligne *t t'*. — R, redoute. — T T' 1re ligne *triple*, de torpilles fixes. — t t', 2e ligne *triple* de torpilles fixes. — W. batterie de torpilles Whitehead.

mouillage libre de tous fils. Il doit, enfin, organiser des *obstructions*, ou obstacles artificiels, qui mettent l'ennemi dans l'obligation de passer non seulement sous le feu des batteries, mais encore à l'aplomb des lignes de torpilles. C'est ainsi que, durant la guerre de la Sécession, les Confédérés avaient battu un rang de pilots, du fort

Gaînes au banc de sable qui regarde la pointe de Mobile. (Voyez p. 231, fig. 76.)

Le service de chaque ligne doit être fait par deux observateurs et réclame, par conséquent, l'établissement de deux observatoires, ou postes, munis de leurs appareils propres : viseurs, télégraphe, pile, etc. Si la ligne est de grande étendue, il convient de la diviser en sections et d'attacher à chaque section deux observateurs outillés dans les règles.

Une telle division a pour objet de parer à toute espèce de confusion. Dans cet ordre d'idées, et eu égard au nombre dé conducteurs que comporte la défense d'une passe, les praticiens prévoient déjà le jour où chaque torpille sera servie par deux observateurs qui lui seront spécialement attachés.

Défense torpédique des cours d'eau. — Une défense fluviale directe peut constituer un excellent moyen de résistance contre des masses considérables de troupes. Une telle opération est bien de nature à produire des résultats qu'on a parfois trop dédaignés, parce que l'on n'a voulu se souvenir que des opérations tentées dans ce sens et restées infructueuses *faute de moyens suffisants*. L'importance militaire des cours d'eau est absolument irrécusable.

Cela étant, il convient d'observer qu'un fleuve peut se défendre : soit à ses sources; soit à son embouchure ou confluent; soit en un point de passage obligé, ou simplement indiqué par les circonstances. Nous n'avons à traiter que des deux derniers cas.

Une embouchure de fleuve peut être mise à l'abri d'une insulte par l'action combinée des forts ou batteries de côtes et des barrages. Il est ordinairement avantageux d'annexer à ceux-ci une ou plusieurs lignes de torpilles. C'est suivant ce principe que les Confédérés avaient établi un dispositif de fourneaux submergés à l'embouchure du *Mud River ;* que les Allemands avaient muni de défenses sous-aquatiques les embouchures de la Jade, du Weser et de l'Elbe.

M. von Scheliha a proposé un type de barrage spécial à la défense des embouchures de fleuves, et consistant en la combinaison de certain nombre de radeaux, d'amarres et de torpilles. Un tel système d'obstructions doit, dit-il, se disposer suivant un arc de cercle dont la convexité

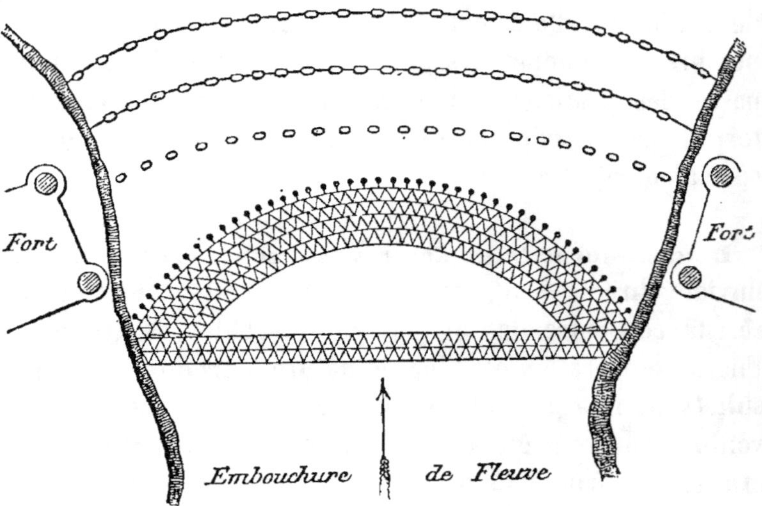

Fig. 71. — Organisation défensive d'une embouchure de fleuve.

regarde l'assaillant, et dont les extrémités s'appuient à de fortes culées. Il se compose de 4 rangées de radeaux. La rangée extérieure est formée de radeaux-torpilles (voy. la fig. 71).

Si la largeur du chenal est considérable, on peut, ajoute l'auteur, se donner des points d'appui intermédiaires en construisant des piles en maçonnerie à des intervalles de 400 mètres, ou bien en mouillant des bateaux plats de fort échantillon, si le fond est de bonne tenue. Sur ces piles ou ces bateaux plats on organise des tourelles, abritant chacune une ou deux pièces de gros calibre. On peut, en cas de nécessité, pratiquer dans ce barrage une ouverture d'environ 150 mètres de largeur pour le libre passage des navires amis ou neutres.

Les principaux points de passage d'un fleuve sont généralement défendus par des forteresses, et l'importance de ces fortifications fluviales est indiscutable. Nulle part,

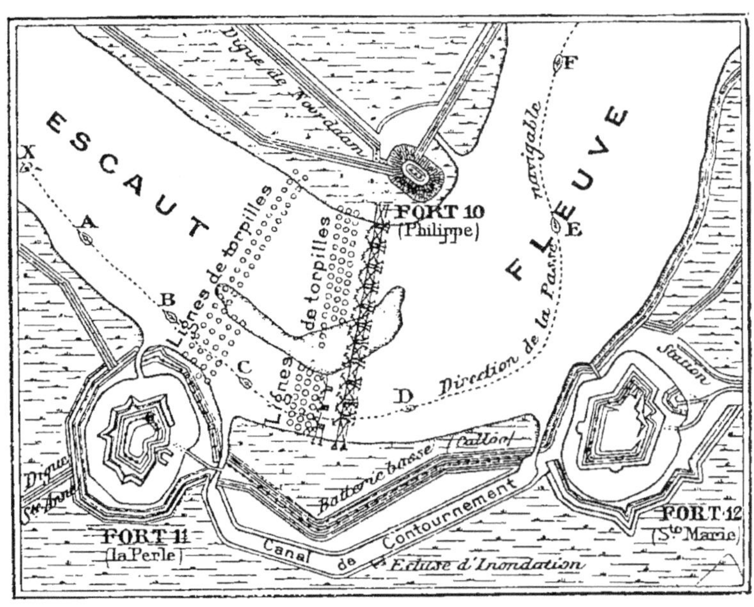

Fig. 72. — Exemple d'organisation défensive d'un coude de rivière.

une place n'est appelée à rendre autant de services que lorsqu'elle est à cheval sur un grand cours d'eau. Elle y assure, en effet, le libre passage des forces nationales d'une rive à l'autre; elle interdit, en même temps, cette opération à l'ennemi jusqu'à plusieurs lieues de distance, tant en amont qu'en aval; elle commande la navigation, offre refuge à la batellerie, domine ainsi le commerce, et tient le rôle de *clé des communications*. Les places les plus utiles à la défense d'un État sont celles qui sont situées au confluent de deux rivières et à cheval sur l'un, au moins, de ces cours d'eau.

Une forteresse fluviale, formant ainsi *double tête-de-pont*, appelle nécessairement l'organisation de certaines défenses, tant à l'entrée qu'à la sortie des eaux. Or, parmi les moyens dont il peut disposer, le défenseur doit noter tout particulièrement l'établissement d'une ou plusieurs lignes de torpilles. La figure 72 expose, à titre d'exemple, un projet de fortification sous-aquatique de l'Escaut, en aval de la place d'Anvers. Le dispositif torpédique vise le *coude de Calloo*, c'est-à-dire le point du fleuve que défendait, en 1585, le flotteur explosible de Federico Giannibelli. (*Vide suprà*, p. 20.)

XIV

Combat à l'espar. — Après nombre de recherches et d'expériences, entreprises à l'effet de déterminer le modèle du meilleur *fourneau de combat,* les praticiens de la plupart des puissances maritimes opinent en faveur des torpilles portées par des embarcations rapides. Du champ des investigations, qu'ils ont fouillé en tous sens, ils reviennent en manifestant une prédilection non équivoque en faveur du simple sac de poudre accroché au bout d'un espar. Ils déclarent sans ambages qu'un tel engin, si primitif qu'il semble à première vue, est l'arme la plus redoutable que puisse imaginer l'assaillant méditant la perte d'un navire au mouillage.

Il convient toutefois d'ajouter que, en regard de ses nombreux partisans, la tactique de *combat à l'espar* rencontre aussi quelques adversaires. Ceux-ci objectent que la torpille portée ne peut rien contre un navire défendu par une estacade, une ceinture de canots vigilants, une *crinoline,* etc. Cela est vrai ; si le navire attaqué fait bonne garde, le canot assaillant se voit relativement frappé d'impuissance. Mais ce sont là circonstances de guerre ; l'objection n'a donc guère de valeur.

Les adversaires de la tactique énumèrent ensuite les dangers que ne peuvent manquer de courir des hommes montant un canot porte-torpilles. Ils citent la mort du lieutenant Payne et celle du lieutenant Dixon qui, tous deux, disparurent avec les équipages de leurs *davids.*

Ne faut-il pas être fou, disent-ils, pour tenter pareille aventure? Lancer ainsi une frêle embarcation à l'attaque d'un vaisseau cuirassé, n'est-ce pas envoyer, de gaieté de cœur, des hommes à la mort?

Un argument de cette nature a besoin d'être exactement pesé. Assurément, il faut le reconnaître, tous les bateaux porte-torpilles s'exposent à des dangers d'ordre divers. L'effet direct de l'explosion, dit *marteau d'eau*, peut en ouvrir la carène; la *gerbe* peut, lors de sa retombée, les emplir ou, tout au moins, en éteindre les feux; ils sont, enfin, en butte aux projectiles du navire attaqué. Mais ces dangers sont-ils aussi sérieux qu'on veut bien le prétendre? Non, car il s'est déjà fait assez d'opérations pour qu'il soit acquis qu'un bateau bien construit ne saurait être détruit, ni même avarié soit par le *marteau d'eau*, soit par la *gerbe*. Reste à tenir compte des feux de mousqueterie du navire attaqué; du tir de ses canons de gros calibre. Or, d'une série d'autres expériences il appert qu'un canot à vapeur rapide, troué par un ou plusieurs projectiles, ne coule pas... s'il file immédiatement à toute vitesse. En somme, la pratique démontre qu'une attaque de jour ou de nuit — tentée par un bateau-torpilleur contre un navire au mouillage ou en marche — ne présente de dangers *militairement* exceptionnels ni pour ses œuvres vives, ni pour son équipage. Ce sont bien là risques communs à toutes les opérations de guerre.

Cela posé, quelle sera la conduite du chef d'une expédition torpédique de ce genre? Ici, la règle fait défaut et les praticiens ne peuvent que hasarder des prescriptions extrêmement générales. En ce cas, disent-ils, un officier doit *s'inspirer des circonstances;* manœuvrer de façon à attaquer l'ennemi dans les conditions les plus favorables. De telles indications sont, il faut l'avouer, bien vagues. Que dire pour effacer un peu le caractère d'indécision dont elles sont empreintes? Voici, à notre sens, quel sera surtout l'objet des préoccupations du commandant :

Son bateau, s'il a été construit *ad hoc*, devra nécessairement être de dimensions restreintes, léger, rapide, habile à évoluer prestement, muni d'abris contre la mousqueterie. S'il monte une embarcation ordinaire, il en réduira l'armement au strict indispensable, afin de la doter de quelque légèreté ; il en couvrira l'avant et l'arrière par le moyen d'une teugue en toile pour l'empêcher de s'emplir d'eau, lors de la retombée de la gerbe. En tous cas, il munira ses hommes de ceintures de sauvetage. Telles sont les dispositions qu'il devra prendre au préalable.

Quant au programme de l'engagement à intervenir, comment le rédiger ? Il ne saurait être ici question de manœuvres spéciales ni de feintes habiles. Le commandant doit uniquement s'attacher à ne pas alarmer prématurément un adversaire au mouillage, immobile sous voilure réduite ou sans pression. En conséquence, il devra profiter de toutes les circonstances qui pourront lui permettre de se dissimuler : pluie, brume, obscurité, tempête. Dans ces conditions, il s'avancera *silencieusement* jusqu'à 200 mètres environ de son but. Alors il mettra sa torpille en garde et sous bonne submersion.... N'ayant plus désormais rien à cacher de ses intentions hostiles, il se jettera à toute vitesse en avant, de manière à obtenir l'explosion au contact de la coque ennemie ou, du moins, dans le voisinage de la muraille, si le contact ne peut être obtenu.

Il convient d'observer ici que l'espar peut être planté soit à l'avant, soit à l'arrière de l'embarcation. De là deux modes d'attaque distincts. Une attaque de l'avant est toujours simple et franche ; le succès en est presque fatalement assuré, si l'on charge droit et ferme ; mais, sous le coup de l'explosion qu'il a réussie, l'opérateur se trouve momentanément dans un singulier embarras. Une attaque de l'arrière est chose plus délicate. L'assaillant, qui opère suivant ce second mode, doit faire preuve de sang-froid, d'habileté. Il faut, en effet, qu'il donne opportunément et avec précision son coup de barre, s'il veut amener la torpille au contact du navire attaqué. Une telle manœuvre, impossible la nuit, ne saurait guère être tentée que par un canot à vapeur. Quant au succès, il est douteux. Le seul avantage qu'offre cette manière de procéder, c'est de faciliter la retraite à l'équipage qui vient de frapper le coup.

Telles sont les seules règles générales qu'il soit encore possible de formuler, en ce qui concerne le combat à l'*espar*.

Combat à la torpille remorquée. — Faute d'un nombre suffisant d'expériences et à défaut de la consécration que peut seule donner une longue pratique, il convient de ne point sortir des limites d'un exposé des conditions générales de ce genre de combat.

L'attaque à la torpille remorquée peut viser : soit un navire immobile, soit un navire en marche. Dans le premier cas, le but peut facilement s'atteindre; la remorque n'a pas à souffrir trop de tensions; le déclanchement s'opère sans peine; après le choc, le flotteur demeure lui-même immobile. Dans le second cas, le pointage est loin d'être une opération commode; la remorque est soumise à des tensions énormes; la vitesse du navire, affectant d'une manière fâcheuse le fonctionnement du flotteur, donne lieu, de la part de l'eau, à une résistance qui retarde singulièrement un déclanchement nécessaire; enfin, après le choc, l'appareil est rapidement entraîné. A ces deux situations distinctes correspondent des manœuvres spéciales du navire assaillant. Nous le répétons, la mobilité du but accroît singulièrement les difficultés d'une attaque.

Les torpilles qu'un navire embarque y sont ordinairement suspendues à de petits porte-manteaux par des
mouilleurs analogues à ceux des ancres. Elles se
mouillent au moment du besoin et peuvent, dès lors, en
prévision d'un combat prochain, occuper des situations
diverses. On peut soit les tenir simplement au mouillage
pour les lancer à l'instant voulu; soit les remorquer,
tribord ou bâbord, à leurs postes de combats; ou encore
les conduire *en laisse* par l'arrière du remorqueur, au
moyen d'une cravate passée à la remorque.

Quelles que soient les dispositions préparatoires qu'il
ait cru devoir prendre, l'assaillant peut opérer suivant
deux modes distincts : par *choc direct* ou *enlacement*.
L'attaque *directe* est le terme de toutes les manœuvres

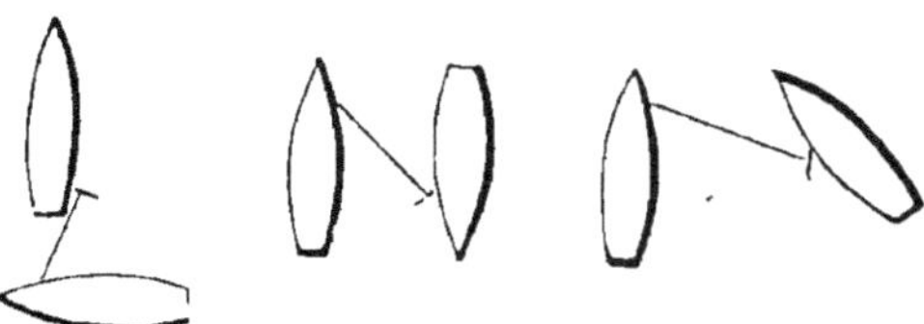

Fig. 73. — Combat à la torpille remorquée. Attaques *directes*.

tendant à amener la torpille au contact de l'ennemi,
sans que la remorque ait à participer à ce contact (voy.
fig. 73). L'attaque *par enlacement* résulte de manœuvres
d'un autre ordre, lesquelles exposent, au contraire, la
remorque à brider contre les formes du navire attaqué,
préalablement au contact de la torpille avec ce navire
(voy. fig. 74). Ce second mode sera probablement celui
qui se présentera le plus fréquemment à la guerre, attendu qu'il impose moins de précision que le premier à
l'exécution des manœuvres nécessaires. Il a, d'autre
part, pour effet d'exposer les remorques à plus d'accidents de rupture.

La torpille remorquée ne sert pas seulement à l'armement des navires de guerre; elle peut s'employer à bord de la première embarcation venue, chaloupe à voile ou canot à vapeur. Toutefois, quelques officiers de marine réprouvent d'une manière absolue de telles organisations torpédiques. La torpille divergente constitue, disent-ils, pour l'embarcation qui la remorque, une source permanente de retards et d'avaries ; elle en gêne singulièrement la manœuvre. Le succès des opérations ainsi conçues est, d'ailleurs, extrêmement douteux.

L'expérience, une longue expérience pourra seule prononcer, en dernier ressort, touchant la vraie valeur de la

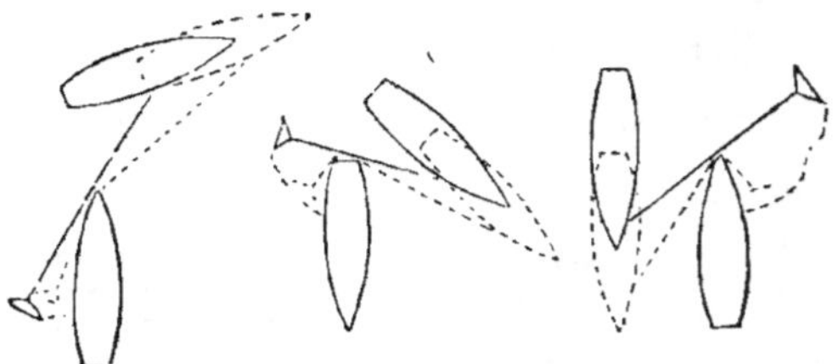

Fig. 74. — Combat à la torpille remorquée. Attaques *par enlacement*.

torpille remorquée. En attendant l'arrêt à intervenir, il est permis à l'observateur de tâter des voies latérales. Si donc l'on veut bien se rappeler la manœuvre du catamaran de Reveroni-Saint-Cyr et celle des remorqueurs de Montgéry, on admettra facilement que deux Thornycroft, accouplés par une remorque, auraient quelque chance de réussir à toucher l'adversaire. Un seul Thornycroft, relié de même au navire dont il fait le service, ne parviendrait-il pas à conduire un appareil explosible sous les flancs de l'ennemi ?

Combat à l'automobile. — La torpille automobile est, on le sait, un vrai projectile sous-aquatique. Ainsi posé, le problème est difficile à résoudre ; les règles de ce tir sont à peine ébauchées. Insistons seulement sur le fait des difficultés auxquelles se heurte inévitablement l'exécution du service d'une batterie d'automobiles.

Une Whitehead est un appareil délicat dont il n'est pas commode d'assurer le réglage. La simple différence des densités de l'eau de mer et de l'eau douce suffit à interdire, sur les rivières, l'emploi des torpilles réglées dans un port maritime, et réciproquement.

Le pointage s'obtient encore d'une manière relativement exacte quand la Whitehead est en batterie *à terre*, sur une plateforme mobile comme une plaque tournante ; mais les choses se passent tout différemment *à bord*. Là, le pointeur est obligé de tenir compte des oscillations du navire et, dès lors, son opération se complique singulièrement.

Le projectile sous-aquatique ne se meut pas suivant une direction franchement assurée. Loin d'obéir à des lois immuables, la trajectoire dessine parfois des tracés très bizarres. Soumise à l'influence d'une foule de circonstances extérieures, telles que l'action des marées, des courants, d'une mer agitée, une Whitehead est exposée à subir toute sorte de déviations ; par conséquent, le tir en est essentiellement incertain. On n'est en droit d'espérer quelque résultat plausible qu'au cas où l'on opère à petite distance.

Somme toute, on peut dire avec les officiers de marine que, si l'action de la torpille à l'espar peut se comparer à celle d'un poignard dont les coups sont portés d'une main sûre, l'automobile agit à la façon d'une balle de mauvais fusil, laquelle atteint quelquefois son but, mais e manque le plus souvent.

XV

OPÉRATIONS DE GUERRE

« Il y a, disait, il y a quelques années, l'amiral de la Roncière Le Noury, il y a une nouvelle manière de faire la guerre maritime et qui est celle qui a l'avenir pour elle. A l'avenir, la guerre de bâtiment à bâtiment ne se fera plus à coups de canon, mais elle se fera inévitablement par le choc et par les torpilles. La torpille est la meilleure, on pourrait dire la seule défense que nous puissions avoir contre les cuirassés. Il faudrait en mettre partout, le jour où la guerre serait déclarée. »

Ces appréciations judicieuses peuvent servir d'épigraphe à une étude du rôle des torpilles au cours des opérations d'une guerre maritime. Aussi avons-nous cru devoir les reproduire avant de traiter, en quelques mots, de l'attaque et de la défense des côtes, des opérations fluviales et des combats en haute mer.

Attaque et défense de côtes. — Une défense de côtes a pour objet de soustraire aux effets du bombardement les ports de commerce et les places maritimes; de protéger les rades et les mouillages; de mettre à l'abri d'une insulte les points sur lesquels l'ennemi pourrait tenter un débarquement; de défendre les cours d'eau non seulement à leur embouchure, mais encore jusqu'à certaine distance à l'intérieur; enfin, de couvrir les îles qui, semées le long d'un littoral, en sont, pour ainsi dire, les sentinelles avancées.

Les principes de l'art de la fortification s'appliquent intégralement au cas de la défense des côtes, avec cette variante que, en ce cas, l'assaillant prononce son attaque d'une autre façon et avec d'autres armes que sur terre. De là, nécessairement, des différences de dispositifs entre les fortifications continentales et les fortifications côtières.

Ce qui caractérise ici la lutte, c'est que l'assaillant dispose d'une artillerie puissante, comprenant les plus gros calibres; c'est la sécurité que lui donne l'épaisseur des cuirasses et des tourelles de ses navires; c'est la rapidité d'évolution de ces engins que meut la vapeur, rapidité qui leur permet d'apparaître à l'improviste sur un point donné du littoral, soit au début, soit au cours de la guerre; de passer rapidement sous le feu des batteries de côtes; enfin, de venir heurter avec une violence extrême les obstacles qui constituent la fermeture des passes.

Si l'on veut déterminer rationnellement quels sont les points de la côte à fortifier, il est nécessaire de tenir compte des effets d'un appui de la flotte nationale et de l'activité que pourra déployer la flotte ennemie. Dans cet ordre d'idées, on trouve qu'il y a lieu de pourvoir de défenses : les points qui commandent des mouillages praticables à l'ennemi, c'est-à-dire offrant une profondeur suffisante avec un bon fond à l'abri des vents dominants ; — les positions qui commandent les passes dans lesquelles l'ennemi est forcé de s'engager, telles que : détroits entre des îles et la terre ferme, hauts-fonds, entrées de baies, embouchures de grands fleuves donnant accès dans l'intérieur du pays et, spécialement, dans les ports de commerce; — les points qu'il faut mettre à l'abri d'un bombardement de la flotte ennemie, c'est-à-dire les fronts de mer des forteresses côtières, les ports ouverts à tout venant, les places de commerce et, parmi celles-ci, celles qui sont le plus riches; — puis, éventuellement, au cours de la guerre, les portions de littoral que longent, à portée du canon des navires ennemis, une route, une ligne d'opérations forcée de l'armée nationale ; — les extrémités des travaux d'attaque de positions côtières fortifiées, lorsque la flotte ennemie est maîtresse de la mer ; — enfin, les points de la côte sur lesquels l'ennemi peut tenter un débarquement.

Les divers moyens matériels, qu'il est possible de mettre en œuvre à l'effet d'assurer le succès d'une défense de côtes, peuvent se classer en défenses *mobiles*, défenses *fixes*, et défenses *accessoires*.

La défense mobile implique un service de navires chargés du soin de surveiller la côte et de troupes de terre toujours prêtes à se porter rapidement sur les points menacés.

Le matériel flottant spécial à la guerre de côtes comprend :

Des béliers cuirassés et des navires ou canots porte-torpilles, des chaloupes-canonnières, des croiseurs.

Les béliers et les navires ou canots porte-torpilles tiennent spécialement un rôle de surveillants des passes, rades ou mouillages ; mais ils peuvent aussi attaquer au large une flotte aux allures menaçantes. Les chaloupes-canonnières cuirassées, sorte d'affûts flottants armés d'une pièce de gros calibre, doivent être dotées de vitesse, construites de façon à pouvoir évoluer facilement et sous des dimensions qui leur permettent de passer partout. Il n'est réservé à ces chaloupes qu'une action toute locale. Les croiseurs sont des navires rapides qui, pour donner la chasse aux croiseurs ennemis, doivent constamment longer le littoral, sans jamais cesser de se maintenir en relations avec les sémaphores.

Ce matériel flottant ne doit pas être éparpillé mais, au contraire, demeurer sous la main du commandement, en ordre aussi compact que possible. Des refuges sûrs doivent lui être ménagés sur la côte. Dès les premiers indices de l'imminence d'une guerre, les autorités maritimes rassemblent les bâtiments destinés à une action *locale* — à l'exclusion de tout autre — sur les points où cette action doit s'exercer. Les navires qui, outre cette action locale, peuvent être appelés à prendre part à des opérations offensives en haute mer, sont dirigés sur les ports pris pour centres d'opérations de la défense mobile. Dans ces ports, auxquels ils demeurent attachés, ils sont armés et attendent... prêts à tout événement.

Les troupes de terre, destinées à prêter leur concours aux opérations de la défense mobile, sont désignées à l'avance et doivent tenir garnison dans les centres maritimes. Il faut les exercer à se porter rapidement au secours des organes de la défense fixe, forts ou batteries de côtes, qu'on suppose menacés d'une attaque. Il convient de leur faire exécuter des simulacres de résistance aux débarquements, etc. etc.

Les moyens d'action de la défense fixe consistent en *obstructions*, en *batteries* et en dispositifs de *torpilles* fixes, dormantes ou mouillées.

Les éléments dont se composent les obstructions sont des filets, des pièces de bois, des flotteurs : radeaux, pontons, bateaux ou même navires de fort échantillon. On objecte que le barrage des passes au moyen d'une ligne de navires coulés est une opération dont le coût est assez élevé. Pour obvier à cet inconvénient, des ingénieurs russes proposent de substituer aux coques de bâtiments d'énormes caisses en tôle de fer, analogues aux clôtures des bassins de radoub. Ces caisses s'empliraient d'eau, au moment du besoin, et se videraient ensuite, par le moyen du jeu d'un système de pompes.

Observons ici que la torpille mobile semble devoir entrer désormais dans l'organisation des obstructions maritimes et fluviales.

Les obstructions, si solidement établies qu'elles soient, ne présentent pas toutefois, à elles seules, des garanties suffisantes contre le succès d'une tentative de vive force. Il faut s'attendre à des épisodes de haute lutte et prévoir le moment où les bouches à feu de gros calibre devront entrer en jeu.

Le rôle dévolu à l'artillerie dans la défense des côtes est aujourd'hui considérable. On estime qu'il convient d'organiser deux espèces de batteries de côtes : les batteries *de rupture*, dont les projectiles sont destinés à percer la cuirasse des navires ennemis, et les batteries *de bombardement*, ayant spécialement pour mission de cribler de feux verticaux le pont de ces navires. Les premières doivent s'établir à 50 mètres au-dessus de la surface des eaux; les secondes, à 200 mètres d'altitude. Celles-ci sont armées de calibres inférieurs au 27^c; celles-là, des plus gros calibres : 32^c, etc. Outre ces batteries *de combat*, la défense doit organiser des batteries spécialement destinées à protéger ses lignes de torpilles et armées, à cet effet, de petits calibres, tels que le 14^c et le 16^c. Les batteries *de protection* s'établissent ordinairement à l'intérieur des forts.

On comprend d'ordinaire sous la rubrique de *Défenses accessoires* les procédés d'éclairage des passes et l'établissement de divers appareils destinés à dérouter l'assaillant. L'éclairage des passes s'impose au défenseur qui veut assurer l'efficacité du tir de son artillerie et la protection de ses lignes de torpilles. L'électricité fournit aujourd'hui le moyen de projeter dans les directions voulues des faisceaux de lumière intense. Il convient aussi de supprimer sur la côte tous les objets qui pourraient faire office de repères : tonnes, bouées, balises, bateaux-pilotes, feux flottants. Après avoir éteint tous les feux connus, on aura soin de dissimuler les phares sous quelques couches de peinture; on allumera de faux fanaux; on édifiera tous les *trompe-l'œil* dont les circonstances locales pourront suggérer l'organisation.

Théoriquement, on peut exposer ainsi qu'il suit les règles qui doivent présider aux opérations spéciales que comporte la défense :

Supposons qu'il s'agisse d'arrêter les détails d'organisation défensive d'une passe maritime (voy. ci-dessus la fig. 70), battue par les feux croisés des batteries de côtes B, B′ et des forts F, F′. Connaissant la profondeur et la nature du fond, on déterminera les gisements de deux lignes de torpilles TT′, *tt′*. Sur le prolongement de ces alignements, on complétera le barrage de la passe au moyen d'obstructions OO, O′O′, O″O″. En avant des torpilles, on mouillera de grosses chaînes destinées à accrocher le grappin des dragueurs. Chacun des deux réseaux de fils conducteurs aura son chemin tracé ; les emplacements des blocs d'atterrage seront respectivement fixés en A et en A′. Le poste extérieur P, correspondant à la ligne TT′, sera établi sous le canon du fort F ; le poste extérieur P′, afférent à la ligne *tt′*, sous la protection de la redoute R. Quant aux observatoires ou postes extérieurs *p* et *p′*, ils seront, autant que possible, assis en des points culminants, de manière à dominer le théâtre de la lutte ; à permettre de bien juger des dimensions, des intentions et des allures des navires assaillants. Dans le fort F seront placés les appareils d'éclairage électrique, destinés à projeter des faisceaux de rayons lumineux sur la ligne de torpilles TT′ ; et aussi les batteries de pièces légères qui doivent être, à l'avance, pointées sur cette ligne, pour en éloigner les dragueur. Les fort F′ contiendra semblablement le matériel spécial à l'exécution du service de sûreté de la ligne de torpilles *tt′*.

Cela fait, on déterminera l'emplacement W d'une batterie de torpilles Whitehead, destinées à l'attaque des

navires assaillants qui auraient réussi à forcer la passe, au
mépris du canon des forts F, F′ et des deux lignes de
torpilles fixes TT′, *tt′*.

Enfin, l'on assignera aux flottilles de bateaux Thornycroft deux mouillages C et C′. On sait quelle est l'importance du rôle à tenir par ces bateaux rapides. En temps
de guerre, ils ont à surveiller les abords de la passe, à
combattre leurs similaires, lorsque ceux-ci tentent une
reconnaissance. Si la flotte ennemie se borne à bloquer
la passe, les Thornycroft exécutent des sorties contre les
navires dont se compose la ligne d'embossage. Ils tentent
de les couler à coups de torpille portée et s'en approchent,
en tout cas, assez pour leur lancer sûrement une torpille
automobile. En dernier lieu, dans l'hypothèse d'une
ruine complète des forts, ainsi que des deux lignes de
torpilles, les Thornycroft, tenus jusqu'alors en réserve
et bien embusqués, quitteraient vivement leurs mouillages C, C′ et pourraient encore tenir un rôle d'adversaires redoutables pour tout ennemi qui s'engagerait à
fond dans la passe.

Telles sont, rapidement esquissées, les principales dispositions que doit prendre le chef de la défense, au cours
de la période de préparation.

Quels devoirs généraux aura-t-il à remplir durant la
période de combat? Dès qu'une attaque est imminente, le
commandant de la défense se porte, de sa personne, à
l'un des postes intérieurs et, de là, entretient des communications continues avec les autres observatoires.
Lorsque l'ennemi est en vue, il ordonne la mise en place
de tous les bouchons d'inflammation. A partir de ce
moment, tous les chefs de postes mettent l'œil à leurs
lunettes et ne doivent plus quitter l'oculaire de leurs
appareils. A chacun des postes intérieurs, un agent
auxiliaire se dispose à suivre sur le limbe les mouvements de l'aiguille; à chaque poste extérieur, un autre

agent spécial se tient prêt à plonger la pile dans le bain qui l'attend.

Si les forces ennemies se réduisent à un seul navire, ce navire unique est suivi dans toutes ses évolutions par la lunette du poste intérieur. Au cas où l'assaillant est fort de plusieurs bâtiments, le rôle du poste extérieur est toujours simple; le chef de ce poste n'a qu'à commander *feu!* chaque fois qu'un navire coupe sa ligne. Mais le rôle du poste intérieur se complique, au cas où la flotte assaillante, rompant sa ligne de file ou son front de bataille, s'avance en ordre dispersé. Il est, en effet, difficile à un observateur de suivre, à la fois, cinq ou six navires lancés à toute vitesse, et de ne fermer opportunément que les circuits des torpilles dont l'explosion peut être réellement et directement efficace. Le commandant de la défense doit tout spécialement s'attacher à diriger, dans la meilleure voie possible, le difficile service des postes intérieurs. Si, du fait de quelque événement de guerre, une ligne de torpilles tombait au pouvoir de l'ennemi, le défenseur ne ferait évacuer ses postes qu'après avoir fait tout sauter.

Voyons maintenant suivant quels principes il convient de conduire l'attaque d'une passe maritime. L'assaillant doit nécéssairement commencer par détruire les obstacles qui lui barrent le passage. Il procède à cet effet : soit à coups d'éperon, soit par voie d'arrachement. Il peut aussi faire usage de flotteurs explosibles, d'appareils analogues à l'*Obstruction remover* d'Ericson. Quelquefois, enfin, les circonstances lui permettront de se débarrasser des barrières qui l'arrêtent, s'il fait jouer quelques fourneaux de démolition.

Les obstructions une fois déblayées, l'assaillant doit s'attacher à draguer les torpilles dormantes qui peuvent être semées sous sa route. Il confie cette mission à des navires qui manœuvrent la drague ou qui opèrent dans les règles édictées soit par M. Gélin, soit par M. Sholl ou le commander Arthur. Si le dragage ne donne pas de résultats satisfaisants, l'assaillant tente une guerre de mines. A cet effet, il lance en avant-garde quelques bâtiments armés de façon à obtenir, par voie d'explosions méthodiques, l'écrasement des torpilles de la défense. Ce faisant, lesdits bâtiments peuvent frayer passage à toute la flotte, mais un tel procédé n'est efficace, il faut le dire, qu'au cas où la passe est mal gardée. Parfois, enfin, l'assaillant s'ouvre le chemin à l'aide de quelque ruse de guerre. Il jette en avant, par exemple, plusieurs navires sans équipages, et ces coques attirent à elles les feux sous-aquatiques. Les défenseurs abusés font partir prématurément leurs torpilles! La passe est libre!...

En ce qui concerne l'attaque proprement dite, on ne possède que des données incertaines, attendu que l'expérience n'a pas encore prononcé. Il serait donc difficile de formuler, à cet égard, autre chose que des règles extrêmement générales.

L'assaillant doit s'attacher à découvrir les postes qui commandent le dispositif de torpilles dont il redoute les effets; ces postes une fois reconnus, il lui est naturellement indiqué de les bombarder afin de les détruire ou, tout au moins, de les rendre intenables.

En principe, une attaque ne doit se tenter qu'à marée haute car alors, toutes choses égales, la puissance d'un fourneau submergé tombe à son minimum.

Cependant l'heure a sonné. Voici le moment où doit s'entamer l'action de vigueur.... Que faut-il faire? Si les eaux du chenal à forcer ne sont défendues que par un système de torpilles dormantes, l'assaillant doit commencer un feu qui l'enveloppe lui-même de fumée et le dissimule le mieux possible. Cela fait, il n'a plus qu'à se jeter en avant à toute vitesse, en observant toujours un ordre dispersé.... Peut-être, en procédant de cette façon, parviendra-t-il à mettre en défaut le coup d'œil des observateurs, le sang-froid et l'habileté des chefs de postes. Mais, si la passe est semée de torpilles automatiques, de telles dispositions ne sauraient le garantir du danger d'un ou plusieurs chocs. Alors, il ne lui reste qu'une ressource, celle de sacrifier un ou deux navires.... Il lancera cette tête-de-colonne en avant, à toute vitesse et s'engagera à sa suite dans la passe dangereuse, tête baissée et prêt à tout hasard !...

Opérations fluviales. — Tout commé les rivages de la mer, les fleuves peuvent être pris par des belligérants pour théâtre de leurs opérations torpédiques. Les principes généraux de la mise en état de défense d'une passe maritime s'appliquent presque intégralement à celle d'une embouchure de fleuve ; de l'entrée ou de la sortie des eaux d'une place fluviale ; des abords d'un pont en maçonnerie ou d'un pont militaire ; d'un coude de rivière ou d'un point de passage indiqué, etc.

En chacun de ces cas, la torpille fixe est appelée à tenir un rôle important. Les torpilles mobiles peuvent aussi s'employer utilement sur les fleuves. Les *chapelets*, opportunément établis, y font office de lignes de fortification passagère. La torpille de dérive et la torpille portée y rendront, à l'occasion, de bons services. Enfin, il n'est pas impossible de concevoir l'usage qui pourrait être fait, sur un cours d'eau, des torpilles remorquées et des Whitehead.

Combats en haute mer. — On se rappelle ce mot de l'amiral de la Roncière Le Noury : « Il y a une nouvelle manière de faire la guerre maritime... à l'avenir, la guerré de bâtiment à bâtiment ne se fera plus à coups de canon, mais elle se fera inévitablement par le choc et par les torpilles. »

Que se passera-t-il donc, désormais au cours d'une bataille entre deux flottes? Est-il possible de concevoir quelles modifications l'entrée en scène de la torpille doit apporter à la tactique navale? Il serait assurément téméraire de songer à essayer une esquisse du combat de l'avenir, et l'on ne peut formuler à cet égard que des appréciations empreintes d'un cachet de grande incertitude.

Et d'abord, quelle est aujourd'hui la vraie physionomie d'un combat naval, livré selon les règles de la tactique moderne? Qu'on se représente deux flottes animées d'une vitesse de dix à douze nœuds, et marchant résolument l'une sur l'autre. Quand l'intervalle qui les sépare ne mesure plus que de 1500 à 2000 mètres, les deux artilleries commencent un feu violent. Les adversaires marchent toujours... ils arrivent l'un à hauteur de l'autre! Alors, ils se pénètrent, se traversent. Chaque cuirassé passe à quelques mètres de distance d'un navire ennemi. De là parfois des chocs d'éperons; de rudes frottements à contre bord. L'artillerie du travers entre en action; les premières avaries se produisent.

Mais ce n'est encore là qu'un prologue du drame. Les deux flottes, qui viennent de se traverser, se retournent vivement l'une sur l'autre. Voici le moment critique, la période aiguë de la bataille. Malheur au navire qui, durant la première passe, aura été frappé dans ses œuvres vives, atteint dans sa machine ou son gouvernail, et qui se sentira, pour un instant, paralysé! Malheur à celui qui se laissera surprendre sans vitesse ou sera primé de manœuvre par son adversaire! Sa perte est assurée.

Cette première passe terminée, l'ordre, un ordre très relatif, se rétablit... puis une deuxième passe s'effectue, pareille à la première... puis la mêlée devient générale. Chaque navire s'attache à l'adversaire qu'il s'est choisi. C'est une lutte corps à corps, semée d'épisodes semblables à celui du combat de Lissa, où l'on vit l'*Archiduc Max* couler, en quelques secondes, le *Re d'Italia*.

Voilà comment peut se concevoir le tableau d'un combat moderne.

L'apparition de la torpille sur le théâtre des opérations de guerre maritime est-elle de nature à en transformer la physionomie, à en révolutionner les allures? Qu'on imagine une escadre de cuirassés alignés en bataille. Chacun de ces navires s'est flanqué de torpilles remorquées; de son travers une torpille automobile est prête à sortir; deux Thornycroft lui font escorte. Qu'on suppose l'escadre ennemie rangée dans le même ordre et placée dans les mêmes conditions d'armement torpédique.

Que va-t-il se passer?

Les lignes adverses vont-elles encore donner l'une sur l'autre, en faisant feu de leurs pièces? Vont-elles s'entre-croiser, se traverser, faire demi-tour et se frapper à coups d'éperon? La première, la deuxième ou la troisième passe sera-t-elle, ou non, suivie de la mêlée, ce dernier épisode du combat naval, tel qu'on le comprend de nos jours? Est-il permis de croire que la lutte à distance va seule devenir possible? Peut-on pronostiquer avec quelque raison que le canon — dont le rôle semblait effacé — va, grâce à la torpille, recouvrer sa prééminence, reprendre son ancien titre de roi des batailles?...

Ici encore, l'avenir prononcera.

XVI

HISTOIRE MILITAIRE DES TORPILLES

GUERRE DE L'INDÉPENDANCE DES ÉTATS D'AMÉRIQUE
(1776-1777)

C'est en 1776 que les torpilles font leur entrée en scène; c'est l'ingénieur Bushnell qui, le premier, tente de les diriger, de les convoyer jusqu'à l'ennemi, à bord du *submarine vessel* qu'il vient de construire. Montée par un homme résolu, le sergent Ezra Lee, l'embarcation sous-marine, dite *American Turtle* (voy. ci-dessus la fig. 38), fut dirigée avec précision sur un navire anglais, mouillé près de l'île du Gouverneur. Ce navire, c'était l'*Eagle*, de 64 canons, commandé par le capitaine Duncan, et battant le pavillon de lord Howe. L'opérateur arriva au but sous les œuvres vives de son objectif, mais il ne put parvenir à lui accrocher une charge de poudre à la carène, à l'aide de la vis-à-bois (*wood screw*) dont il s'était muni.

Bushnell renouvela ultérieurement ses tentatives d'attaques sous-aquatiques, notamment dans les eaux de l'Hudson, mais toutes demeurèrent aussi infructueuses que la première. Il en vint à désespérer d'attirer à lui l'attention publique; d'obtenir l'appui du gouvernement américain. Cependant on vit encore, en 1777, le persévérant ingénieur essayer de détruire la frégate anglaise *Cerberus*, qui se trouvait alors à l'ancre entre New-London et la rivière de Connecticut. Il lui fila sous la quille une machine explosible, armée d'un appareil percutant.

La machine heurta un schooner amarré à l'avant de la frégate... Le petit bâtiment sauta, emportant, à sept ou huit brasses en l'air, trois matelots qui furent tués sur le coup.

Enfin, un matin du mois de décembre de cette année 1777, Bushnell lança dans la Delaware, en avant de la flotte anglaise ancrée près de Philadelphie, plusieurs barils de poudre organisés de manière à faire explosion au simple contact d'un corps solide. C'étaient, comme on le voit, des torpilles à fleur d'eau. Il n'y eut qu'un de ces fourneaux qui produisit quelque effet : le canot qu'il rencontra sauta avec tout son équipage. C'est à cette entreprise qu'on a donné le nom de *Bataille des barils*.

INSULTE DE LA FLOTTILLE DE BOULOGNE (1804-1805)

C'est en 1804 que l'amiral Keith lance contre les navires de la flottille française, mouillée dans les eaux de Boulogne, des torpilles alors désignées sous le nom de *catamarans*. Dans la nuit du 4 au 5 octobre, une péniche de la flottille aperçoit un sloop anglais se dirigeant vers le port. On l'aborde. En cherchant le gouvernail qui avait été retiré, on voit *un corps très-long, nageant à fleur d'eau et ne présentant presque aucune surface* (sic). Au moment où l'on coupe le câble qui l'attache au sloop, cette machine part, emporte la péniche et tue vingt hommes. A quelque temps de là, dans une autre partie de la rade, des grenadiers découvrent *une machine plate ayant la forme d'un canot non creusé*. Ils trouvent à l'intérieur un mouvement d'horlogerie, dont les ressorts aboutissent à une batterie de fusil; et celle-ci, à une caisse de poudre.

Ultérieurement, l'un de ces catamarans s'échoua sur la laisse de basse mer, au nord de Wimereux. Mathieu

Dumas nous en a laissé une description sommaire. C'était un grand coffre de 3^m,50 de long sur 1 mètre de large, terminé en pointe à ses deux bouts, sans mâture, hermétiquement clos et lesté de manière à demeurer à fleur d'eau. Ce coffre contenait de la poudre, des matières inflammables et un mouvement d'horlogerie.

En 1805, Fulton obtint du gouvernement anglais l'autorisation de faire l'essai de ses torpilles sur la flottille française de Boulogne ; sa première démonstration hostile eut lieu dans la nuit du 1er octobre. Deux canots anglais, montés par le capitaine Siccombe et le lieutenant Payne, attaquèrent des canonnières françaises auxquelles ils tentèrent d'accrocher quatre torpilles du modèle de celles dont on s'était servi pour couler la *Dorothée* (voy. ci-dessus les fig. 2 et 3). Ces fourneaux, mal dirigés, éclatèrent à côté des canonnières, leur imprimèrent une violente secousse, mirent tout sens dessus dessous à bord, mais ne leur firent, en définitive, aucun mal.

CONFLITS ANGLO-AMÉRICAINS (1812-1815)

En 1812, un Américain de Norfolk, le citoyen Mix, soumettait à l'examen du gouvernement de son pays, alors en guerre avec l'Angleterre, un *torpedo* qu'il avait construit sur le modèle de l'un des types de Fulton. Cet appareil lui permit d'attaquer le *Plantagenet*, qui se trouvait au mouillage dans la baie de Lynn Haven. La violence de cette attaque jeta l'alarme à bord de tous les navires de l'escadre anglaise. Enchantés du succès que Mix venait d'obtenir, les Américains s'empressèrent d'organiser partout des défenses sous-marines, en menaçant de faire sauter tous les vaisseaux assez osés pour approcher des forts Richmond et Hudson. L'histoire ne dit point que ces menaces aient été suivies d'effet.

BALTIQUE ET MER NOIRE (1855-1856)

Au lendemain de l'ouverture des hostilités entre les Russes et les Anglo-Français, apparaît un nouveau genre de *torpille à l'ancre*.

« Le 8 juin 1855, à midi, rapporte un témoin oculaire, le *Merlin*, qui portait l'amiral Penaud, l'amiral Dundas et plusieurs capitaines anglais et français, appareilla vers Kronstadt, suivi du *Dragon*, du *Firefly* et du *d'Assas*. Ayant opéré leur reconnaissance, les amiraux donnent le signal de la retraite ; le *Merlin* vire de bord. A peine avions-nous fait quelques encâblures que nous ressentons une secousse, accompagnée d'une détonation sourde. Notre navire, comme ébranlé par un typhon ou tremblement sous-marin, se cabrant violemment, semble vouloir s'enfoncer dans l'abîme entr'ouvert sous sa quille. Un instant après, surviennent une autre détonation et une nouvelle secousse, encore plus fortes que les premières. Le *Firefly*, qui se trouvait près du *Merlin*, avait à subir, en même temps, une épreuve semblable. Nous l'avons vu faire un saut de carpe ; chacun de nous a cru qu'il allait sombrer... mais les deux navires, n'ayant aucun mal, purent reprendre leur route. A bord du *Merlin*, nous avons eu peu de dégâts : l'explosion n'a endommagé que quelques feuilles du doublage, mais la commotion n'en a pas moins été rude. La *vaisselle* des mécaniciens est en morceaux ; une énorme caisse de suif, du poids de 300 kilogrammes, a été enlevée comme une plume ; nous l'avons vue bondir comme une balle. — Quelques jours après, un autre navire à vapeur eut ses pales brisées par une explosion pareille. Les Russes avaient garni les abords de Kronstadt et de Sweaborg d'une quantité considérable de torpilles. On se mit aussitôt à la recherche de ces engins ;

on en pêcha de soixante à soixante-dix, en quelques jours. »

Ces fourneaux submergés étaient des *Jacobis* (voy. ci-dessus la fig. 18).

Les Russes avaient semé de fourneaux submergés non seulement la Baltique mais aussi la mer Noire. Leurs torpilles ne s'enflammaient pas uniquement par le moyen des allumeurs chimiques (fig, 7) : ils se servaient aussi de l'électricité. Les alliés purent s'en convaincre le jour qu'ils trouvèrent à Yenikalé les ateliers et magasins dans lesquels l'ennemi avait préparé son matériel de défense sous-aquatique.

L'explosion des torpilles russes n'eut pas alors dans le monde militaire un retentissement prononcé. On ne vit en ces nouveaux engins que des défenses accessoires d'un intérêt médiocre ; le général américain Delafield, leur déniant le pouvoir de protéger efficacement un centre d'établissements maritimes, se contenta d'écrire : « *It is a most powerful auxiliary to harbour defence....* » Les marins, principalement, ne se rendaient pas un compte exact de la valeur de ces mines sous-marines. Depuis lors, leurs idées se sont singulièrement modifiées ; ils n'hésitent plus aujourd'hui à déclarer que, en 1855, les ingénieurs russes étaient parfaitement dans le vrai. « Il n'est pas douteux, disait — il y a déjà quinze ans — M. Abel, que, si les machines préparées pour la défense de la mer Baltique n'avaient pas été d'aussi faible dimension, puisqu'elles ne contenaient que de 8 à 9 livres (de 3 à 4 kilogrammes) de poudre, elles eussent causé la perte de quelques-uns des vaisseaux anglais qui, du fait de leur choc, en déterminèrent l'explosion. »

En 1856, après la chute de la place, les Anglo-Français entreprirent de ruiner les établissements militaires de Sébastopol et procédèrent, en particulier, à la démolition des *docks* maritimes. En vue d'atteindre plus rapidement le but qu'ils s'étaient proposé, les alliés crurent devoir

se partager la tâche : au major anglais Nicholson incomba
le soin de démolir les trois formes de radoub pour vaisseaux, avec une portion du grand bassin ; les ingénieurs
français, sous les ordres du colonel Rittier, furent chargés
de bouleverser l'autre portion du bassin, les deux formes
de carénage pour frégates et les trois écluses. La rupture
des radiers de ces derniers ouvrages nécessita l'emploi
d'un certain nombre de fourneaux submergés, dont les
explosions eurent plein succès.

GUERRE DE CHINE (1856-1859)

De 1856 à 1859, les Chinois, alors en lutte avec les
Anglais, organisent quelques dispositifs de torpilles dans
les eaux de leurs fleuves, mais ils n'obtiennent, sur
les flottilles de leurs adversaires, aucun succès digne
d'être enregistré.

GUERRE D'ITALIE (1859)

Le colonel Ebner procéda, en 1859, à l'organisation
de la défense sous-marine des abords de Venise ; notamment, des passes du Lido et de Malamocco. L'éminent
praticien créa, à cette occasion, tout un dispositif de
fourneaux submergés ; chacune de ses torpilles consistait en une boîte de bois de forme cylindrique (voy. ci-
dessus la fig. 27), renfermant 224 kilogrammes de fulmi-
coton, et pouvant produire des effets utiles dans un rayon
de 7 à 8 mètres. Tous les points d'immersion avaient été
soigneusement relevés au moyen de la chambre obscure.
Du rivage, on enflammait ces engins au moyen d'un courant électrique. Le système du colonel Ebner n'eut pas
l'occasion de faire ses preuves, mais il est certain que
c'est à sa présence que les Autrichiens durent l'avantage
de ne point voir la flotte ennemie dessiner une attaque.

GUERRE DE LA SÉCESSION DES ÉTATS D'AMÉRIQUE
(1861-1865)

Les événements de la guerre des États d'Amérique étaient destinés à démontrer péremptoirement la haute efficacité des torpilles employées comme moyen d'attaque ou de défense. Le] fourneau submergé prend, out d'un coup, rang parmi les engins classiques et laisse à la lutte des États du Sud et du Nord l'empreinte d'un cachet d'originalité saisissant. C'est à cette époque, en effet, que, suivant les projets et les types de Fulton, tant raillés en 1810 par le commodore Rodgers, les Confédérés construisent des appareils explosibles d'une incontestable puissance et qu'ils font ainsi trembler la marine fédérale.

Ce fut comme un coup de théâtre]

L'explosion des premières torpilles souleva dans les États du Nord un *tolle* général; les Sudistes y furent aussitôt traités d'assassins, d'impies, de scélérats vomis par l'enfer. *Infernal machinations of the enemy; — assassination in its worts form; — unchristian mode of warfare....* telles sont les expressions amères qui servirent à caractériser alors l'emploi des fourneaux submergés.

Lors de leur attaque d'Hatteras, de Port-Royal et de la Nouvelle-Orléans, les Nordistes n'avaient été nullement inquiétés par les torpilles; ils étaient donc portés à induire de ce fait que, à l'exception des ports de Wilmington, de Charleston et de Mobile, qu'on savait pourvus de défenses sous-marines, la côte était partout libre et praticable, ainsi que le cours de tous les fleuves. L'amiral Foote, qui commandait en chef la flottille du Mississipi, écrivait, le 7 janvier 1862, au ministre de la marine que les bruits répandus touchant les projets diaboliques des rebelles étaient probablement sans fonde-

ment et que, en tout cas, les craintes manifestées pa-
raissaient être inspirées par l'esprit d'exagération. Cependant, le 18 février suivant, des navires de guerre Fédéraux, qui tentaient de forcer le passage de la Savannah au-dessus du fort Pulaski, rencontrèrent, à l'embouchure du Mud River, un premier dispositif de torpilles dont l'apparition était bien de nature à lever toute espèce de doutes sur le genre de guerre que les Confédérés avaient l'intention d'entreprendre. Le commodore John Rodgers, qui commandait l'expédition, rapporte que le système de ces fourneaux était submergé lorsque la marée haute rendait le cours d'eau praticable aux navires; qu'il découvrait complètement à marée basse.

Durant l'année 1862, les Fédéraux se heurtèrent à une foule de dispositifs analogues, organisés dans les étroits cours d'eau du littoral atlantique. C'est ainsi que le commodore Rowan, en remontant la Neuse pour aller attaquer Newbern, trouva le chenal obstrué par une trentaine de torpilles, chargées chacune de 200 livres de poudre et formant *chapelet* (voy. fig. 30).

Pendant un certain temps, il fut permis de croire que l'organisation de ces défenses sous-aquatiques n'était qu'un résultat mesquin d'efforts individuels et, par conséquent, décousus; mais les belligérants du Nord ne purent longtemps garder leurs illusions à cet égard. Au mois d'octobre, en effet, le Congrès du Sud s'occupa tout spécialement d'*engineering operations* et décréta là formation d'un corps qui prit ouvertement le nom de *Confederate States submarine battery Service*. Il fut établi à Richmond une direction générale de ce service nouveau, direction qui fut dite *Torpedo bureau* et confiée au savant Maury, ancien officier de marine de l'Union. Tout le personnel enrôlé pour cette guerre s'engagea, sous la foi du serment, à garder le plus profond secret touchant le but et le moyen des opérations à entreprendre. On fit toute sorte d'expériences; les inventions se multiplièrent. On dépêcha en Europe une foule d'émissaires intelligents et actifs, ayant mission de prendre, partout où faire se pourrait, d'utiles renseignements sur la question alors à l'étude; d'acheter tout le matériel nécessaire; d'embaucher des ouvriers spéciaux.

Vers le milieu de l'année 1863, les Confédérés, lancés à toute vapeur dans la voie qu'ils venaient d'ouvrir, avaient déjà fait des progrès immenses, et réalisé nombre de perfectionnements dans le mode de construction et d'emploi des torpilles. On peut juger de l'importance des résultats acquis dès cette époque par ce fait que le *Department of submarine defences* de Charleston comptait alors, à lui seul, de cinquante à soixante officiers, préparateurs ou manipulateurs, uniquement chargés du soin de la construction, du contrôle ou de la conservation des engins sous-aquatiques.

Les effets de ces fourneaux, tour à tour employés dans l'attaque et dans la défense, furent assurément considérables. Les pertes de la marine fédérale ne s'élevèrent pas à moins de VINGT NAVIRES de tout rang.

C'est le 12 décembre 1876 que les Confédérés recueillirent le premier fruit de leurs travaux en coulant l'un des plus grands vaisseaux de l'escadre du Mississipi. Une division de cette escadre remontait le Yazoo River, en vue d'une action combinée avec l'armée de Sherman. Aux abords d'un coude de la rivière, les marins fédéraux aperçoivent une ligne de bouées suspectes, découvrant leurs têtes menaçantes. On stope afin de les défoncer sûrement en leur envoyant quelques obus, quand tout à coup l'on voit l'un des navires de la division, le *Cairo*, sauter... puis retomber et disparaître!... Les bouées n'étaient qu'un épouvantail; elles venaient de servir à arrêter les navires fédéraux, précisément à l'aplomb des points où leurs adversaires avaient réellement mouillé de vraies bouées-torpilles (voy. ci-dessus la fig. 19).

La nature des dispositions défensives prises par les Sudistes se manifesta, pour la deuxième fois, le 28 février 1863. Le monitor *Montauk*, escorté de quelques navires en bois, venait de détruire en Géorgie le corsaire confédéré *Nashville* et retournait à son poste de station lorsque, à la distance d'environ 1000 *yards* du fort Mac-Allister, il ressentit une violente commotion.... C'était une torpille qui venait de porter atteinte à ses œuvres vives. Ses avaries furent assez considérables; il eut besoin d'un mois pour se réparer.

Ces deux premiers sinistres eurent pour effet d'imposer aux marins de l'Union une circonspection extrême; d'inspirer à leurs adversaires une confiance illimitée en leurs nouveaux moyens d'action. Dès lors, on vit les Confédérés compter sur les fourneaux submergés plus que sur les bouches à feu. Le général Beauregard, qui commandait à Charleston, en vint à déclarer hautement qu'il aimait mieux avoir à son service une seule torpille que cinq *columbiades* de dix pouces (voy. ci-dessus la fig. 59). Les réfugiés, les déserteurs, les espions ne parlaient que de la puissance du nouvel engin sous-aquatique; ils ne craignaient pas de prédire la ruine de la flotte fédérale, au cas où celle-ci eût osé se hasarder à forcer les défenses du Sud. Ces rumeurs venaient singulièrement à l'appui des conclusions motivées de tous les rapports officiels; elles se trouvaient en pleine harmonie avec l'impression que la perte du *Cairo*, suivie de l'accident du *Montauk*, avait faite sur l'esprit du public américain.

Le gouvernement fédéral ne pouvait dissimuler ses angoisses. Le ministre de la marine ne sut, un moment, quel parti prendre en vue d'assurer ses monitors contre tant de chances de destruction subite; mais cette anxiété ne fut pas, il faut le dire, de longue durée. Le *Boot-jack* Ericson

dont il fut bientôt fait usage, put être considéré comme
une excellente *contre-torpille*. L'amiral Dupont munit,
d'ailleurs, tous ses navires cuirassés de *torpedo catchers*,
d'espars, de filets, de grappins, d'une foule d'ingénieux
instrument spropres à pêcher, arrêter, détourner ou annihiler les fourneaux qui pouvaient obstruer les passes. Ces
précautions étaient loin d'être inutiles ; mais, malgré ces
précautions mêmes, le *New-Ironsides* et le *Weehawken* cou-
rurent de grands dangers dans les eaux de Charleston. Ils
servirent tous deux d'objectif à une énorme torpille (voy.
ci-dessus la fig. 9) de 1000 kilogrammes de poudre
et n'échappèrent, par miracle, à une perte certaine
qu'à raison de l'imperfection d'un système de conducteurs mal isolés. A quelque temps de là, c'est-à-dire au
mois de juin 1863, le navire cuirassé l'*Essex* rencontra,
non loin du port Hudson, sur le Mississipi, un ingénieux
dispositif de fourneaux sous-aquatiques. Il n'eut point d'explosion à subir, mais cette reconnaissance ne fit que confirmer l'Union dans la pensée que ses craintes n'étaient
que trop légitimes.

Grâce à une vigilance extrême et au judicieux emploi
des appareils dont ils étaient pourvus, les navires fédéraux parvenaient à se garantir de l'effet des torpilles
ennemies ; mais il leur fut impossible de parer au
danger en toutes circonstances. Le département de la
marine eut à enregistrer de nouveaux sinistres : le 22 juillet 1863, le navire cuirassé *Baron de Kalb*, ayant eu le
malheur de toucher une des torpilles en dérive répandues
sur le Yazoo River (voy. ci-dessus les fig. 33, 34,
35 et 36), fut aussitôt perdu, corps et biens ; le 8 août
suivant, le *Barney*, qui descendait le James River, fut
visé par une torpille dormante et ne dut son salut qu'au
manque de précision des mouvements de l'opérateur chargé
de le faire sauter. Il en fut quitte pour une secousse qui,
désorganisant son avant, le mit, pour un temps, hors de

service. La journée du 1er avril 1864 fut témoin de la destruction du transport *Maple Leaf*, dans les eaux du Jones River, en Floride. Ce fut ensuite le tour de l'*Eastport*, grand navire cuirassé qui périt pendant la malheureuse expédition du Red River. Le 6 mai, le *Commodore Jones* fut littéralement mis en pièces par une torpille de 2000 livres, placée par les Confédérés à l'un des coudes du James River. On vit le malheureux navire

Fig. 75. — Mise en pièces du *Commodore Jones*.

projeté haut en l'air au milieu d'une gerbe d'eau mousseuse, bientôt suivie d'une colonne de boue. L'équipage entier trouva la mort au milieu d'une pluie de débris épars.

Au cours des mois de mai et juin 1864, les flottilles fédérales n'eurent d'autre souci que celui de se garer des torpilles en dérive confédérées (voy. les fig. 33, 34, 35 et 36), lesquelles venaient s'accumuler dans le chenal ouvert entre Dutch et City-Point. Pendant ces deux mois, les navires de l'Union ne cessèrent pas un instant de tendre des filets, de manœuvrer le *torpedo-catcher*, de fouiller les canaux, de jeter à terre, sur les rives des fleuves, des détachements de matelots chargés de faire la chasse aux manipulateurs de l'ennemi. A force de soins et de prudence, le danger put être, jusqu'à un certain point, conjuré ; mais de nouveaux périls étaient toujours à craindre ; les événements semblaient se dérouler suivant une loi de chute perpétuelle de Charybde en Scylla.

Le 5 août 1854, eut lieu l'attaque des défenses de la baie de Mobile par la flotte de l'amiral Farragut. Les Confédérés avaient mouillé une rangée de forts pilots entre le fort Gaines et le banc de sable qui regarde la pointe de Mobile (voy. la fig. 76). La passe qui s'ouvre entre ce banc et le fort Morgan a jusqu'à dix-huit mètres de profondeur, mais le fond en est essentiellement mouvant et flasque. Les défenseurs, ne pouvant songer à y asseoir un barrage fixe, l'avaient semée de torpilles, en y ménageant un passage d'environ 450 mètres de large pour les allées et venues des navires du modèle dit *blockade-runner* (coureur de blocus). Derrière ces fourneaux submergés, se trouvait établie une ligne d'embossage, formée de trois canonnières et du *Tennessee*, bélier cuirassé.

Pour forcer la passe, l'amiral Farragut fit prendre à ses quatorze navires en bois l'ordre en colonne sur deux files ; sur le flanc droit de la colonne, il mit également en file ses quatre cuirassés. Ces dispositions prises, il poussa franchement en avant !... Un tel acte de vigueur lui coûta le *Tecumseh*, enlevé par une torpille, mais il entra dans la baie de Mobile, qui lui serait sans doute restée fermée si les Confédérés avaient pu renforcer d'un barrage l'action combinée de leurs fourneaux sous-marins et des batteries de leurs forts. Quelques instants après la perte du *Tecumseh*, le *Brooklyn*, inquiété par d'autres torpilles, était contraint d'abandonner la position qu'il occupait sur la ligne de bataille.

En somme, deux navires mis hors de combat!... tel fut le prix dont l'intrépide Farragut paya son très retentissant succès.

Cependant la guerre n'était pas finie. Le 9 décembre,

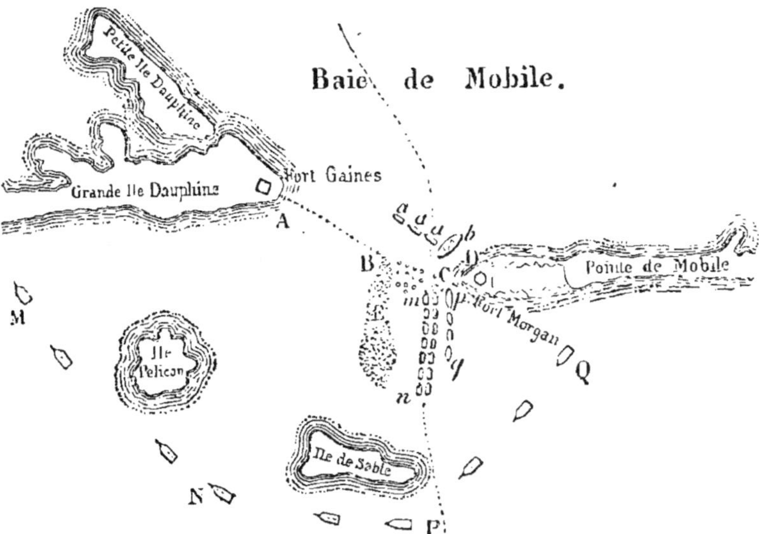

Fig. 76. — Attaque de la passe de Mobile par la flotte de l'amiral Farragut.

A, fort Gaines. — D, fort Morgan. — E, banc de sable de la pointe de Mobile. — A B, barrage en pilots. — B C, lignes de torpilles. — C D, passage libre de 450 mètres. — *aaa*, canonnières confédérées. — *b*, le *Tennessee*, bélier cuirassé confédéré. — M N P Q, ligne de blocus formé par la flotte fédérale avant le combat. — *m n p q*, colonne d'attaque de l'amiral Farragut, le 5 août 1864. — *m n*, navires en bois, en colonne sur deux rangs. — *p q*, navires cuirassés, en colonne sur un rang.

une flottille de navires en bois remontait le Roanoke River, et ne marchait dans cette voie qu'avec des précautions extrêmes. Elle reconnaissait le fleuve à bâbord, à tribord, en avant; faisait sondages sur sondages afin de découvrir les fourneaux submergés dont on lui avait signalé la présence; elle cherchait à en provoquer l'explosion. Soins inutiles!... Une torpille en dérive (voy.

ci-dessus les fig. 33, 34, 35 et 36) vient à toucher l'*Otsego* et le met en pièces. Un autre navire de la flottille, le *Bazeley*, s'empresse de porter secours à l'équipage en détresse; il est, à son tour, coulé par une autre torpille. Ainsi affaiblie de deux voiles, la flottille, frappée d'épouvante, renonce à son expédition.

Ce double désastre ne devait malheureusement pas être le dernier. Pendant la nuit du 15 janvier 1865, une torpille en dérive détruisit, dans les eaux de Charleston, le monitor fédéral *Patapsco*. Cette catastrophe coûta la vie à soixante-deux combattants, officiers ou matelots.

La nuit du 20 février suivant fut témoin d'une autre opération dans le Cape Fear River. Les Confédérés lancèrent dans les eaux du fleuve une masse de *barrel torpedoes* libres (voy. ci-dessus fig. 20), plus de deux cents au dire de l'amiral Porter. Informé de ce fait par ses canots éclaireurs, l'amiral put tendre des filets; il arrêta à temps ces torpilles à fleur d'eau, dont l'irruption provenait d'une réminiscence de la *Bataille des barils* de Bushnell. On en fut quitte pour la perte d'un cutter qui se trouvait en avant du *Schawmut;* cette embarcation fut mise en pièces, ainsi que l'un des tambours de l'*Osceola*.

Le 1ᵉʳ mars 1865, l'amiral Dahlgren annonce au ministre de la marine la destruction totale du *Harvest Moon*, dans les eaux de Georgetown. Cet événement semble être le prélude d'une recrudescence d'intensité dans la série des effets des fourneaux sous-aquatiques. A mesure que leurs ressources s'épuisent, les Confédérés semblent imprimer un redoublement de fureur à l'exécution de leur service des torpilles. Au moment où, la guerre touchant à sa fin, les Fédéraux s'apprêtent à jouir de leur triomphe, ils sont atteints, coup sur coup, par de nouveaux désastres. En quinze jours, cinq navires de guerre, dont deux grands monitors à double tourelle, succombent sous l'action des fourneaux submergés. C'est du 30 mars au 14 avril 1865 que l'Union perd successivement, dans la baie de Mobile (voy. ci-dessus la fig. 76), le *Milwaukie*, l'*Osage*, le *Rodolph*, la *Sciota*, l'*Ida* et l'*Althea*.

Quant aux Confédérés, ils ne firent, dans cette guerre sous-aquatique, que des pertes légères. Deux de leurs steamers, le *Marion* et l'*Etiwan*, se heurtèrent, dans le port de Charleston, à leurs propres torpilles et, par suite, volèrent en éclats. Un autre navire, le *Shultz*, fut victime d'un accident semblable dans les eaux du James River.

Au mois de septembre 1863, les Fédéraux, à l'exemple de leurs adversaires, adoptèrent l'usage des torpilles défensives, et en organisèrent un imposant dispositif à l'embouchure du Roanoke River. Ces fourneaux demeurèrent en place jusqu'à la fin de la guerre de la Sécession, sans faire aucun mal aux Confédérés.

Il est permis de dire que les Sudistes ont admirablement conduit l'exécution des projets que comportait leur système. Ils ont introduit dans la pratique de la guerre un nouvel et terrible engin et opéré, par là, une véritable révolution dans l'art de la défense des ports. S'ils avaient eu recours, dès le début de la guerre, à ces puissants moyens d'action, ils eussent pu neutraliser, cela n'est pas douteux, la supériorité maritime des États fédéraux.

Telle est, rapidement esquissée, l'histoire de la guerre d'Amérique, en ce qui concerne les effets produits par les torpilles *défensives*.

Les torpilles *offensives* ont également joué, dans cette guerre, un rôle intéressant qu'il convient d'analyser.

Au début de la guerre, les Nordistes eurent l'occasion de capturer un des navires cuirassés de l'ennemi. Cet *iron-clad*, qu'on nommait l'*Atlanta*, affectait une forme étrange dont on ne tarda pas à saisir la signification. Son avant était muni d'un fort éperon, et cet éperon servait d'armature à une torpille de grand volume. Il n'y avait point à s'y méprendre : les Confédérés, modifiant leur manière, se proposaient de prendre l'offensive, d'aller porter et enflammer de grosses charges de poudre sous les œuvres vives des navires fédéraux. L-événement ne devait point tarder à confirmer la justesse de ces appréciations. Le 5 octobre 1863, le *New Ironsides*, grand navire de guerre, se trouvait à la hauteur de Charleston lorsque, vers neuf heures du soir, ses hommes de quart lui signalèrent l'approche d'un petit objet d'aspect étrange. On crut reconnaître une embarcation. Suivant l'usage, on la héla... mais on n'eut qu'un coup de fusil pour réponse; l'officier de service tomba sur la dunette, mortellement blessé. Au même instant, une violente explosion labourait le flanc du navire. Une immense colonne d'eau, soulevée par les gaz de la poudre, retombait en déluge sur le pont.

Il y eut alors, à bord de l'*Ironsides*, une scène de trouble et de désarroi dont l'assaillant profita pour disparaître. On se mit à sa poursuite, mais sans le moindre succès ; on ne fit qu'entrevoir vaguement deux hommes qui se maintenaient à la surface de l'eau à l'aide d'appareils natatoires (*life-preservers*). C'était le commandant du *torpedo boat* qui s'enfuyait avec un de ses matelots. La gerbe soulevée avait presque empli d'eau sa frêle embarcation. Craignant de couler, il l'avait abandonnée délibérément. Il fut ultérieurement acquis que son équipage était de quatre hommes; sa torpille, de soixante livres de poudre.

Plus tard, lors de la prise de possession de Charleston, les Fédéraux y trouvèrent huit autres petits bateaux construits sur le modèle de celui qui avait attaqué l'*Ironsides*. Ils étaient en tôle et affectaient la forme d'un cigare (voy. ci-dessus la fig. 41). Très légèrement cuirassés, ces dangereux belligérants pouvaient prendre une vitesse de sept nœuds, soit de 12^k,964 à l'heure. Les Amé-

Fig. 77. — Attaque de l'*Ironsides* par un bateau-cigare.

ricains du Nord leur donnèrent le nom générique de *davids*, à raison du passage de l'Écriture qui mentionne la petite taille du vainqueur de Goliath. Cette dénomination devint bientôt aussi populaire que celle de *monitor*.

L'attaque de l'*Ironsides* par un *david* eut pour premier effet de provoquer un surcroît de précautions, un luxe extraordinaire de surveillance à bord de tous les navires

Fig. 78. — Le sloop *Housatonic* coulé par un *david*.

de la flotte fédérale; mais ces soins furent impuissants à prévenir la perte du sloop de guerre *Housatonic*, survenue dans les eaux de Charleston, le 17 février 1864. Ce navire se trouvait à son poste de blocus lorsque, vers 9 heures du soir, il aperçut, à la distance d'environ cent yards, une espèce de planche qui, voguant à la surface, semblait se diriger sur lui. En moins de deux minutes, un ennemi presque intangible allait sans doute l'aborder vigoureusement. Il ne perdit pas de temps...

ses chaînes furent aussitôt lâchées... il fit machine arrière, mais pas assez vite pour échapper aux coups du *ram torpedo*. Frappé à tribord, en avant du mât de misaine, il coula en une minute, sans même avoir pu tirer son canon de détresse. Quelques officiers ou matelots purent être sauvés par le *Canandaigua*, mais le reste de l'équipage périt misérablement. Quant au *david* qui venait de détruire l'*Housatonic*, on ne le revit jamais... d'où l'on peut supposer qu'il fut englouti sous la colonne d'eau soulevée par sa torpille, ou entraîné dans le gouffre ouvert sous les œuvres vives de son adversaire.

Malgré cet accident, les Confédérés ne craignirent pas d'armer de nouveaux *davids;* ils recrutèrent d'intrépides équipages pour tenter de nouvelles attaques contre les vaisseaux de l'Union. Le 6 mars 1864, le steamer *Memphis* était en station sur le North Edisto River quand il découvrit, à cinquante yards environ, un *torpedo boat* qui piquait droit sur lui en grande vitesse (voy. encore la fig. 41). Il lâcha immédiatement ses chaînes et se mit à déraper, pendant que les hommes de quart concentraient sur l'assaillant un violent feu de mousqueterie. Il est probable que le mouvement de rotation du propulseur eut alors pour effet de briser l'espar de la torpille du bateau-cigare. Toujours est-il que celui-ci s'empressa de battre en retraite et qu'il sut échapper aux canots du *Memphis*.

Le 9 avril suivant, la frégate *Minnesota*, de l'escadre de blocus du Nord-Atlantique, était mouillée à la hauteur de Newport News, près de l'embouchure du James River; elle se trouvait au centre de la station occupée par une foule de navires de guerre, de cuirassés, de transports. Vers deux heures du matin, elle aperçut, à deux cents yards de distance, un corps sombre qui s'avançait lentement. L'officier de quart crut y reconnaître une embarcation qu'il héla.... N'obtenant point de réponse satisfaisante, il s'apprêtait à faire feu quand, tout à coup, survint une explosion terrible.... Touchée par la torpille, la frégate faillit périr... elle ne coula point, mais ses avaries furent considérables.

Dix jours après, c'est-à-dire le 19 avril 1864, la frégate *Wabash*, de l'escadre de blocus de Charleston, se vit, à son tour, attaquée par un *david*. Elle se hâta de couper ses amarres et prit le large, tout en lâchant une bordée de mousqueterie dans la direction supposée de son chétif et minuscule assaillant (*diminutive assailant*). Grâce à l'obscurité, grâce à l'exiguïté de ses dimensions, non moins qu'à l'absence de précision d'un tir exécuté sous le coup d'une violente émotion, le *torpedo boat* se tira de la bagarre... et put rentrer sain et sauf à Charleston. Spectacle étrange et jusqu'alors inconnu aux hommes !... Une grande frégate de guerre, armée de canons formidables, ne comptant pas moins de sept cents hommes d'équipage, venait de fuir devant quatre aventuriers dirigeant une frêle embarcation du port d'un tonneau, dont tout l'armement consistait en quelques livres de poudre accrochées au bout d'un espar !...

Le gouvernement de l'Union prit enfin la résolution de lutter à armes égales ; de se munir d'engins offensifs analogues à ceux des Confédérés. En conséquence, au printemps de l'année 1864, il commanda à MM. Wood et Lay la construction de diverses machines de guerre sous-aquatiques, notamment d'un bateau-torpille qui fut désigné sous le nom de *screw picket boat* (voy. ci-dessus pag. 115). C'est une embarcation de ce genre qui fut mise à la disposition de M. Cushing, pour l'attaque du cuirassé confédéré l'*Albemarle*.

Nous ne saurions passer sous silence le fait d'une expédition dont le succès fit le plus grand honneur à ce vaillant officier. L'*Albemarle* était un *iron-clad* doué d'excellentes qualités nautiques, et dont l'équipage avait, depuis longtemps déjà, fait preuve d'une énergie peu commune.

Devenu la terreur des passes maritimes (*terror of the sunds*), il prétendait couler tous les navires de la flotte fédérale. On l'avait vu sortir victorieux de deux engagements très rudes. Le gouvernement de l'Union jugeait indispensable de le capturer ou de le détruire. Chargé de cette mission périlleuse, M. Cushing arma son *screw picket boat;* accompagné de treize hommes résolus, il appareilla, dans la nuit du 26 octobre 1864, pour aller à la rencontre de l'*Albemarle,* alors mouillé dans le Roanoke River. Il s'en approcha d'abord lentement, silencieusement; puis, quand il se vit découvert et accueilli par un feu de mousqueterie formidable, il n'hésita pas à se lancer à toute vapeur en avant. Tenant lui-même à la main le levier de l'appareil percuteur, il porta sa torpille sous le flanc du navire, et lâcha la détente…. Aussitôt l'*Albemarle* s'abîma, mais en entraînant sous les eaux l'embarcation fédérale. Le brave Cushing put heureusement se sauver à la nage avec quelques-uns de ses compagnons.

On voit que, durant cette guerre de la Sécession, les Américains ont employé de mille manières les fourneaux submergés; et qu'ils en ont singulièrement fait varier les dimensions, la forme et le mode d'action. Ils ont procédé, à cet égard, à des recherches considérables; ils ont monté, tour à tour, et descendu la gamme des idées précisément émises, tâté tous les moyens, décrit, au grand complet, le cercle des opérations que permettait alors l'état d'avancement de l'art torpédique.

GUERRE DU DANEMARK (1864)

Pour ne point scinder mal à propos le récit des événements de la guerre de la Sécession, nous avons à dessein omis de placer à son rang chronologique certain épisode d'une lutte engagée, vers le même temps, dans le nord de l'Europe. C'est une lacune qu'il convient de combler.

Mis en demeure de procéder d'urgence aux travaux d'organisation défensive de son littoral, le Danemark sut s'inspirer du principe des moyens mis en œuvre par les Américains. Un ingénieur des États du Nord construisit, pour le compte du gouvernement danois, un nombre important d'appareils sous-marins, et bientôt les journaux entretinrent le public des mines découvertes dans les

Fig. 79. — Destruction de l'iron-clad *Albemarle*.

eaux du Sund. On apprit que l'une des embarcations allemandes, employées à l'opération du débarquement dans l'île d'Alsen, avait été frappée par une torpille, projetée haut en l'air et brisée en mille pièces.

Le fait était exact.

A la suite de cet accident, les Allemands s'empressèrent de procéder à des recherches aussi prudentes que minutieuses. Ils finirent par découvrir, le long du rivage, une trentaine de fourneaux submergés à un ou deux mètres de profondeur, et distants entre eux de 1ᵐ,85 à 5ᵐ,70.

Chacune de ces mines sous-aquatiques consistait en une charge d'environ 10 kilogrammes de poudre, enfermée dans un globe de verre, sorte de dame-jeanne que protégeait extérieurement une enveloppe de bois. Cette enveloppe affectait la forme d'un parallélipipède rectangle de 0ᵐ,62 de hauteur sur une base de 0ᵐ,51 de côté. L'appareil différait peu, comme on le voit, du type proposé par Fulton, mais il s'en distinguait par une disposition extrêmement ingénieuse de l'allumeur. Un tube de verre, recourbé à son extrémité inférieure, plongeait dans la dame-jeanne ; son extrémité supérieure, soigneusement fermée, en traversait le bouchon. Au fond du tube, trois ou quatre morceaux de potassium flottaient immergés dans de l'huile de pétrole ou de naphte. Un sachet en caoutchouc, empli de matières très inflammables, était assujetti à la partie inférieure du tube, et reposait sur la charge avec laquelle il communiquait par plusieurs ouvertures. Au moindre choc, le tube se brisait, l'eau rencontrait le potassium et se décomposait. L'élévation de température résultant de l'oxydation du potassium enflammait l'huile de pétrole, déterminait la combustion des matières inflammables et, par suite, l'explosion.

GUERRE D'ITALIE (1866)

En 1866, l'Autriche, redoutant les attaques de la flotte italienne sur le littoral de l'Istrie et de la Dalmatie, fit appel au talent du colonel Ebner. L'habile ingénieur, qui avait si bien organisé, en 1859, les défenses sous-aquatiques de Venise, disposa le long des côtes menacées un système torpédique dont les éléments figurèrent, l'année suivante, à l'exposition universelle de Paris (voy. ci-dessus la fig. 27). On remarquait parmi ces appareils d'excellents instruments de contrôle, des *toposcopes* et des machines magnéto-électriques de Markus.

Prêt à fonctionner dès le début de la guerre, ce matériel n'eut pas l'occasion de servir.

GUERRE DU BRÉSIL ET DU PARAGUAY (1866)

C'est vers la fin de cette même année 1866 que, à l'instar des États-Unis, un peuple de l'Amérique du Sud fit aussi des torpilles un usage dont nous ne saurions passer sous silence les effets relativement remarquables.

On se rappelle l'origine de la guerre du Paraguay. Le 19 avril 1863, Florès s'était mis à la tête de quelques hommes résolus ; puis, après un facile débarquement sur le territoire de l'Urugay, il avait appelé tous les *colorados* aux armes contre les *blanquillos*. Énergiquement soutenu par le gouvernement brésilien, il s'était successivement emparé de la Florida, du Salto, de Paysandù et, enfin, le 22 février 1865, de Montevideo.

Ému du fait de ces conquêtes, le gouvernement du Paraguay n'avait pas su se maintenir dans les limites de la neutralité. Depuis longtemps, le président Lopez, inquiet de l'attitude du Brésil, avait rassemblé sur sa frontière une armée de 30 000 hommes, et mis sur un pied formidable sa forteresse de Humaïta. Vers la fin du mois d'août 1864, il déclarait au ministre brésilien, en résidence à l'Assomption, que « il considérait toute occupation du territoire oriental (Uruguay) par les forces impériales comme attentatoire à l'équilibre des États de la Plata, équilibre qui « intéresse la République du Para- « guay à titre de garantie de sa sécurité, de sa paix, de « sa prospérité... » ; qu'il protestait de la manière la plus solennelle contre un tel acte, en déclinant, dès lors, toute responsabilité des événements qui pourraient survenir ». Les rapides progrès de Florès firent bientôt passer Lopez du fait de la protestation à celui de la déclaration de guerre. Après avoir fait remettre ses passeports au ministre brésilien, il envahit brusquement la province de Matto-Grosso, et arrêta tous les paquebots impériaux qui naviguaient alors sur le Paraguay.

Après la chute de Montevideo, le Brésil put répondre au défi que lui jetait ainsi le président de la République Paraguayenne ; il le fit en combinant ses forces avec celles de la République Argentine et de la République Orientale récemment soumise (traité de triple alliance signé le 3 mai 1865). L'escadre brésilienne manifesta d'abord sa supériorité en la fameuse journée de Riachuelo (11 juin 1865), qu'elle nomma pompeusement le *Trafalgar de l'Amérique du Sud*. Puis, la victoire de Yatay et la prise d'Uruguayana vinrent enfler d'espérance le cœur des amiraux ; il fut aussitôt arrêté en conseil que les flottes alliées remonteraient le Parana, afin de prendre à revers les défenses du Paraguay. Cette opération fut entreprise le 21 mars 1866.

Dix-huit navires à vapeur, la plupart cuirassés, armés de 80 canons de gros calibre et montés par cinq mille matelots ou soldats, telles étaient les forces qui se proposaient d'enlever le *Paso de la Patria*. Mais les alliés ne tardèrent pas à reconnaître que, malgré l'importance de leurs moyens d'action, il leur serait impossible de franchir une passe admirablement protégée par les feux du port d'Itapirù. Ils résolurent, en conséquence, de redescendre le Parana ; de prendre la forteresse à revers ; de combiner une attaque générale, par terre et par eau, de la batterie de Curupaïty qui défendait les approches de Humaïta. C'est le 1er septembre 1866 que, suivant ce nouveau plan d'opérations, l'escadre brésilienne pénétra dans les eaux du Paraguay ; c'est le lendemain, 2 septembre, qu'elle ressentit les premiers effets des fourneaux submergés dont le président Lopez avait semé le fleuve.

Le *Rio-de-Janeiro* était un magnifique cuirassé de 65 mètres de longueur, 12 mètres de largeur et 3 mètres de tirant d'eau. Sa machine, de provenance anglaise, était de 200 chevaux. Les plaques de sa muraille ne dépassaient la ligne de flottaison que d'environ 0m,89, mais un réduit blindé, armé de huit grosses pièces rayées, s'élevait de 2m,30 au-dessus de son pont.

Il était parvenu à la hauteur de Curuzu quand il rencontra, d'un seul coup, deux torpilles paraguayennes

Fig. 80. — Destruction du cuirassé brésilien *Rio-de-Janeiro*.

mouillées (voy. ci-dessus la fig. 28). En moins de deux secondes, il fut absolument perdu, corps et biens!...

Ce grave accident donnait à réfléchir aux marins brésiliens. Ils se rappelaient tous les épisodes similaires de la guerre de la Sécession, laquelle venait de se terminer l'année précédente. Ayant reconnu les défenses de Curupaïty, ils n'étaient que médiocrement rassurés. Toutefois, l'amiral Tamandaré tenta de forcer le passage défendu par ces terribles batteries de Curupaïty. Il lança, à cet effet, en avant huit cuirassés, deux bombardes, trois bateaux plats, trois navires en bois, avec un grand nombre de canonnières et de petites embarcations destinées à pêcher les torpilles qui fourmillaient de toutes parts. Trois des cuirassés parvinrent à franchir l'estacade, mais leurs efforts furent définitivement infructueux; il leur fallut battre en retraite (22 septembre 1866).

L'année suivante, l'amiral Ignazio renouvela les tentatives de Tamandaré. On était alors au 15 août. Laissant à Curuzu ses bâtiments en bois, l'amiral s'avança hardiment dans le fleuve, avec une division de dix cuirassés, deux bombardes et un aviso à vapeur. Ces navires parvinrent à dépasser Curupaïty, sans avoir eu trop à souffrir des nombreux chapelets de torpilles (voy. ci-dessus la fig. 30), qui garnissaient les eaux du fleuve, et cela grâce aux mesures de prudence prises par Ignazio, et aux indications qu'il avait su se procurer sur la situation de ces fourneaux submergés. Mais la division qui s'aventurait ainsi se trouva bientôt dans une position extrêmement critique. Le président Lopez, qui avait barré le fleuve à 600 mètres *en amont*, donna l'ordre de jeter *en aval* un nouveau barrage de torpilles, de telle sorte que les Brésiliens se trouvèrent en prise, de front et de revers, à l'action d'un système de mines sous-aquatiques. La division ne dut son salut qu'à l'imperfection des systèmes paraguayens, dont l'effet était souvent nul. C'est ainsi que, dans la nuit du 17 octobre 1867, le navire cuirassé *Silvado* fut accroché par deux torpilles noyées en dérive (voy. ci-dessus la fig. 37) qui s'attachèrent à sa proue, mais qu'il lui fut facile de pêcher dans la matinée du 18. Le choc reçu par ces engins n'avait pas été suffisant pour enflammer les amorces; d'ailleurs, leurs enveloppes étaient loin d'être étanches.

Cependant, si imparfaite qu'en soit l'organisation, des

fourneaux submergés peuvent faire beaucoup de mal ; les Brésiliens en eurent, plus d'une fois, la preuve. Ainsi, le 19 février 1868, la troisième division de l'escadre impériale s'engage résolument dans les passes de Humaïta, qu'elle veut forcer sous le feu même de la redoutable forteresse ; mais, dès le début de cette action de vigueur, le *Tamandaré*, qui remorque le *Para*, reçoit un coup de torpille mouillée (voy. encore la fig. 28) qui lui ouvre à l'avant deux énormes brèches par lesquelles l'eau pénètre à torrents. Une partie des feux est noyée ; les efforts de l'équipage ne peuvent parvenir à opérer un épuisement sérieux. Ce n'est qu'avec les plus 'grandes difficultés que le navire entamé peut atteindre Thuyi, où il s'empresse de s'échouer de l'avant, de peur de couler à pic.

Tel est, rapidement esquissé, l'historique des événements de la guerre du Paraguay, dans lesquelles les torpilles eurent un rôle de quelque importance.

GUERRE FRANCO-ALLEMANDE (1870-1871)

Surpris par des événements qui se précipitaient avec rapidité, les Allemands, mis en demeure de procéder d'urgence à l'organisation de la défense de leurs côtes, n'eurent que le temps de confectionner des fourneaux submergés du type *Jacobi* (voy. ci-dessus la fig. 18). La torpille allemande de 1870 avait pour enveloppe une feuille de tôle de $0^m,007$ d'épaisseur, découpée et soudée de façon à affecter une forme conique. Quatre baguettes de fer, placées à la partie inférieure, se réunissaient en crochet ; dans ce crochet était passé l'anneau de la chaîne d'ancrage. La charge était de 35 kilogrammes de poudre ; la torpille chargée pesait, avec sa chaîne d'ancrage, 50 kilogrammes. A la partie supérieure étaient fixées 5 amorces chimiques (détonateurs), construites comme il suit : dans un tube de plomb en saillie d'environ $0^m,10$

était engagé un tube en verre empli d'acide sulfurique entouré d'une composition fulminante, chlorate de potasse et sucre pulvérisé. Tout navire, venant à heurter un de ces tubes en plomb, brisait le tube en verre que celui-ci renfermait; l'acide sulfurique déterminait alors l'inflammation du chlorate de potasse et, par suite, celle de la charge.

Pour éviter les accidents, on vissa sur tous les tubes en plomb des chapes de sûreté en laiton, chapes que l'on n'enlevait qu'au moment de la mise en place des torpilles. Malgré ces mesures de prudence, on fit, au cours de la guerre, une triste expérience de ces engins, car il se produisit une explosion imprévue qui coûta la vie à trente ou quarante hommes, dont un officier. Après la guerre, 130 hommes périrent encore en cherchant à les relever. On dut, en désespoir de cause, se résoudre à les faire partir à l'aide de chalands lancés en dérive.

Dès le 20 juillet 1870, le général Vogel de Falkenstein était appelé au commandement de toutes les forces mobilisées du littoral; le lendemain, 21 juillet, il établissait à Hanovre son quartier général. En même temps, le major Vincenz était nommé commandant du *détachement de torpilles* (section non mobilisée) chargé du service de la défense des côtes. Il avait alors sous ses ordres trois officiers, répartis comme il suit : aux défenses de Geestemünde, le seconde-lieutenant Jacobi; aux défenses de Sonderbourg, le seconde-lieutenant Mayer; aux défenses de Kiel, le seconde-lieutenant Tauwel. Une quantité considérable de torpilles parsemèrent aussitôt toutes les passes praticables, ainsi que les embouchures de la Jade, du Weser, de l'Elbe; les eaux du fiord de Kiel, du golfe de Dantzig, de tous les points vulnérables des côtes de la Baltique et de la mer du Nord.

Ces défenses multipliées n'eurent pas l'occasion de faire leurs preuves, car notre flotte, que n'appuyait aucune escadre de monitors, ne trouva nulle part, même en Danemark, de pilote qui consentît à la conduire. Or, comment se diriger à travers des passes étroites, marquetées de hauts-fonds, et dont le balisage avait été détruit? Dans cette situation, n'ayant d'ailleurs à opérer aucun débarquement de troupes, nos marins eurent la sagesse de renoncer à toute action de vigueur.

En France, les Allemands avaient annexé à leurs armées de terre deux détachements de torpilles tirés du corps du génie et de celui des pionniers, *avec adjonction de marins.* Ces détachements avaient reçu mission d'opérer sur le cours de nos fleuves.

Pour se débarrasser de deux canonnières et d'une batterie flottante qui croisaient sur le cours supérieur de la Seine, près des lignes d'investissement de Paris, nos adversaires eurent recours à l'emploi de quelques torpilles dont le type a été exposé ci-dessus (p. 98.) Trois de ces torpilles, chargées : l'une de 15 kilogrammes ; les deux autres, de 37^k,500 de poudre française, furent jetées, le 3 décembre 1870, dans nos lignes où elles firent explosion non loin de Choisy-le-Roi. Ces fourneaux en dérive ne produisirent aucun effet sérieux contre les obstacles que nos adversaires voulaient détruire.

Le 13 décembre 1870, les Allemands, redoutant une attaque sérieuse des canonnières françaises, reconnurent, entre Duclair et la Fontaine, à 35 kilomètres en aval de Rouen, un point favorable à l'établissement d'une estacade, laquelle dut se composer d'une chaîne de bateaux coulés, *avec une ligne de torpilles en avant.* A cet effet, le 19 décembre, le capitaine Ritter réquisitionna deux bâtiments, un brick anglais et un schooner, qu'il coula le lendemain en ouvrant les panneaux de la cale au lestage, et perçant des trous dans le bordage au-dessous de la flottaison. La vitesse du courant, qui mesurait deux mètres à la seconde, la mauvaise tenue du fond, sur lequel chas-

saient les ancres, rendirent l'opération extrêmement difficile. Du 21 au 23, les pionniers coulèrent sept autres navires dont deux furent entraînés par le courant. Le 24, on
abattit les mâts des deux bâtiments ; on les relia par leurs
agrès aux carcasses coulées, dans l'intervalle desquelles
ces mâts formèrent un barrage flottant. Le passage pouvait, dès lors, être considéré comme suffisamment fermé
suivant toute la largeur de la Seine. Des batteries, des
tranchées-abris flanquaient l'estacade sur la rive droite ;
deux vapeurs, montés chacun par un officier et vingt-deux
pontonniers, étaient chargés de surveiller le fleuve. Pendant ce temps, le premier lieutenant Bendemann faisait
confectionner à Rouen un certain nombre de torpilles
électriques, dont quelques-unes furent mises en place
dès le 22 décembre.

La Seine charria beaucoup à partir du 27 ; les Allemands
durent, en conséquence, interrompre la pose de ces torpilles. Le fleuve étant redevenu libre vers le 6 janvier, le
corps qui opérait sur Rouen fut renforcé de 2 officiers,
55 sous-officiers ou pionniers, 27 matelots de la section
de torpilles attachée au service de la défense des côtes.
Ce détachement, commandé par le major Vincenz, arriva
à destination le 8 janvier avec cinquante torpilles à percussion. Une nouvelle débâcle de glace retarda encore
l'installation de ces engins; enfin, le 29 janvier et les
jours suivants, on en mit en place *dix-neuf* sur la gauche
de la position *Trait-Yainville*. Cette chaîne se trouvait à
750 mètres en amont de Trait, en un point où la Seine
avait 260 mètres de largeur sur 9 mètres de profondeur à
marée basse. Elle était flanquée par une batterie bien défi-
lée, placée à 750 mètres en arrière, ainsi que par des
postes d'infanterie embusqués derrière les bourrelets des
deux rives. Les torpilles, chargées de 73 livres de poudre
et munies d'appareils percutants très sensibles, étaient
espacées de $11^m,25$, à une profondeur de $0^m,50$ au-des-

sous des basses eaux; elles pouvaient donc, même à marée haute, barrer le passage à des canonnières calant 2^m,50.

Les Allemands durent procéder, du 5 au 7 février 1871, à l'enlèvement de cette ligne de défenses sous-aquatiques.

Au cours de la guerre de 1870-71, nous avons également eu occasion de faire parfois usage de torpilles, notamment à Paris, à Metz et Verdun.

Avant l'investissement de Paris, M. Dupuy de Lôme avait introduit dans la place menacée un certain nombre d'enveloppes ou carcasses de torpilles dormantes. Chacun a pu voir, pendant le siège, ces appareils *sui generis*, qu'on avait entreposés dans le parc du Palais de l'Industrie, aux Champs-Élysées (voy. ci-dessus la fig. 14). On put bientôt se convaincre que, pour des raisons diverses, ces torpilles ne pouvaient rendre aucun bon service dans les eaux de la Seine, et l'on imagina de les utiliser sous terre, en guise de fourneaux de mine ou plutôt de fougasses. Mais il fallut encore renoncer à ce projet, eu égard au poids considérable d'un engin qui, dans ces conditions, n'eût plus été qu'une bombe enterrée, d'un énorme calibre.

Durant le blocus de Metz, le colonel Goulier essaya de rompre les ponts allemands de Malroy. Le dispositif qu'il proposait était un heureux perfectionnement du modèle adopté par les Autrichiens, en 1809 et 1813, sur le Danube.

Vers la même époque, le commandant Bussière, alors attaché au service de la défense de Verdun, eut l'idée de détruire, au moyen d'une torpille de rivière (voy. ci-dessus la fig. 32) le pont de chevalets que les Allemands avaient organisé sur la Meuse, à 5 kilomètres en aval de la place. Tout était prêt, la *torpille roulante* allait être lancée contre le pont des allemands lorsque, le 9 novembre, Verdun capitula.

CONFLIT ANGLO-PÉRUVIEN (1877)

Au mois de mai 1877, l'amiral de Horsey commandait la station anglaise du Pacifique, comprenant deux navires de guerre : la frégate le *Shah* et la corvette l'*Amethyst*, toutes deux en bois. L'amiral était en rade du Callao quand éclata l'une de ces révolutions qui bouleversent si souvent les républiques de l'Amérique du Sud. Le *Huascar*, navire cuirassé de la flotte péruvienne, s'y trouvait, en même temps, au mouillage.

En l'absence du commandant du *Huascar*, le second du bord, qui avait des accointances avec Pierola, le principal fauteur de la révolution, livra à celui-ci son navire. Et ledit navire appareilla incontinent, à l'effet d'aller effectuer une opération insurrectionnelle. Le gouvernement péruvien s'empressa de dénoncer ces faits, de les désavouer, de publier une proclamation portant promesse de récompense à qui lui restituerait le bâtiment.

Au cours de son expédition, le *Huascar* eut la témérité de se rendre coupable de divers attentats contre des sujets anglais. Aussi, dès qu'il fut rencontré par le pavillon britannique, fut-il invité purement et simplement à se rendre. L'amiral de Horsey essaya de persuader à Pierola que son intérêt bien entendu, à lui Pierola, était de remettre à un tiers le bâtiment dont il s'était emparé par surprise; il lui donna l'assurance que l'Angleterre entendait ne se mêler, en aucune façon, des dissensions intérieures du Pérou; il lui promit de le débarquer, lui et ses hommes, dans un port neutre de son choix.

Ces propositions furent repoussées.

L'amiral accorda à Pierola cinq minutes de délai pour amener son pavillon. Ce temps écoulé, il fit tirer un coup de canon à poudre, bientôt suivi d'un coup d'avertissement à boulet plein.... Le pavillon du *Huascar* demeurant haut et ferme, l'action s'engagea entre le cuirassé péruvien et les deux bâtiments anglais. Il était trois heures de l'après-midi.

Voici quelques épisodes de ce combat naval, extraits de la relation d'un officier du *Shah* :

« Le *Huascar*... se dirigea à toute vapeur vers Ylo, èspérant sans doute y entraîner à sa suite et y faire échouer la frégate qui cale 27 pieds anglais, tandis que lui-même n'en cale que 14. Il manœuvra donc en face de la ville, allant et venant rapidement, obligeant souvent le *Shah* à suspendre son feu pour ne pas atteindre les maisons d'Ylo.

. . . .

« A raison de diverses difficultés hydrographiques, le *Shah* ne put s'approcher de son adversaire à moins de 1300 mètres. A la distance de 1300 à 2200 mètres, qui lui fut constamment imposée par les circonstances, les canons de 64 livres du *Shah* et ceux de l'*Amethyst* purent être efficacement employés à balayer le pont de l'ennemi, à détruire ses embarcations, son gréement, ses œuvres mortes...

. . . .

« Le *Huascar* répondait de ses tourelles....

. . . .

« Vers cinq heures, le *Huascar* évacua la zone d'écueils dans laquelle il s'était volontairement engagé. Alors nous lui envoyâmes une torpille Whitehead (voy. ci-dessus la fig. 54) pendant qu'il nous présentait le travers, mais, changeant aussitôt de route, il nous tourna son arrière pour s'éloigner de nous avec une vitesse que l'on put évaluer à onze neuds. Nous pûmes suivre de l'œil la torpille piquant droit sur l'ennemi.... Comme elle ne filait que neuf nœuds, il lui fut impossible de joindre le *Huascar*. A six heures et demie, celui-ci cessa son feu et se tint hors de portée du nôtre.

. . . .

« A neuf heures, nous envoyâmes à la baie d'Ylo notre

canot Thornycroft (voy. ci-dessus la fig. 43) et la baleinière munie d'une Whitehead, à l'effet d'opérer, si faire se pouvait, la destruction du *Huascar*. L'expédition était commandée par le lieutenant de vaisseau Lindsay. En arrivant près de la ville, cet officier put facilement se convaincre que, profitant de l'obscurité de la nuit et d'un épais brouillard, l'ennemi venait de nous échapper.... »

Le combat de *Huascar* contre le *Shah* et l'*Amethyst* est mémorable à certains égards, notamment de ce fait qu'il comporte le début militaire, l'entrée en scène de la torpille Whitehead et du canot Thornycroft.

GUERRE TURCO-RUSSE (1877-1878)

Les événements qui se sont déroulés au cours de la guerre turco-russe nous ont fourni des enseignements précieux touchant la mise en pratique des principes de l'art torpédique. Il y a été fait usage de plusieurs espèces de torpilles fixes, mobiles, portées, remorquées, automobiles, ainsi que de divers appareils défensifs heureusement conçus.

En ce qui concerne le personnel, les Russes ont employé, dès le début de leurs opérations, d'excellents équipages de torpilleurs. On n'en saurait dire autant des Turcs. Ceux-ci, par exemple, avaient, dès l'ouverture des hostilités, semé le Danube de leurs torpilles, mais cela avec si peu de précautions qu'il était fort à craindre que, la guerre une fois terminée, le cours du fleuve ne demeurât longtemps impraticable au commerce international.

« De renseignements dignes de créance parvenus à mon département, écrivait alors le ministre des affaires étrangères de Roumanie, il résulte que les autorités ottomanes parsèment le lit du Danube de nombreuses torpilles, sans prendre la moindre disposition pour déterminer et reconnaître plus tard l'endroit qui les recèle. Ces torpilles se trouvent ainsi jetées au hasard, et non méthodiquement posées.

« L'absence, de la part des autorités ottomanes, des précautions usitées en pareil cas, aura pour effet d'empêcher ces autorités elles-mêmes de retrouver et d'enlever leurs engins, le jour où les exigences de la guerre cesseront de mettre obstacle à la navigation du Danube, et où le parcours du fleuve devra reprendre, pour le commerce, toute sa sécurité.

« Vous voudrez bien admettre avec moi qu'il est d'un intérêt éminent que le commerce international, si gravement atteint déjà par les événements actuels et par les tristes nécessités qu'entraîne fatalement la guerre, n'ait pas encore, après la cessation de ces hostilités, à souffrir d'une suspension forcée. Or, cette suspension se produirait et se prolongerait indéfiniment si le gouvernement ottoman continuait à omettre de prendre les précautions de rigueur. »

Après avoir émis le désir que les cabinets européens intervinssent en vue d'obtenir que la Sublime-Porte fût invitée à donner, d'urgence, l'ordre d'entourer la pose des torpilles de toutes les précautions exigées par la prévoyance la plus élémentaire, la circulaire ministérielle se terminait par cette observation que les autorités militaires russes ne posaient leurs torpilles qu'après avoir relevé avec la plus scrupuleuse exactitude les points de repère qui devaient permettre, à un moment donné, de les reconnaître et de les repêcher.

Sur l'invitation qui lui en fut faite, le gouvernement turc se mit en quête d'un personnel compétent et confia l'emploi de torpilleur en chef à M. le lieutenant Sleeman, un des officiers les plus distingués de la marine anglaise. Dès lors, tout se passa régulièrement, sans donner lieu à aucune espèce de crainte pour l'avenir.

Batoum. — C'est dans la nuit du 12 au 13 mai 1877 que les Russes opérèrent contre les Turcs leurs premières démonstrations torpédiques. Le *Veliki Kniaz Konstantin*, grand steamer à hélice, en fer, de cent cinquante hommes d'équipage, commandé par le lieutenant de vaisseau Makaroff, avait été aménagé de façon à pouvoir loger sous ses bossoirs quatre petites chaloupes ayant noms : *Tchesmé, Sinope, Navarin* et *Soukhoum-Kalé.*

Le *Konstantin*, filant dix nœuds à l'heure, quitta, dans la soirée du 10 mai, le mouillage de Sébastopol, fit escale à Poti, port russe de la côte de Caucasie et, de là, mit le cap sur Batoum. On savait que cette rade abritait alors plusieurs navires turcs, parmi lesquels se trouvaient des cuirassés et des transports. Le lieutenant de vaisseau Makaroff était dans les eaux de Batoum le 12, à dix heures du soir. Incontinent, il mit à la mer ses quatre chaloupes à marche rapide. La *Sinope*, le *Navarin* et le *Soukhoum-Kalé* avaient des torpilles électriques portées à bout d'espars ; la *Tchesmé*, commandée par le lieutenant Zatzarennyi, était armée d'une torpille remorquée, genre Harvey (voy. ci-dessus la fig. 51) mais perfectionnée à la manière allemande.

La nuit était fort sombre. Ayant une assez grande distance à parcourir, les quatre embarcations perdirent, en marchant, leur ordre de bataille. La *Tchesmé* entra la première en rade et, sans attendre les autres chaloupes, attaqua la flotte ennemie. Elle accosta un grand vapeur à roues, faisant le service de stationnaire, et parvint à lui loger sa torpille sous la poupe ; mais, les fils de l'appareil s'étant malencontreusement engagés dans l'hélice de la chaloupe, l'explosion ne put se produire.

Cependant l'alerte était donnée en rade et la situation devenait critique. Les embarcations russes durent pousser au large. Le 15 mai, le *Konstantin* avait repris son mouillage devant Sébastopol.

Matchin. — La deuxième agression des torpilleurs russes eut lieu dans la nuit du 25 au 26 mai 1877. Plusieurs navires turcs étaient mouillés dans le bras du Danube qui porte le nom de *Matchin*, un peu en aval de cette ville. C'étaient : le *Feth-oul-Islam*, monitor à tourelles; le *Douba-Seïfi*, autre monitor également à tourelles, armé de deux canons Krupp, de 12 centimètres, et monté par un équipage d'environ soixante hommes, officiers compris; enfin, le simple vapeur *Kilidj-Ali*.

La flottille d'attaque fut formée de quatre chaloupes à vapeur : le *Cesarewitch*, embarcation mise à la disposition des Russes par le gouvernement roumain — quatorze hommes d'équipage — commandé par le lieutenant de vaisseau Dubasoff; la *Xenia* — neuf hommes d'équipage — commandée par le lieutenant de vaisseau Shestakoff; le *Djigit* — 8 hommes — par l'aspirant Persine; la *Cesarewna* — 9 hommes — par l'aspirant Ball. Telles sont les forces minimes — 40 matelots — sous les ordres de quelques officiers intrépides, qui sortirent de Braïloff, pour tenter d'opérer la destruction des monitors ennemis.

Nous ne saurions exposer le tableau de cette opération mieux qu'en donnant ici quelques extraits du rapport de M. Dubasoff. « J'avais, dit cet officier, donné les instructions suivantes :

« En entrant dans le bras de Matchin, les quatre embarcations placées sous mes ordres se formeront en ligne de file; le *Cesarewitch* en tête; puis, la *Xenia*; puis, le *Djigit*; enfin, la *Cesarewna*. La flottille glissera ainsi le long de la rive du Danube, et ralentira sa marche lorsqu'elle arrivera en vue de l'ennemi. Alors, elle se dirigera vers le milieu du fleuve sur deux lignes, le *Cesarewitch* et la *Xenia* en tête. Du moment de l'entrée dans le bras de Matchin jusqu'à celui de l'attaque, la vitesse sera diminuée, à l'effet d'atténuer, le plus possible, le bruit du sillage et des machines; elle sera notablement accrue, lorsqu'on approchera de l'ennemi.

« J'attaquerai, suivi de près par Shestakoff; Persine se tiendra prêt à nous porter, en cas de besoin, secours; Ball restera en réserve.

« Si le premier navire attaqué par moi est détruit, Shestakoff se portera sur le deuxième navire; Persine appuyera cette attaque; Ball se tiendra prêt à les secourir; moi-même, je demeurerai en réserve.

« Enfin, si cette deuxième attaque est également couronnée de succès, Persine attaquera le troisième navire; Ball appuyera; je me tiendrai prêt à les soutenir et Shestakoff formera réserve.

« La nuit était voilée de nuages, mais non absolument obscure, à raison de l'effet d'un beau clair de lune. Il soufflait, du nord-ouest, une jolie brise qui portait à l'ennemi des nouvelles de notre marche. Néanmoins, à l'exception du *Cesarewith*, la flottille s'avança sans bruit....

\- . . . .

« ... J'ordonnai à Shestakoff de me suivre et je me dirigeai sur le monitor le plus voisin, lequel se trouvait à la distance d'environ 130 mètres. . . . .

. . . .

« Malgré le bruit de notre marche, nous ne fûmes hélés par les factionnaires qu'après avoir parcouru la moitié de cette distance. Je fis une réponse que je croyais régulière, mais j'ai su, depuis lors, qu'elle ne l'était point; que mon erreur avait, à l'instant, donné l'éveil à nos adversaires. Les servants des pièces d'artillerie, qui couchaient sur le pont, furent debout au premier coup de fusil du factionnaire. . . . .

. . . .

« Le monitor que je visais était sous vapeur; ses canons de l'arrière pouvaient nous faire le plus grand mal. En conséquence, je résolus de l'attaquer par l'arrière pour lui détruire ses moyens de propulsion.

« Mes prévisions se réalisèrent.

« A notre approche, une pièce ouvrit le feu. Trois projectiles nous furent envoyés sans aucun effet et, avant que le quatrième coup pût être tiré, j'étais sur le navire à bâbord. Je le frappai de mon espar entre le centre et l'arrière, un peu en avant de l'étambot.... L'eau se souleva sur les flancs du monitor et couvrit mon embarcation.

« Quelques débris furent projetés à près de 40 mètres de hauteur. La nature de ceux qui tombèrent sur le *Cesarewitch* nous permit d'estimer que l'explosion produite avait étendu ses effets jusqu'au pont du navire....

« L'équipage du monitor, dont l'arrière se submergeait à vue d'œil, dut se réfugier à l'avant....

« Pour assurer le salut de mes hommes, je fis jouer la pompe à vapeur, à l'effet de rejeter l'eau qui avait envahi mon embarcation....

« A ce moment, le monitor, à demi submergé, rouvrait son feu. J'ordonnai à Shestakoff de lui porter un second coup. Cet officier, marchant rapidement à l'ennemi, vint le frapper un peu en arrière de la tourelle, juste à l'instant où celle-ci nous envoyait son deuxième projectile. Il l'atteignit sous la quille, à six mètres environ de l'étrave.:...

« Comme la première fois, l'effet de l'explosion fut terrible, ainsi qu'on put en juger à l'examen des débris de mobilier des cabines qui, projetés haut en l'air, retombèrent sur la *Xenia*....

. . . .

« Alors, n'ayant plus de coups de canon à tirer, les braves gens de l'équipage du monitor prirent leurs fusils, et nous envoyèrent une grêle de balles....

. . . .

« Shestakoff et moi, nous ne nous dégagions pas aussi

rapidement que nous l'eussions voulu. L'hélice de la *Xenia* était prise dans les débris du monitor; mon embarcation était tellement pleine d'eau, et ma pompe à vapeur si bien hors de service que je devais employer tous mes hommes à manœuvrer des seaux....

. . . .

« Pendant ce temps, Shestakoff dirigeait contre l'adversaire un feu nourri de mousqueterie....

. . . .

« Les deux navires, qui accompagnaient le navire attaqué, ne cessèrent de tirer sur nous au cours de notre opération. »

. . . .

Le monitor *Douba-Seïfi* avait coulé en moins de dix minutes.

Il était alors trois heures du matin; l'aube du jour apparaissait. Le lieutenant Dubassoff ordonna la retraite, au grand désespoir des commandants du *Djigit* et de la *Cesarewna* qui voulaient, à tout prix, attaquer les deux autres navires. Mais jusqu'alors le succès était sans mélange; on n'avait pas un homme tué, pas un blessé. Pousser plus loin l'audacieuse entreprise, c'eût été s'exposer, de gaieté de cœur, à sacrifier inutilement d'héroïques matelots qui avaient bien le droit de vivre et de s'entendre appeler braves.

On s'éloigna.

Durant cette retraite, les deux autres navires turcs tentèrent de tirer vengeance du désastre essuyé par leur compagnon d'escadre. Ils couvrirent de feu les quatre petites embarcations qui s'effaçaient au loin dans la brume, ainsi que des alcyons du Bosphore. Puis, tout bruit cessa. On n'entendit plus que les grenouilles du Danube, reprenant leur concert de coassements.

Soulina. — Les Russes apprirent, aux premiers jours

Fig. 81. — Destruction du moniter turc *Douba-Seifi.*

de juin, qu'il y avait, au mouillage de Soulina, une division turque, formée de trois cuirassés et d'un vapeur. Ces cuirassés étaient : le *Fetht-Boulend*, battant pavillon divisionnaire; le *Moukadem-Khair* et l'*Idjlalieh*; le vapeur non blindé avait nom *Kartall*. L'attaque de cette division fut résolue et ordonnée.

En conséquence, le *Veliki Kniaz Konstantin* qui, le mois précédent, avait opéré à Batoum, partit d'Odessa avec six embarcations torpédifères, remorquées ou hissées à bord. Ces embarcations étaient celles dont il avait été fait usage à Batoum, c'est-à-dire la *Tchesmé*, la *Sinope*, le *Navarin*, le *Soukhoum-Kalé*, auxquelles on venait d'adjoindre deux Thornycroft (Voy. ci-dessus la fig. 43) portant respectivement les désignations de *Chaloupe* n° 1 et *Chaloupe* n° 2. Le lieutenant de vaisseau Makaroff, commandant l'expédition, était à bord du *Konstantin*. La *Tchesmé*, armée d'une torpille remorquée Harvey (Voy. la fig. 51) était commandée par le lieutenant Zatzarennyi; la *Chaloupe* n° 1, par le lieutenant Pouchtchine; la *Chaloupe* n° 2, par le lieutenant Rojdestwenski.

La nuit du 10 au 11 juin, vers une heure et demie, M. Makaroff stoppait à six milles de Soulina, et lançait en avant son premier groupe de canots-torpilleurs, — groupe formé de la *Tchesmé*, des *Chaloupes* n°s 1 et 2. Ces trois embarcations, larguant les remorques qui les reliaient au *Konstantin*, s'alignèrent pour marcher de front, à petite distance l'une de l'autre et dans l'ordre suivant : le n° 1, sur la droite; le n° 2, sur la gauche; la *Tchesmé*, au centre. Les machines fonctionnaient presque silencieusement; tous les feux avaient été dissimulés sous des prélarts.

Après un temps de marche, la *Tchesmé*, s'approchant de la *Chaloupe* n° 2, lui fit connaître qu'elle voyait l'ennemi; puis, elle vint sur tribord, dans le dessein de contourner la division turque et de la servir de sa torpille remorquée. Le lieutenant Zatzarennyi mouilla donc cette torpille mais, dès qu'il voulut pousser en avant, les conducteurs de l'appareil s'engagèrent dans son hélice… sa machine s'arrêta. Il n'eut que le temps de dégager son propulseur et de fuir un danger imminent.

Il était 2 heures du matin.

Le lieutenant Rojdestwenski, qui jusqu'alors avait marché lentement, augmenta vivement sa vitesse et, à la faveur de l'obscurité, se précipita sur l'*Idjlalieh* qu'il frappa à la hanche…. Aussitôt il s'éleva, le long du cuirassé, une énorme gerbe qui, retombant dans la chaloupe, emplit d'un mètre d'eau le, compartiment de la roue du gouvernail… En même temps, l'*Idjlalieh* commençait le feu et faisait mine de donner la chasse à son minuscule adversaire. La situation du lieutenant Rojdestwenski devenait extrêmement critique. La roue du gouvernail avait des avaries; la drosse était cassée; le tuyau de la cheminée, percé de part en part. Il tombait sur la coque une grêle de balles; la pression de la chaudière était tombée. Grâce à l'intrépidité et au sang-froid de son équipage, la *Chaloupe n° 2* put néanmoins rallier le *Konstantin*, non sans avoir beaucoup souffert et couru les plus grands dangers.

Quant à la *Chaloupe n° 1*, elle avait également tâté le cuirassé. Ayant heurté l'estacade défensive, elle avait opéré quand même la mise du feu de sa torpille, sans produire d'effets sérieux. Emplie à couler par la gerbe qu'elle avait fait surgir, l'embarcation fut alors défoncée par les projectiles du monitor. Les Russes se jetèrent à l'eau. Le lieutenant Pouchtchine eut un évanouissement…. Quand il reprit ses sens, il était prisonnier des Turcs.

Le second groupe de chaloupes — formé de la *Sinope*, du *Navarin* et du *Soukhoum-Kalé* — avait suivi de près le premier groupe. Ayant perçu le bruit des explosions, et voyant que les Turcs étaient dès lors trop sur leurs gardes pour se laisser surprendre, elles se bornèrent à rallier le *Konstantin*.

Routschouk. — Le 20 juin 1877, à trois heures du matin, six chaloupes à vapeur russes, mouillées à Maliadedjess, s'éloignaient de ce petit port à l'effet d'aller, à six milles de là, établir un barrage de torpilles (voy. les fig. 30 et 31), dans le chenal du Danube. Sur la rive russe, l'opération s'effectua sans difficulté, mais il n'en fut pas de même sur l'autre rive. Accueillis là par une grêle de balles, les torpilleurs se virent, de plus, donner la chasse par un vapeur, brusquement sorti de Routschouk. Pris entre deux feux, ils se réfugièrent sous une île du fleuve, bordée de roseaux et de saules. Il était 8 heures du matin.

C'est alors que le capitaine de vaisseau Novikoff donna au lieutenant Skrydloff, commandant la chaloupe tor-pédifère *Choutka*, l'ordre d'arrêter — coûte que coûte — le monitor ennemi. M. Skrydloff, se jetant à toute vitesse hors de son abri de roseaux, alla frapper de sa hampe le flanc du monitor... mais il ne se produisit au-cune explosion. On constata que les conducteurs avaient été rompus par le feu du navire attaqué. L'avant de la *Choutka* fut transpercé par un obus et l'équipage dut, tout entier, se mettre à vider l'eau. Le lieutenant Skry-dloff, grièvement blessé, parvint, non sans grand'peine, à rallier la flotille.

Olti. — Le général-major russe Léonoff, qui comman-dait à Olti, près de Flamound, observa, dans la matinée du 23 juin 1877, qu'un monitor turc appareillait de Ni-copoli pour descendre le fleuve. Sur-le-champ, il fit donner à ses torpilleurs l'ordre de s'embusquer sous une île et d'y attendre au passage le navire ennemi. Au nombre des embarcations, ainsi commandées de service, se trou-vaient la *Choutka*, placée sous la direction de l'aspirant

Niloff, et la *Mina*, commandée par le garde-marine Arens.

Quand le monitor vint à passer, ces embarcations se précipitèrent la hampe en avant, pour l'en frapper par le travers ; mais heureusement pour lui, ce navire était paré pour le combat. Dès les premières démonstrations de l'attaque, il laissa tomber des filets destinés à protéger le pourtour de ses œuvres vives et poussa hors de ses flancs de longues hampes à torpilles. Il ouvrit, en même temps, sur l'assaillant, un feu très vif de mousqueterie et de mitraille.

Alors se déroulèrent les péripéties d'une lutte bizarre engagée entre un gros bâtiment et quelques petites embarcations. Le navire opposait des torpilles aux torpilles de l'assaillant et manœuvrait, pour se débarasser de ses adversaires, *à la manière d'un lion se défendant contre des rats*. Il évitait les abordages par le moyen de ses mouvements rapides ; il mettait, à chaque instant, ses ennemis en défaut, soit en stoppant, soit en faisant machine arrière ou avant.

La *Mina*, qui avait attaqué la première, fut gravement endommagée et, par suite, obligée de battre en retraite. La *Choulka*, atteinte d'un projectile et en passe de couler, du fait d'une voie d'eau à tribord, dut également renoncer à la lutte.

Cet étrange combat n'avait pas duré moins d'une heure.

Soukhoum. — Au mois d'août 1877, les Turcs s'étaient emparés de Soukhoum, petite forteresse de la côte du Caucase, et les Russes manœuvraient pour reprendre ce poste. Une colonne de troupes russes, placée sous les ordres du colonel Shelkovnikoff, longeait la côte entre la rivière Sotcha et le cap de Pitzound. Le lieutenant de vaisseau Makaroff, commandant le *Konstantin*, reçut du général Arkas, commandant en chef des forces navales de la mer Noire, l'ordre d'appuyer la marche du colonel Shelkovnikoff sur Soukhoum ; de manœuvrer de telle sorte que la colonne de cet officier supérieur ne pût être prise en flanc par les cuirassés turcs, lors de sa traversée des défilés maritimes de Hagra ; d'attaquer, de nuit, ces na vires ; de les distraire du rivage, pendant le jour.

Parti, le 16 août, de Sébastopol, le lieutenant Makaroff arriva, le 18, sur les côtes d'Abkasie. A la nuit, il mit à la mer ses quatre chaloupes torpédifères : la *Tchesmé*, la *Sinope*, le *Navarin* et le *Miner*. Ces embarcations, ayant en vain fouillé les sinus de la côte, furent rehissées, dans la matinée du 19, à bord du *Konstantin*.

Au cours de cette journée du 19 août, le lieutenant Makaroff eut l'art d'attirer à sa poursuite un gros cuirassé turc. Il prit chasse en poussant au large et permit ainsi au colonel Shelkovnikoff de forcer la passe de Gagry.

Durant la nuit suivante, les chaloupes furent de nouveau mises à la mer…. Malgré la houle et la tempête, il leur fut possible d'opérer, jusqu'à Hagra, la reconnaissance du littoral.

S'étant assuré que la colonne russe n'avait pas encore pu déloger les Turcs de ces parages, le lieutenant Makaroff alla prendre, un instant, position à Novorossisky. Là, s'étant avisé qu'une éclipse de lune devait avoir lieu le 23, il résolut d'en profiter pour tenter une attaque des cuirassés turcs, mouillés dans les baies ou criques de la côte. Il savait, de bonne source, qu'il y en avait toujours plusieurs au mouillage de Soukhoum.

« J'étais, dit le lieutenant Makaroff, au large de Soukhoum dans la nuit de 23 au 24 août ; je mis à la mer mes embarcations torpédifères : la *Sinope*, lieutenant Pissarevski, avec l'enseigne Podiapolski, le pilote Belikoff et cinq matelots ; la *Tchesmé*, lieutenant Zatzarennyi, assisté du pilote Maximovitch, du mécanicien Nagorski et de quatre sous-officiers ou matelots ; le *Miner*, lieutenant

Corolioff avec l'enseigne Pelson Ghirst et cinq matelots; le *Navarin*, commandé par le lieutenant Velmevski, accompagné de cinq sous-officiers ou matelots-torpilleurs. Le lieutenant Zatzarennyi eut le commandement de l'expédition.

« Les quatre embarcations porte-torpilles se formèrent, comme à l'ordinaire, en ordre de combat, c'est-à-dire en double ligne de file; la *Tchesmé*, suivie du *Miner*; la *Sinope*, du *Navarin*. Leur dessein était de faire d'abord sauter les chapelets de torpilles qui fermaient l'entrée de la rade; puis, simultanément, de procéder à l'attaque des cuirassés.

« Dès le commencement de l'éclipse, vers 11 h. 45', les embarcations, remorquant chacune une torpille *à ailes* (*Krylataia mina*), s'approchèrent de la rade, alors éclairée par les lueurs de l'incendie d'un hôpital et de grands feux de bois allumés sur la plage. Elles aperçurent au mouillage un cuirassé du type *Chefket*. Sur l'ordre du lieutenant Zatzarennyi, elles se précipitèrent sur le navire pour l'attaquer par tribord et dans le sens du courant.... Au premier cri de ses factionnaires, le cuirassé ouvrit son feu de mousqueterie, pendant que, du rivage, nous arrivait une pluie de balles et de mitraille.

« La *Sinope*, le *Navarin*, le *Miner* manœuvraient de manière à faire jouer leurs torpilles pendant que, à bord de la *Tchesmé*, le lieutenant Zatzarennyi se tenait en réserve, prêt à porter secours à qui le demanderait. Tout d'un coup, cet officier ressentit une violente secousse.... Il était pris dans une masse de débris flottants, et rapidement emporté par des eaux tourbillonnantes.... C'est que, l'*Assar-i-Chefket* venait de subir les effets de trois explosions simultanées. La *Tchesmé* fut assez heureuse pour sortir de ce mauvais pas sans de trop grandes avaries....

. . . .

« Les trois explosions de torpilles avaient eu plein

succès. Celle de la *Sinope* produisit une gerbe de teinte noirâtre, teinte probablement due aux débris de charbon qui se mêlaient à l'eau; celle du *Navarin* ébranla fortement le cuirassé; quant à celle du *Miner*, les effets du coup porté par sa torpille ont dû pénétrer profondément. Je suis convaincu que l'*Assar-i-Chefket* a été coulé.

« Vers quatre heures et demie, le jour commençant à poindre, le lieutenant Zatzarennyi revint à bord du *Konstantin* en poussant des hourras! M'étant assuré moi-même que personne ne manquait à l'appel, je donnai l'ordre de hisser à bord les quatre embarcations. »

Le lieutenant Makaroff se faisait cependant d'étranges illusions quand il exprimait l'opinion que l'*Assar-i-Chefket* avait été coulé. Habilement commandé par Ismaïl-Bey, ce navire avait su opposer une résistance efficace aux attaques combinées des torpilleurs russes. Il n'accusait que des avaries insignifiantes et rentrait, le 31 août, au mouillage de Constantinople.

Soulina. — Dès le début de la guerre, les Turcs avaient établi, pour la défense de Soulina, des estacades que protégaient des navires cuirassés. Vers le milieu du mois de septembre, ils doublèrent ces estacades de plusieurs barrages de torpilles. (Voy. ci-dessus les figures 30, 31, 71, et 72).

Aux premiers jours d'octobre, les Russes résolurent d'enlever Soulina. Le général Verefkine décida que, en vue du succès d'une telle expédition, le rôle principal serait dévolu à la marine; qu'une flottille de guerre pénétrerait dans le Danube par la bouche de Kilia, remonterait le fleuve jusqu'a Toultcha, point occupant le sommet du Delta, et descendrait ensuite le bras de Soulina, à l'effet d'attaquer cette place. Spécialement organisée à cette intention, et placée sous le commandement du ca-

pitaine-lieutenant Dikoff, la flottille appareilla de Vilkovi
dans la matinée du 5 octobre. Elle fut bientôt dans le
bras de Soulina où elle vint prendre position en avant
d'une ligne de torpilles établie, à l'avance, à hauteur
du 12ᵉ mille.

Avant d'aller plus loin, M. Dikoff résolut d'établir, près
de Soulina même, une nouvelle ligne de torpilles électro-
automatiques (du type *oudarnaia mina*), qui barrât la rivière aux Turcs et permît aux navires russes d'approcher
de la place en toute sécurité. Cette opération délicate fut
confiée aux soins du lieutenant Krouskopff et du garde-marine comte Strogonoff. Le 9 octobre, elle était parachevée,
de sorte que les adversaires en présence se trouvaient sé-
parés par une double ligne d'estacades et de torpilles.

Alors, M. Dikoff se mit à descendre le golfe pour aller
s'embosser en un point favorable. Il montait le *Voronn*,
qu'éclairait en avant le remorqueur *Opyt*, muni du matériel voulu pour le dragage des torpilles.

A la vue de l'*Opyt*, les vaisseaux turcs se préparèrent
à combattre; c'étaient le cuirassé *Kkifzi-Rahmann*, le
Kartall et la *Soune*.

Il était 8 heures du matin.

Pendant que le *Kartall* remontait le fleuve le long de
la rive sud, la *Soune* en suivait la rive nord et ouvrait un
violent feu de mousqueterie. Tout à coup, à un coude de
la rivière, elle toucha, de sa joue de tribord, une torpille
de la ligne russe. En deux minutes, elle coula.... Ses
quatre pavillons, émergeant seuls des eaux, balisèrent
la scène du sinistre.

Malgré le fait de ce succès partiel, il était incontestable
que les Russes venaient d'échouer dans leur tentative d'attaque de vive force; ils n'avaient point emporté Soulina.
Le général Verefkine reçut l'ordre de ne point renouve-
ler ses attaques contre la place, et de se borner à canonner les cuirassés turcs.

Batoum. — Parti de Sébastopol, le *Konstantin*, commandé par le capitaine-lieutenant Makaroff, était venu, dans la soirée du 27 décembre, mouiller à Poti, petit port russe qui s'ouvre dans le voisinage de Batoum. On savait que ce dernier renfermait alors un certain nombre de cuirassés turcs, parmi lesquels devait se trouver le *Mahmoudieh*, battant pavillon amiral.

Il faisait nuit. A quatre ou cinq milles de Batoum, le *Konstantin* stoppa pour mettre à la mer les quatre chaloupes torpédifères qu'il portait sous ses bossoirs. Ces embarcations étaient comme d'habitude : la *Tchesmé*, commandée par le lieutenant Zatzarennyi ; la *Sinope*, par le lieutenant Stchelinski ; le *Soukhoum*, par l'aspirant Nelson-Hirs ; le *Navarin*, par le lieutenant Vichnevetski. La *Tchesmé* et la *Sinope* étaient chacune armées d'une torpille Whitehead (voy. ci-dessus la fig. 54), chargée à 52 kilogrammes de fulmi-coton. La première portait son tube de lancement sous la quille ; la seconde remorquait un radeau sur lequel était placé l'appareil. Le commandement de l'expédition avait été donné au lieutenant Zatzarennyi.

Les quatre embarcations quittèrent le *Konstantin* vers dix heures du soir, en observant l'ordre ordinaire : la *Tchesmé* et la *Sinope*, en tête de colonne ; le *Soukhoum* et le *Navarin*, en réserve.

L'obscurité était profonde ; et la houle, très faible. Après un temps de marche, les chaloupes eurent connaissance de la mâture de deux cuirassés... et elles estimèrent qu'elles n'en étaient plus distantes que d'une cinquantaine de mètres.

C'est alors que la *Tchesmé* et la *Sinope* lancèrent contre l'ennemi leurs torpilles Whitehead.. Cela fait, elles mirent au large à toute vitesse... A peine avaient-elles fait quelques encâblures qu'elles aperçurent un vapeur se dirigeant sur Batoum. Il était naturel de le prendre pour un navire turc; c'est ce que ne manquèrent point de faire les deux chaloupes. Elles se disposaient déjà à faire donner sur lui leurs torpilles remorquées (voy. ci-dessus la fig. 51), lorsqu'elles reconnurent le *Konstantin*. Quant au *Navarin* et au *Soukhoum*, ils avaient également pris le *Konstantin* pour un turc et, en présence de cet adversaire inattendu, avaient immédiatement mis le cap sur Poti, où ils étaient arrivés sans encombre.

Ayant rallié tout son monde, le commandant Makaroff reprit la route de Sébastopol où il arriva le 30.

Quel fut exactement l'effet produit par les deux Whitehead contre les sept cuirassés turcs qui se trouvaient alors au mouillage de Batoum? La torpille de la *Tchesmé* fit explosion non loin de l'*Avni-Illah*, à mi-distance entre le grand mât et le mât de misaine; la gerbe ne dépassa pas en hauteur la moitié du flanc du navire; les résultats du coup porté furent à peu près nuls. Quant à la Whitehead de la *Sinope*, elle n'éclata point.

L'amiral Hobbart-Pacha, qui était alors à bord de son yacht, dans les eaux de Batoum, fut informé, vers onze heures du soir, qu'on venait de trouver sur le rivage, à l'arrière du *Mahmoudieh*, deux torpilles Whitehead. L'un des deux appareils était complet; l'autre avait perdu sa partie antérieure.

Batoum. — Dans la soirée du 25 janvier 1878, le capitaine Makaroff, commandant le *Konstantin*, mouillait à Poti, où il apprenait que la flotte turque était tout entière dans les eaux de Batoum. Il résolut de l'y attaquer sur-le-champ.

A quatre ou cinq milles de Batoum, il mit à la mer deux de ses chaloupes armées de Whitehead (voy. la fig. 54) : la *Tchesmé*, commandée par le lieutenant Zatzarennyi; la *Sinope*, par le lieutenant Stechechenski.

Le premier de ces deux officiers eut le commandement de l'expédition.

Les deux embarcations s'éloignèrent du *Konstantin* à 11 h. 20'. A une heure et demie, elles entraient, par le nord, en rade de Batoum. Vers l'entrée de la baie, était un stationnaire et, en arrière de ce navire, se profilaient des masses de cuirassés à l'ancre. Après un assez long temps de marche silencieuse, les Russes étaient parvenus à 60 ou 80 mètres du stationnaire. C'est alors que le lieutenant Zatzarennyi lui lança sa torpille sur tribord, dans la direction du grand mât; en même temps, le lieutenant Stechechenski dirigeait la sienne un peu plus à droite.

Les deux Whitehead firent ensemble explosion.... Une haute gerbe d'eau noirâtre s'éleva jusqu'à mi-hauteur de la mâture du navire attaqué. D'effroyables craquements se firent entendre. Une minute après, la coque du bâtiment avait disparu. Une minute encore... et tous les mâts étaient sous l'eau. Des masses de débris, tourbillonnant en cercle, indiquaient seuls à l'œil le point où venait de s'accomplir le sinistre.

A 3 h. 15', les deux embarcations, de retour de leur expédition nocturne, étaient hissées à bord du *Konstantin*.

Suivant les instructions qu'il avait reçues du commandant en chef de la flotte et des ports de la mer Noire, le capitaine Makaroff rentrait à Sébastopol dans la nuit du 28 au 29 janvier 1878.

GUERRE DU CHILI ET DU PÉROU (1879-1881)

Durant l'année 1879, les belligérants n'ont pas fait grand usage de torpilles. Les documents spéciaux qui nous sont parvenus n'enregistrent, du moins, aucun résultat de quelque importance obtenu par l'un ou l'autre des partis. Ils ne mentionnent, le plus souvent, que des projets, des plans, des armements interrompus, des entreprises qui avortent au cours de l'exécution.

Les Péruviens s'étaient procuré en Amérique le matériel et le personnel torpédiques dont ils avaient eu besoin pour organiser les défenses sous-aquatiques de leurs côtes. Dès l'ouverture des hostilités, ils mouillèrent nombre de torpilles aux abords de la rade du Callao; ils fermèrent au moyen d'un chapelet (voy. les fig. 30, 31, 69 et 70) la petite rade d'Ancon; ils disposèrent un autre chapelet à la hauteur de Chorillos. Le gouvernement de Lima avait, en même temps, commandé en Angleterre bon nombre de bateaux torpilleurs. Malheureusement, les Chiliens, maîtres de la mer, empêchèrent la plupart des arrivages et firent à leurs ennemis d'importantes captures. Les Péruviens se virent réduits à adapter au service torpédique des chaloupes et canots à vapeur qui n'avaient point, à cet égard, toutes les qualités requises.

Une telle situation n'abat point leur fermeté. Ils poursuivent leur dessein de guerre sous-aquatique et, au mois d'août de cette année 1879, le commandant Grau reçoit l'ordre d'attaquer *à la torpille portée* (voy. le chap. vii) les navires chiliens mouillés à Antofagasta. Mais ce n'est qu'au printemps de 1880 que se dessinent les premières opérations sérieuses.

Les Chiliens avaient appris que les navires péruviens *l'Union*, *le Chalaco*, *l'Oroya* étaient mouillés en rade du Callao, sous les murs du Muelle Darsena. Ils résolurent de les y attaquer, de les faire sauter s'il était possible, et prirent en conséquence toutes leurs dispositions. Le 9 avril 1880, vers trois heures de l'après-midi, le torpilleur *Guacolda*, commandant Goñi, et la *Janequeo*, commandant Senoret, se détachèrent de l'escadre chilienne et firent route vers le Callao. Ils avaient à parcourir une cinquantaine de milles.

La *Janequeo* s'égara, passa la nuit à rectifier son orientation, chercha en vain l'entrée du port et, après mille tâtonnements, finit par atterrir à dix milles au nord de son objectif. Quant à la *Guacolda*, elle arriva devant San Lorenzo le 10, vers une heure du matin. Le commandant Goñi se mit immédiatement en mesure de procéder à l'attaque de l'*Union*, dont il avait reconnu le mouillage. Ses deux torpilles parées, il poussa vers le bâtiment péruvien. Il était environ quatre heures.

Durant ce trajet de l'intervalle qui le séparait de son adversaire, la *Guacolda* éprouva un accident : elle heurta un bateau de pêche. Ce choc lui brisa les antennes de l'une de ses torpilles; mais elle poursuivit nonobstant sa marche, sa seconde lance en avant. Elle n'était plus qu'à dix mètres de l'*Union* quand, tout d'un coup, sans cause apparente, cette seconde torpille éclata. A ce moment, l'*Union*, le *Chalaco*, l'*Oroya*, ouvrirent un feu très vif sur le torpilleur chilien... qui n'eut que le temps de battre en retraite, ce qu'il fit sans trop d'avaries.

Que s'était-il passé? Le commandant péruvien Villavicensio avait eu le soin de munir l'*Union* d'une *crinoline*. C'était contre cette ceinture qu'était venu buter la *Guacolda*.

L'explosion avait eu pour effet de détruire en partie le manteau protecteur, de soulever une énorme gerbe; mais cette colonne d'eau n'avait fait que mouiller, en retombant, le pont du navire chilien.

A quelques jours de là, la flotte chilienne, placée sous les ordres de l'amiral Riberos, resserra le blocus du Callao (15 avril 1880). Cette flotte était accompagnée d'une importante flottille de torpilleurs, dont le *Toro* et le *Blanco Encelada* tenaient la tête de colonne. La plupart de ces navires étaient armés de mitrailleuses et de canons-revolvers en batterie dans les hunes. L'amiral chilien a ultérieurement déclaré que le blocus n'avait réussi qu'à raison du beau temps, lequel lui avait permis de garder sous sa main cette précieuse flottille auxiliaire.

Pour rompre le cercle qui les enserrait, les Péruviens eurent d'abord l'idée de recourir à l'emploi de la torpille mobile *à la dérive* (voy. le chap. VI). Voici, à ce sujet, l'extrait d'un rapport de l'amiral Riberos, en date du 12 mai 1880 :

« Le 5 courant, à sept heures du matin, l'*Amazonas*, croisant dans les différentes parties de la baie confiées à sa garde, aperçut, flottant non loin de son bord, deux petites bouées. Ces flotteurs dépassaient le niveau de la surface de l'eau d'environ cinquante centimètres et marchaient entraînés par le courant, à petite distance l'un de l'autre. Le commandant de l'*Amazonas*, soupçonnant que ces bouées enfermaient des torpilles, fit immédiatement armer un canot qui reçut l'ordre d'aller les reconnaître de près. Je fis immédiatement partir le torpilleur *Guacolda* pour venir en aide au canot de l'*Amazonas*. Les torpilles une fois reconnues, la *Guacolda* en coula une à l'aide de sa mitrailleuse. L'autre fut prise à la remorque avec toutes les précautions voulues et traînée jusqu'à San Lorenzo. Au moment où l'on essayait de l'échouer sur la plage, afin de l'examiner avec soin, elle éclata... non sans soulever une épaisse colonne de fumée. On suppose qu'elle était chargée de trois cents livres de poudre ordinaire, enfermée dans un grand tube de cuivre terminé en bouée. Sur cette bouée était fixée une antenne destinée à recevoir le choc qui devait provoquer la mise du feu. »

Ayant eu connaissance du fait, les neutres s'interposèrent et, pour cause de danger public, les Péruviens se virent interdire l'usage des torpilles *à la dérive*.

Le 25 mai, vers deux heures et demie du matin, les eaux de la rade du Callao furent le théâtre d'un vif combat livré par le torpilleur chilien *Janequeo* au torpilleur pé-

ruvien *Independencia*. Pendant que les deux bateaux
étaient aux prises, chacun menaçant l'autre de son espar,
le lieutenant Galvez, qui commandait l'*Independencia*,
réussit à projeter sur son adversaire une torpille de cent
livres. L'explosion eut pour effet d'ouvrir une large voie
d'eau dans les œuvres vives de la *Janequeo*, qui coula en
quelques minutes, et de faire de graves avaries à l'*Inde-*

Fig. 82. — La *Janequeo* coulée par l'*Independencia*.

pendencia. Le lieutenant Galvez fut grièvement blessé.
(Voy. le chap. XI, *Torpilles projetées*.)

Dans la nuit du 16 au 17 septembre, les embarcations
péruviennes, encore en nombre très considérable, préparèrent une surprise contre les navires (chiliens) du
blocus. Elles voulaient sans doute leur appliquer quelques
torpilles; mais les chaloupes chiliennes allèrent à leur
rencontre, les arrêtèrent dans leur marche, les poursuivirent à coups de canon, et les forcèrent à virer de
bord.

Le 22 septembre, le navire chilien *Cochrane* mouilla devant Chorillos, avec ordre d'opérer le bombardement de cette place. Pour échapper à l'action des torpilles dont la baie était semée, disait-on, cette frégate dut s'embosser à grande distance de la côte et, dès lors, le feu de son artillerie eut assez peu d'efficacité. Ce fut pour les Péruviens un succès d'intimidation.

Le 10 octobre, la frégate *Cochrane* coula, à 200 mètres de son bord, une torpille automatique envoyée contre elle.

Deux jours plus tard, c'est-à-dire le 12 octobre, la canonnière chilienne *Pilcomayo* coulait à Ancon une balandre péruvienne qui semblait porter dans ses flancs quelque redoutable appareil explosible.

Bombardé depuis le 12 mai 1880, et toujours étroitement bloqué, le Callao fut enfin pris par les Chiliens le 18 janvier 1881. Ce jour-là même, la corvette péruvienne *l'Union* tenta de s'échapper. Comptant sur la puissance de sa vitesse, elle voulut forcer le blocus; mais à peine était-elle sortie de la darse que quatre torpilleurs chiliens partirent à toute vapeur pour lui couper la route. Ce que voyant, le commandant péruvien n'osa point donner suite à son projet. Il aima mieux aller s'échouer à l'embouchure du Rimac. Là, il se fit sauter à la dynamite et mit ensuite le feu aux débris épars de sa coque.

On voit que ce sont les torpilleurs de l'amiral Riberos qui ont, cette fois, obtenu un grand succès d'intimidation.

Six semaines après la prise du Callao, eut lieu le combat d'Arica, qui devait clore la liste des événements de guerre au cours desquels les torpilles ont eu quelque rôle à tenir. Là, dès le début de leur action, les torpilleurs péruviens furent arrêtés net et durent rebrousser chemin, à raison de l'effet produit sur eux par les mitrailleuses et les canons-revolvers des navires chiliens.

En relatant les épisodes de la guerre du Pacifique auxquels ont été appelés à prendre part les torpilleurs de l'un ou l'autre parti, nous avons à dessein omis de mentionner la perte du croiseur *Loa* et celle de la canonnière *Covadonga*. Ces deux navires chiliens furent, l'un après l'autre, emportés par des flotteurs explosibles, dits « machines infernales ». Le récit de ces sinistres se trouvait placé hors du cadre que nous nous étions tracé.

Observons seulement que les officiers de marine du Chili eussent dû avoir présents à l'esprit l'accident historique du *Ramilies ;* les désastres de City-Point et de Mound-City, provoqués par des *clock-work torpedoes* confédérées ; la destruction du steamer *Geyhound* par un coup de *coal-torpedo*. Si la mémoire ne leur avait point fait défaut, s'ils s'étaient montrés plus circonspects, ils ne fussent point tombés dans les pièges que leur tendaient les Péruviens.

Malgré ces faits regrettables, résultat de graves imprudences, nous répéterons que la puissance du flotteur explosible est essentiellement limitée.

Quant à celle de la torpille, elle est, ainsi qu'on l'a vu, considérable.

FIN

TABLE DES GRAVURES

FIN DE LA TABLE DES GRAVURES

TABLE DES MATIÈRES

FIN DE LA TABLE DES MATIÈRES

10,343. — IMPRIMERIE A. LAHURE
9, rue de Fleurus, 9, à Paris.

CONDITIONS DE VENTE ET D'ABONNEMENT

LE JOURNAL DE LA JEUNESSE paraît le samedi de chaque semaine. Le prix du numéro, comprenant 16 pages grand in-8°, est de **40** centimes.

Les 52 numéros publiés dans une année forment deux volumes.

Prix de chaque volume, broché, **10** francs; cartonné en percaline rouge, tranches dorées, **13** francs.

PRIX DE L'ABONNEMENT
POUR PARIS ET LES DÉPARTEMENTS

Un an (2 volumes)............ .... **20** FRANCS
Six mois (1 volume)............. .... **10** —

Prix de l'abonnement pour les pays étrangers qui font partie de l'Union générale des postes : Un an, 22 fr.; six mois, 11 fr.

Les abonnements se prennent à partir du 1er décembre et du 1er juin de chaque année.

COLLECTION IN-8° A L'USAGE DE LA JEUNESSE

PRIX DE CHAQUE VOLUME, BROCHÉ, 5 FR.

CARTONNÉ EN PERCALINE A DISEAUX , TRANCHES DORÉES , 8 FR.

Assollant (A.): *Montluc le Rouge.* 1re partie. 1 vol. illustré de 63 gravures d'après SAHIB.
— *Montluc le Rouge.* 2e partie. 1 vol. illustré de 44 gravures d'après SAHIB.
— *Pendragon.* 1 vol. illustré de 42 gravures d'après C. GILBERT.
Auerbach : *La fille aux pieds nus.* Nouvelle imitée de l'allemand par J. GOURDAULT. 1 vol. illustré de 72 gravures d'après VAUTIER.
Baker (S. W.) : *L'enfant du naufrage.* 1 vol. traduit de l'anglais par Mme FERNAND, et illustré de 10 gravures sur bois.
Cahun (L.) : *Les pilotes d'Ango.* 1 vol. illustré de 45 gravures d'après SAHIB.
— *Les Mercenaires.* 1 vol. illustré de 54 gravures d'après P. FRITEL, P. SELLIER, etc.
Colomb (Mme) : *Le violoneux de la Sapinière.* 1 vol. illustré de 85 gravures d'après A. MARIE.
— *La fille de Carilès,* 1 vol. illustré de 96 gravures d'après A. MARIE.
— *Deux mères.* 1 volume illustré de 133 gravures d'après A. MARIE.
— *Le bonheur de Françoise.* 1 vol. illustré de 112 gravures d'après A. MARIE.
— *Chloris et Jeanneton.* 1 vol. illustré de 105 gravures d'après SAHIB.
— *L'héritière de Vauclain.* 1 vol. illustré de 104 gravures d'après C. DELORT.

— *Franchise.* 1 volume illustré de 113 gravures d'après C. DELORT.
— *Feu de paille.* 1 vol. illustré de 98 gravures d'après TOFANI.
— *Les étapes de Madeleine.* 1 volume illustré de 104 gravures d'après TOFANI.
— *Denis le Tyran.* 1 volume illustré de 115 gravures d'après TOFANI.
— *Pour la muse.* 1 volume illustré de 105 gravures d'après TOFANI.

Cortambert (E.) : *Voyage pittoresque à travers le monde.* 1 vol. illustré de 81 gravures sur bois.
— *Mœurs et caractères des peuples* (Europe, Afrique). 1 volume illustré de 60 gravures sur bois.
— *Mœurs et caractères des peuples* (Asie, Amérique, Océanie). 1 vol. illustré de 60 gravures sur bois.

Cortambert et **Deslys** : *Le pays du soleil.* 1 volume illustré de 35 gravures.

Daudet (E.) : *Robert Darnetal.* 1 vol. illustré de 81 gravures d'après SAHIB.

Demoulin (Mme G.) : *Les animaux étranges.* 1 vol. illustré de 172 gravures.
— *Les gens de bien.* 1 volume illustré de 32 gravures d'après GILBERT, etc.

Deslys (CH.) : *Courage et dévouement.* Histoire de trois jeunes filles (La petite mère, la Monténégrine, l'Irlandaise). 1 vol. illustré de 31 gravures d'après LIX et GILBERT.

— *L'Ami François.* — *Les Noménoé.* — *La petite Reine.* 1 vol. illustré de 39 gravures sur bois.

— *Nos Alpes.* — *Le muet de Brides.* — *Les légendes d'Évian.* 1 vol. illustré de 39 gravures sur bois.

Énault (L.) : *Le chien du capitaine.* — *Trop curieux.* — *Les roses du docteur.* — *Le mont Saint-Michel.* 1 vol. illustré de 43 gravures d'après E. RIOU et KAUFFMANN.

Erwin (Mme E. d') : *Heur et malheur.* 1 vol. illustré de 50 gravures dessinées sur bois d'après H. CASTELLI.

Fath (G.) : *Le Paris des enfants.* 1 vol. illustré de 60 gravures d'après l'auteur.

Fleuriot (Mlle Z.) : *M. Nostradamus.* 1 vol. illustré de 36 gravures d'après A. MARIE.

— *La petite duchesse.* 1 vol. illustré de 75 gravures d'après A. MARIE.

— *Grandcœur.* 1 vol. illustré de 45 gravures d'après C. DELORT.

— *Raoul Daubry, chef de famille.* 1 vol. illustré de 32 gravures d'après C. DELORT.

— *Mandarine.* 1 vol. illustré de 95 gravures d'après C. DELORT.

— *Cadok.* 1 vol. illustré de 24 gravures d'après C. GILBERT.

— *Câline.* 1 vol. illustré de 102 gravures d'après G. FRAIPONT.

Girardin (J.) : *Les braves gens.* 1 vol. illustré de 115 gravures d'après E. BAYARD.

— *Fausse route* (Souvenir d'un poltron. — La première faute. — Aveux d'un égoïste). 1 vol. illustré de 55 gravures d'après H. CASTELLI, A. MARIE et SAHIB.

— *La toute petite.* 1 vol. illustré de 128 gravures d'après E. BAYARD.

— *L'oncle Placide.* 1 vol. illustré de 139 gravures d'après A. MARIE.

— *Le neveu de l'oncle Placide.* 1re partie. A la recherche de l'héritier. 1 vol. illustré de 122 gravures d'après A. MARIE.

— *Le neveu de l'oncle Placide,* 2e partie. A la recherche de l'héritage. 1 vol. illustré de 98 gravures d'après A. MARIE.

— *Le neveu de l'oncle Placide.* 3e et dernière partie. L'héritage du vieux Cob. 1 vol. illustré de 147 gravures d'après A. MARIE.

— *Grand-Père.* 1 vol. illustré de 91 gravures d'après C. DELORT.

— *Maman.* 1 vol. illustré de 112 gravures d'après TOFANI.

— *Le roman d'un cancre.* 1 volume illustré de 119 gravures d'après TOFANI.

— *Les millions de la tante Zézé.* 1 vol. illustré de 112 gravures d'après TOFANI.

Gouraud (Mlle J.) : *Cousine Marie.* 1 vol. illustré de 36 gravures d'après A. MARIE.

Gumpert (Mme de) : *Le monde des enfants,* contes moraux, traduits de l'allemand par M. MALAURE. 1 vol. illustré de 125 gravures d'après JUNDT.

Hayes (le docteur I.-J.) : *Perdus dans les glaces.* 1 vol. traduit de l'anglais, par L. RENARD, et illustré de 58 gravures d'après CRÉPON, etc.

Henty (G.-A.) : *Les jeunes francs-tireurs.* 1 vol. traduit de l'anglais, par Mme L. ROUSSEAU, et illustré de 20 gravures d'après JANET-LANGE.

Kingston (W. H.) : *Une croisière autour du monde.* Ouvrage imité de l'anglais par J. BELIN DE LAUNAY. 1 vol. illustré de 44 gravures d'après RIOU.

Rousselet (L.) : *Le charmeur de serpents.* 1 vol. illustré de 68 gravures d'après A. MARIE.

— *Le fils du connétable.* 1 vol. illustré de 114 gravures d'après PRANISHNIKOFF.

— *Les deux mousses.* 1 vol. illustré de 90 gravures d'après SAHIB.

— *Le tambour du Royal-Auvergne.* 1 vol. illustré de 115 gravures d'après F. POIRSON.

— *La peau du tigre.* 1 vol. illustré de 102 gravures d'après BELLECROIX et TOFANI.

Saintine : *La nature et ses trois règnes,* causeries et contes d'un bon papa sur l'histoire naturelle. 1 vol. illustré de 171 gravures d'après FOULQUIER et FAGUET.

— *La mythologie du Rhin et les Contes de la Mère-Grand.* 1 vol. illustré de 160 gravures d'après Gustave DORÉ.

Stanley (H.) : *La terre de servitude.* 1 vol. traduit de l'anglais par LEVOISIN et illustré de 21 gravures d'après P. PHILIPPOTEAUX.

Tissot et Améro : *Aventures de trois fugitifs en Sibérie.* 1 vol. illustré de 72 gravures d'après PRANISHNIKOFF.

Tom Brown, scènes de la vie de collège en Angleterre. Ouvrage imité de l'anglais par J. GIRARDIN. 1 vol. illustré de 69 gravures d'après GODEFROY DURAND.

Witt (Mme de), née GUIZOT : *Une sœur.* 1 vol. illustré de 65 gravures sur bois d'après É. BAYARD.

— *Scènes historiques.* 1re série. 1 vol. illustré de 18 gravures sur bois d'après E. BAYARD.

— *Scènes historiques.* 2e série. 1 vol. illustré de 28 gravures sur bois d'après A. MARIE et SAHIB.

— *Lutin et démon; A la rescousse; De glaçons en glaçons.* Scènes historiques. 3e série. 1 vol. illustré de 36 gravures sur bois d'après PRANISHNIKOFF et E. ZIER.

— *Normands et Normandes.* Scènes historiques. 4e série. 1 vol. illustré de 70 gravures sur bois d'après E. ZIER.

— *Légendes et récits pour la jeunesse.* 1 vol. illustré de 18 gravures sur bois d'après PHILIPPOTEAUX.

— *Un nid.* 1 vol. illustré de 63 gravures sur bois d'après FERDINANDUS.

BIBLIOTHÈQUE ROSE ILLUSTRÉE

CHAQUE VOLUME BROCHÉ : 2 FR. 25

Le cartonnage en percaline rouge se paye en sus :

Tranches jaspées .... 1 franc.
Tranches dorées .... 1 fr. 25

Iʳᵉ SÉRIE, POUR LES ENFANTS DE 4 A 8 ANS

Anonymes : *Chien et chat.* 1 vol. traduit de l'anglais et illustré de 45 gravures d'après E. BAYARD.
— *Douze histoires pour les enfants de quatre à huit ans,* par une mère de famille. 1 vol. illustré de 40 gravures d'après BERTALL.
— *Les enfants d'aujourd'hui,* par le même auteur. 1 vol. illustré de 40 gravures d'après BERTALL. .

Carraud (Mᵐᵉ) : *Historiettes véritables,* pour les enfants de quatre à huit ans. 1 vol. illustré de 94 gravures d'après G. FATH.

Fath (GEORGES) : *La sagesse des enfants,* proverbes. 1 vol. illustré de 100 gravures d'après l'auteur.

Laroque (Mᵐᵉ) : *Grands et petits.* 1 vol. illustré de 61 gravures d'après BERTALL.

Marcel (Mᵐᵉ J.) : *Histoire d'un cheval de bois.* 1 vol. illustré de 20 gravures d'après E. BAYARD.

Pape-Carpantier (Mᵐᵉ) : *Histoires et leçons de choses pour les enfants.* 1 vol. illustré de 85 gravures d'après BERTALL.
   Ouvrage couronné par l'Académie française.

Perrault, MMᵐᵉˢ d'Aulnoy et Leprince de Beaumont : *Contes de fées.* 1 vol. illustré de 65 gravures d'après BERTALL et FOREST.

Porchat (J.) : *Contes merveilleux.* 1 vol. illustré de 21 gravures d'après BERTALL.

Schmid (LE CHANOINE) : *190 contes pour les enfants.* 1 vol. traduit de l'allemand par ANDRÉ VAN HASSELT et illustré de 29 gravures sur bois d'après BERTALL.

Ségur (Mᵐᵉ LA COMTESSE DE) : *Nouveaux contes de fées.* 1 vol. illustré de 46 gravures d'après GUSTAVE DORÉ et H. DIDIER.

IIᵉ SÉRIE, POUR LES ENFANTS DE 8 A 14 ANS

Achard (A.) : *Histoire de mes amis.* 1 vol. illustré de 25 gravures d'après ERN. BELLECROIX, A. MESNEL, etc.

Alcott (MISS) : *Sous les lilas.* 1 vol. traduit de l'anglais par Mᵐᵉ S. LEPAGE, et illustré de 23 gravures.

Andersen : *Contes choisis,* traduit du danois par SOLDI. 1 vol. illustré de 40 gravures d'après BERTALL.

Anonyme : *Les fêtes d'enfants,* scènes et dialogues, avec une préface de M. l'abbé BAUTAIN. 1 vol. illustré de 41 gravures d'après FOUL-QUIER.

Assollant (A.) : *Les aventures merveilleuses mais authentiques du capitaine Corcoran.* 2 vol. illustrés de 50 gravures, d'après A. DE NEUVILLE.

Barrau (Th.) : *Amour filial.* 1 vol. illustré de 41 gravures d'après FEROGIO.

Bawr (Mᵐᵉ de) : *Nouveaux contes.* 1 vol. illustré de 40 gravures d'après BERTALL.

    Ouvrage couronné par l'Académie française.

Belèze : *Jeux des adolescents.* 1 vol. ill. de 140 grav. d'après COPPIN.

Berquin : *Choix de petits drames et de contes.* 1 vol. illustré de 36 gravures d'après FOULQUIER, etc.

Berthet (E.) : *L'enfant des bois.* 1 vol. illustré de 61 gravures.

Blanchère (De la) : *Les aventures de la Ramée.* 1 vol. illustré de 36 gravures d'après E. FOREST.

— *Oncle Tobie le pêcheur.* 1 vol. illustré de 80 gravures d'après FOULQUIER et MESNEL.

Boiteau (P.) : *Légendes* recueillies ou composées pour les enfants. 1 vol. ill. de 42 grav. d'après BERTALL.

Carpentier (Mˡˡᵉ E.) : *La maison du Bon Dieu.* 1 vol. illustré de 58 gravures d'après RIOU.

— *Sauvons-le !* 1 vol. illustré de 60 gravures d'après RIOU.

Carraud (Mᵐᵉ Z.) : *Les goûters de la grand'mère.* 1 vol. ill. de 18 grav. d'après E. BAYARD.

— *La petite Jeanne ou le devoir.* 1 vol. illustré de 21 grav. d'après FOREST.

— *Les métamorphoses d'une goutte d'eau.* 1 vol. illustré de 50 gravures d'après E. BAYARD.

Castillon (A.) : *Les récréations physiques.* 1 vol. illustré de 36 gravures d'après CASTELLI.

— *Les récréations chimiques,* ouvrage faisant suite aux *Récréations physiques.* 1 vol. illustré de 34 gravures d'après H. CASTELLI.

Cazin (Mᵐᵉ J.) : *Les petits montagnards.* 1 vol. illustré de 51 gravures d'après G. VUILLIER.

— *Un drame dans la montagne.* 1 vol. illustré de 33 grav. d'après G. VUILLIER.

— *Histoire d'un pauvre petit.* 1 vol. illustré de 40 gravures d'après TOFANI.

Chabreul (Mᵐᵉ DE) : *Jeux et exercices des jeunes filles.* 1 vol. illustré de 62 gravures d'après FATH, et contenant la musique des rondes.

Colet (Mᵐᵉ L.) : *Enfances célèbres.* 1 vol. illustré de 50 grav. d'après FOULQUIER.

Contes allemands, imités de HEBEL et de KARL SIMROCK par M. MARTIN. 1 vol. illustré de 27 gravures d'après BERTALL.

Contes anglais, traduits par Mᵐᵉ DE WITT. 1 vol. illustré de 43 gravures d'après MORIN.

Deslys (Ch.) : *Grand'maman.* 1 vol. illustré de 29 gravures d'après ZIER.

Edgeworth (Miss) : *Contes de l'adolescence,* traduits par A. LE FRANÇOIS. 1 vol. illustré de 42 gravures d'après MORIN.

— *Contes de l'enfance,* traduits par LE MÊME. 1 vol. illustré de 26 gravures d'après FOULQUIER.

— *Demain et Mourad le malheureux,* contes traduits par H. JOUSSELIN. 1 vol. illustré de 38 gravures d'après BERTALL.

Fénelon : *Fables.* 1 vol. illustré de 29 gravures d'après FOREST et É. BAYARD.

Fleuriot (Mlle Z.) : *Cadette.* 1 vol. illustré de 52 gravures d'après TOFANI.

— *En congé.* 1 vol. illustré de 61 gravures d'après Ad. MARIE.

— *Bigarette.* 1 vol. illustré de 48 gravures d'après Ad. MARIE.

— *Le petit chef de famille.* 1 vol. illustré de 57 gravures d'après H. CASTELLI.

— *Plus tard ou le jeune chef de famille.* 1 vol. illustré de 60 gravures d'après É. BAYARD.

— *L'enfant gâté.* 1 vol. illustré de 48 gravures d'après FERDINANDUS.

— *Tranquille et Tourbillon.* 1 vol. illustré de 45 gravures d'après G. DELORT.

— *Bouche-en-Cœur.* 1 vol. illustré de 45 gravures d'après TOFANI.

Foë (de) : *La vie et les aventures de Robinson Crusoé.* Édition abrégée. 1 vol. illustré de 40 gravures.

Fonvielle (W. de) : *Néridah.* 2 vol. illustrés de 45 gravures d'après SAHIB.

Genlis (Mme de) : *Contes moraux.* 1 vol. illustré de 40 gravures d'après FOULQUIER, etc.

Gérard (A.) : *Petite Rose. — Grande Jeanne.* 1 vol. illustré de 28 gravures d'après GILBERT.

Girardin (J.) : *La disparition du grand Krause.* 1 vol. illustré de 70 gravures d'après KAUFFMANN.

Giron (A.) : *Ces pauvres petits !* 1 vol. illustré de 22 gravures d'après B. DE MONVEL, FERDINANDUS et SANDOZ.

Gouraud (Mlle J.) : *Les petits voisins.* 1 vol. illustré de 39 gravures d'après G. GILBERT.

— *Les filles du professeur.* 1 vol. illustré de 36 gravures d'après KAUFFMANN.

— *La petite maîtresse de maison.* 1 vol. illustré de 37 vignettes d'après A. MARIE.

— *Les deux enfants de Saint-Domingue.* 1 vol. illustré de 55 gravures d'après É. BAYARD.

— *Les quatre pièces d'or.* 1 vol. illustré de 54 gravures d'après É. BAYARD.

— *Le livre de maman.* 1 vol. illustré de 68 grav. d'après É. BAYARD.

— *Cécile, ou la petite sœur.* 1 vol. illustré de 26 gravures d'après DESANDRÉ.

— *Les enfants de la ferme.* 1 vol. illustré de 59 gravures d'après É. BAYARD.

— *Le petit colporteur.* 1 vol. illustré de 27 gravures d'après A. DE NEUVILLE.

— *L'enfant du guide.* 1 vol. illustré de 60 gravures d'après É. BAYARD.

— *Les mémoires d'un caniche.* 1 vol. illustré de 75 gravures d'après É. BAYARD.

— *Les mémoires d'un petit garçon.* 1 vol. illustré de 86 gravures d'après É. BAYARD.

— *Lettres de deux poupées.* 1 vol. illustré de 59 gravures d'après OLIVIER.

— *Petite et grande.* 1 vol. illustré de 48 gravures d'après É. BAYARD.

— *La famille Harel.* 1 vol. illustré de 44 gravures d'après VALNAY.

— *Aller et retour.* 1 vol. illustré de 40 gravures d'après FERDINANDUS.

— *Chez grand'mère.* 1 vol. illustré de 98 gravures d'après TOFANI.

— *Le petit bonhomme.* 1 vol. illustré de 45 gravures d'après A. FERDINANDUS.

— *Le vieux château.* 1 vol. illustré de 28 gravures d'après E. ZIER.

Grimm (les frères) : *Contes choisis*, traduits par Fréd. BAUDRY. 1 vol. illustré de 44 gravures d'après BERTALL.

Hauff : *La caravane*. 1 vol. traduit par A. TALON, illustré de 46 gravures d'après BERTALL.

— *L'auberge du Spessart*. 1 vol. traduit par A. TALON, illustré de 61 gravures d'après BERTALL.

Hawthorne : *Le livre des merveilles*, traduit de l'anglais par L. RABILLON. 2 vol. illustrés de 40 gravures d'après BERTALL.

Chaque volume se vend séparément.

Johnson (R. B.) : *Dans l'extrême Far West*. Aventures d'un émigrant dans la Colombie anglaise, traduites de l'anglais par A. TALANDIER. 1 vol. illustré de 20 gravures d'après A. MARIE.

Marcel (Mme J.) : *L'école buissonnière*. 1 vol. illustré de 20 gravures d'après A. MARIE.

— *Le bon frère*. 1 vol. illustré de 21 gravures d'après É. BAYARD.

— *Les petits vagabonds*. 1 vol. illustré de 25 grav. d'après É. BAYARD.

— *Histoire d'une grand'mère et de son petit-fils*. 1 vol. illustré de 36 gravures d'après C. DELORT.

— *Daniel*. 1 vol. illustré de 45 gravures d'après RIOU.

— *Le frère et la sœur*. 1 vol. illustré de 45 gravures d'après E. ZIER.

Maréchal (Mlle M.) : *La dette de Ben-Aïssa*. 1 vol. illustré de 20 gravures d'après BERTALL.

— *Nos petits camarades*, récits familiers. 1 vol. illustré de 18 gravures d'après H. CASTELLI, etc.

— *La maison modèle*. 1 vol. illustré de 42 gravures d'après SAHIB.

Marmier (X.) : *L'arbre de Noël*. 1 vol. illustré de 68 gravures d'après BERTALL.

Martignat (Mlle de) : *Ginette*. 1 vol. illustré de 50 gravures d'après TOFANI.

— *Les vacances d'Élisabeth*. 1 vol. illustré de 36 gravures d'après KAUFFMANN.

— *L'oncle Boni*. 1 vol. illustré de 42 gravures d'après GILBERT.

— *Le manoir d'Yolan*. 1 vol. illustré de 56 gravures d'après TOFANI.

— *Le pupille du général*. 1 vol. illustré de 40 gravures d'après TOFANI.

— *L'héritière de Maurivèze*. 1 vol. illustré de 39 gravures d'après POIRSON.

Mayne-Reid (LE CAPITAINE) : *Les chasseurs de girafes*. 1 vol. traduit de l'anglais par H. VATTEMARE, et illustré de 10 gravures sur bois d'après A. DE NEUVILLE.

— *A fond de cale*. 1 vol. traduit de l'anglais par Mme H. LOREAU, illustré de 12 gravures.

— *A la mer !* 1 vol. traduit par Mme H. LOREAU, illustré de 12 gravures.

— *Les chasseurs de plantes*. 1 vol. traduit par Mme H. LOREAU, illustré de 29 gravures.

— *Bruin ou les chasseurs d'ours* 1 vol. traduit par A. LETELLIER illustré de 8 gravures.

— *L'habitation du désert*. 1 vol. traduit par A. LE FRANÇOIS, illustré de 24 gravures.

— *Les exilés dans la forêt*. 1 vol. traduit par Mme H. LOREAU, illustré de 12 gravures.

— *Les grimpeurs de rochers*. 1 vol. traduit par Mme H. LOREAU, illustré de 20 gravures.

— *Les peuples étranges*. 1 vol. traduit par Mme H. LOREAU, illustré de 24 gravures.

— *Les vacances des jeunes Boërs.* 1 vol. traduit par Mme H. LOREAU, illustré de 12 gravures.

— *Les veillées de chasse.* 1 vol. traduit par H.-B. RÉVOIL, illustré de 43 gravures d'après FREEMAN.

— *La chasse au Léviathan.* 1 vol. illustré de 51 gravures d'après A. FERDINANDUS et TH. WEBER.

Mullér (E.) : *Robinsonnette.* 1 vol. illustré de 22 gravures d'après LIX.

Ouida : *Le petit comte.* 1 vol. illustré de 34 gravures d'après G. VULLIER, TOFANI, etc.

Peyronny (Mme DE), née d'ISLE : *Deux cœurs dévoués,* 1 vol. illustré de 53 gravures d'après J. DEVAUX.

Pitray (Mme DE) : *Les enfants des Tuileries.* 1 vol. illustré de 29 gravures d'après É. BAYARD.

— *Les débuts du gros Philéas.* 1 vol. illustré de 57 gravures d'après H. CASTELLI.

— *Le château de la Pétaudière.* 1 vol. illustré de 78 gravures d'après A. MARIE.

— *Le fils du maquignon.* 1 vol. illustré de 65 gravures d'après RIOU.

Rendu (V.) : *Mœurs pittoresques des insectes.* 1 vol. illustré de 49 gravures.

Rostopchine (Mme LA COMTESSE) : *Belle, Sage et Bonne.* 1 vol. illustré de 39 gravures d'après FERDINANDUS.

Sandras (Mme) : *Mémoires d'un lapin blanc.* 1 vol. illustré de 20 gravures d'après E. BAYARD.

Sannois (Mlle LA COMTESSE DE) : *Les soirées à la maison.* 1 vol. illustré de 42 gravures d'après É. BAYARD.

Ségur (Mme LA COMTESSE DE) : *Après la pluie, le beau temps.* 1 vol. illustré de 128 gravures d'après É. BAYARD.

— *Comédies et proverbes.* 1 vol. illustré de 60 gravures d'après É. BAYARD.

— *Diloy le chemineau.* 1 vol. illustré de 90 gravures d'après H. CASTELLI.

— *François le Bossu.* 1 vol. illustré de 114 gravures d'après É. BAYARD.

— *Jean qui grogne et Jean qui rit.* 1 vol. illustré de 70 gravures d'après CASTELLI.

— *La fortune de Gaspard.* 1 vol. illustré de 52 gravures d'après GERLIER.

— *La sœur de Gribouille.* 1 vol. illustré de 72 gravures d'après H. CASTELLI.

— *Pauvre Blaise !* 1 vol. illustré de 65 gravures d'après H. CASTELLI.

— *Quel amour d'enfant !* 1 vol. illustré de 79 gravures d'après É. BAYARD.

— *Un bon petit diable.* 1 vol. illustré de 100 gravures d'après H. CASTELLI.

— *Le mauvais génie.* 1 vol. illustré de 90 gravures d'après E. BAYARD.

— *L'auberge de l'ange gardien.* 1 vol. illustré de 75 gravures d'après FOULQUIER.

— *Le général Dourakine.* 1 vol. illustré de 100 gravures d'après É. BAYARD.

— *Les bons enfants.* 1 vol. illustré de 70 gravures d'après FEROGIO.

— *Les deux nigauds.* 1 vol. illustré de 76 gravures d'après H. CASTELLI.

— *Les malheurs de Sophie.* 1 vol. illustré de 48 gravures d'après H. CASTELLI.

— *Les petites filles modèles.* 1 vol. illustré de 21 gravures d'après BERTALL.

— *Les vacances.* 1 vol. illustré de 36 gravures d'après BERTALL.

— *Mémoires d'un âne*. 1 vol. illustré de 75 grav. d'après H. CASTELLI.

Stolz (Mme de) : *Les mésaventures de Mlle Thérèse*. 1 vol. illustré de 29 gravures d'après CHARLES.

— *Quatorze jours de bonheur*. 1 vol. illustré de 45 gravures d'après BERTALL.

— *Les vacances d'un grand-père*. 1 vol. illustré de 40 gravures d'après G. DELAFOSSE.

— *Les poches de mon oncle*. 1 vol. illustré de 20 gravures d'après BERTALL.

— *Par-dessus la haie*. 1 vol. illustré de 56 gravures d'après A. MARIE.

— *La maison roulante*. 1 vol. illustré de 20 gravures sur bois d'après É. BAYARD.

— *Le trésor de Nanette*. 1 vol. illustré de 24 gravures d'après É. BAYARD.

— *Blanche et noire*. 1 vol. illustré de 54 gravures d'après É. BAYARD.

— *Le vieux de la forêt*. 1 vol. illustré de 32 gravures d'après SAHIB.

— *Le secret de Laurent*. 1 vol. illustré de 32 gravures d'après SAHIB.

— *Les deux reines*. 1 vol. illustré de 32 gravures d'après DELORT.

— *Les frères de lait*. 1 vol. illustré de 42 gravures d'après ZIER.

— *Magali*. 1 vol. illustré de 36 gravures d'après TOFANI.

— *La maison blanche*. 1 vol. illustré de 35 gravures d'après TOFANI.

Swift : *Voyages de Gulliver à Lilliput, à Brobdingnag et au pays des Houyhnhums*, traduits et abrégés à l'usage des enfants. 1 vol. illustré de 57 gravures d'après E. FOREST.

Taulier : *Les deux petits Robinsons de la Grande-Chartreuse*. 1 vol. illustré de 69 gravures d'après É. BAYARD et HUBERT CLERGET.

Tournier : *Les premiers chants*, poésies à l'usage de la jeunesse, illustrées de 20 gravures d'après GUSTAVE ROUX.

Vimont (CH.) : *Histoire d'un navire*. 1 vol. illustré de 40 gravures d'après ALEX. VIMONT.

Witt (Mme DE), née GUIZOT : *La petite fille aux grand'mères*. 1 vol. illustré de 36 gravures d'après BEAU.

— *Enfants et parents*, petits tableaux de famille. 1 vol. illustré de 34 gravures d'après A. DE NEUVILLE.

— *En quarantaine*. 1 vol. illustré de 48 gravures d'après FERDINANDUS.

IIIe SÉRIE, POUR LES ENFANTS ADOLESCENTS

ET POUVANT FORMER UNE BIBLIOTHÈQUE POUR LES JEUNES FILLES DE 14 A 18 ANS

VOYAGES

Agassiz (M. et Mme) : *Voyage au Brésil*, abrégé sur la traduction de F. VOGELI par J. BELIN DE LAUNAY. 1 vol. contenant 16 gravures et 1 carte.

Aunet (Mme d') : *Voyage d'une femme au Spitzberg*. 1 vol. illustré de 34 gravures.

Baines : *Voyages dans le sud-ouest de l'Afrique*, traduits et abrégés par J. BELIN DE LAUNAY. 1 vol. contenant 1 carte et 22 gravures.

Baker : *Le lac Albert N'yanza.* Voyage aux sources du Nil. 1 vol. abrégé sur la traduction de GUSTAVE MASSON, par BELIN DE LAUNAY, et contenant 16 gravures sur bois et 1 carte.

Baldwin : *Du Natal au Zambèze* (1861-1865). Récits de chasses, traduits par Mᵐᵉ HENRIETTE LOREAU, et abrégés par J. BELIN DE LAUNAY. 1 vol. illustré de 24 gravures et 1 carte.

Burton (le capitaine) : *Voyages à la Mecque, aux grands lacs d'Afrique et chez les Mormons,* traduits et abrégés par J. BELIN DE LAUNAY. 1 vol. contenant 12 gravures et 3 cartes.

Catlin : *La vie chez les Indiens,* traduit de l'anglais. 1 vol. illustré de 25 gravures.

Fonvielle (W. DE) : *Le glaçon du Polaris.* 1 vol. illustré de 19 gravures.

Hayes (Dʳ) : *La mer libre du pôle.* Édition abrégée par J. BELIN DE LAUNAY. 1 vol. contenant 14 gravures et 1 carte.
— *Voyages dans les glaces du pôle arctique.* 1 vol. illustré de 40 gravures.

Lanoye (F. DE) : *Le Nil et ses sources.* 1 vol. contenant 32 gravures et des cartes.
— *La mer polaire,* voyage de l'*Érèbe* et de *la Terreur,* et expédition à la recherche de Franklin. 1 vol. contenant 29 gravures et des cartes.
— *La Sibérie.* 1 vol. illustré de 48 gravures d'après LEBRETON, etc.
— *Les grandes scènes de la nature.* 1 vol. illustré de 40 gravures.
— *Ramsès le Grand, ou l'Égypte il y a trois mille trois cents ans.* 1 vol. illustré de 39 gravures d'après LANCELOT, E. BAYARD, etc.

Livingstone (DAVID et CHARLES) : *Voyages dans l'Afrique australe,* abrégés par J. BELIN DE LAUNAY. 1 vol. contenant 20 gravures et 1 carte.

Livingstone (D.) : *Dernier journal.* Édition abrégée par J. BELIN DE LAUNAY. 1 vol. contenant 15 gravures et 1 carte.

Mage (L.) : *Voyages dans le Soudan occidental.* Édition abrégée par J. BELIN DE LAUNAY. 1 vol. contenant 16 gravures et 1 carte.

Milton et **Cheadle** : *Voyage de l'Atlantique au Pacifique,* traduit et abrégé par J. BELIN DE LAUNAY. 1 volume contenant 16 gravures et 2 cartes.

Mouhot (CH.) : *Voyage dans le royaume de Siam, le Cambodge et le Laos.* 1 vol. contenant 28 gravures et 1 carte.

Palgrave (W. G.) : *Une année dans l'Arabie centrale.* Edition abrégée par J. BELIN DE LAUNAY. 1 vol. contenant 12 gravures, 1 portrait et 1 carte.

Perron d'Arc : *Aventures en Australie, neuf mois chez les Nagarnooks.* 1 vol. illustré de 24 gravures sur bois par LIX.

Pfeiffer (Mᵐᵉ) : *Voyages autour du Monde.* 1 vol. illustré de 16 gravures sur bois.

Piotrowski : *Souvenirs d'un Sibérien.* 1 vol. illustré de 10 gravures par A. MARIE.

Schweinfurth (Dʳ) : *Au cœur de l'Afrique* (1866-1871). Traduction de Mᵐᵉ H. LOREAU, abrégée par J. BELIN DE LAUNAY. 1 vol. contenant 16 gravures et 1 carte.

Speke : *Les sources du Nil,* édition abrégée par J. BELIN DE LAUNAY. 1 vol. contenant 24 gravures sur bois et 3 cartes.

Stanley : *Comment j'ai retrouvé Livingstone.* Traduction de Mme LOREAU, abrégée par J. BELIN DE LAUNAY. 1 vol. contenant 16 gravures et 1 carte.

Vambéry : *Voyages d'un faux derviche dans l'Asie centrale,* traduits de l'anglais par E. D. FORGUES, abrégés par J. BELIN DE LAUNAY. 1 vol. contenant 18 gravures et une carte.

HISTOIRE

Le loyal serviteur : *Histoire du gentil seigneur de Bayard,* revue et abrégée, à l'usage de la jeunesse, par ALPH. FEILLET. 1 vol. illustré de 36 gravures d'après P. SELLIER.

Monnier (M.) : *Pompéi et les Pompéiens.* Édition à l'usage de la jeunesse. 1 vol. illustré de 25 gravures d'après THÉROND.

Plutarque : *Vie des Grecs illustres,* édition abrégée sur la traduction de M. E. TALBOT, par A. FEILLET. 1 vol. illustré de 53 gravures d'après P. SELLIER.

— *Vie des Romains illustres,* édition abrégée par A. FEILLET sur la traduction de M. TALBOT. 1 vol. illustré de 69 gravures d'après P. SELLIER.

Retz (Le cardinal de) : *Mémoires* abrégés par A. FEILLET. 1 vol. illustré de 35 gravures d'après GILBERT, etc.

LITTÉRATURE

Bernardin de Saint-Pierre : *Œuvres choisies.* 1 vol. illustré de 12 gravures par É. BAYARD.

Cervantès : *Histoire de l'admirable don Quichotte de la Manche.* 1 vol. illustré de 64 gravures d'après BERTALL et FOREST.

Homère : *L'Iliade et l'Odyssée,* traduites par P. GIGUET, abrégées par ALPH. FEILLET. 1 vol. illustré de 33 gravures d'après OLIVIER.

Le Sage : *Aventures de Gil Blas,* édition destinée à l'adolescence. 1 vol. illustré de 50 gravures d'après LEROUX.

Mac-Intosch (MISS) : *Contes américains,* traduits par Mme DIONIS. 2 vol. illustrés de 50 gravures d'après É. BAYARD.

Maistre (X. de) : *Œuvres choisies.* 1 vol. illustré de 15 gravures d'après É. BAYARD.

Molière : *Œuvres choisies,* abrégés à l'usage de la jeunesse. 2 vol. illustrés de 22 gravures d'après HILLEMACHER.

Virgile : *Œuvres choisies,* traduites et abrégées à l'usage de la jeunesse, par Th. BARRAU. 1 vol. illustré de 20 gravures d'après P. SELLIER.

BIBLIOTHÈQUE DES PETITS ENFANTS

DE 4 A 8 ANS

CHAQUE VOLUME, BROCHÉ, 2 FR. 25

CARTONNÉ EN PERCALINE BLEUE, TRANCHES DORÉES, 3 FR. 50

Colomb (Mme) : *Les infortunes de Chouchou.* 1 vol. illustré de 48 gravures d'après RIOU.

Duporteau (Mme) : *Petits récits.* 1 vol. illustré de 30 gravures d'après TOFANI.

Erwin (Mme E. d') : *Un été à la campagne.* 1 vol. illustré de 39 gravures d'après SAHIB.

Franck (Mme E.) : *Causeries d'une grand'mère.* 1 vol. illustré de 72 gravures d'après C. DELORT.

Girardin (J.) : *Quand j'étais petit garçon.* 1 vol. illustré de 52 gravures d'après A. FERDINANDUS.

Molesworth (Mme) : *Les aventures de M. Baby.* 1 volume traduit de l'anglais par Mme de WITT, et illustré de 12 gravures d'après WALTER CRANE.

Pape-Carpantier (Mme) : *Nouvelles histoires et leçons de choses.* 1 vol. illustré de 42 gravures d'après SEMECHINI.

Witt (Mme de), née Guizot : *Histoire de deux petits frères.* 1 vol. illustré de 45 grav. d'après TOFANI.

— *Sur la plage.* 1 vol. illustré de 55 gravures, d'après FERDINANDUS.

— *Par monts et par vaux.* 1 vol. illustré de 60 gravures d'après FERDINANDUS.

— *Vieux amis.* 1 vol. illustré de 60 gravures d'après FERDINANDUS.

ATLAS MANUEL

DE GÉOGRAPHIE MODERNE

Contenant cinquante-quatre cartes

IMPRIMÉES EN COULEURS

OUVRAGE COMPLÈTEMENT TERMINÉ

Un volume in-folio, relié. . . . .   **32** francs.

LISTE DES CARTES COMPOSANT L'ATLAS MANUEL

*(Les cartes doubles sont précédées du signe *.)*

1. Système planétaire. — Lune.
*2. Terre en deux hémisphères.
3. Volcans et coraux.
4. Pôle antarctique. — Archipels de Polynésie.
*5. Pôle arctique.
6 Océan Atlantique.
7 Grand Océan.
*8. Europe politique.
9. Europe physique hypsométrique. — Massif du Mont-Blanc.
10. Côtes méditerranéennes de la France. — Bassins de Paris.
*11. France physique hypsométrique.
12. France. (Partie Nord-Ouest.)
13. France. (Partie Nord-Est.)
*14. France politique.
15. France. (Partie Sud-Ouest.)
16. France. (Partie Sud-Est.)
*17. Grande-Bretagne et Irlande.
18. Pays-Bas.
19. Belgique et Luxembourg.
*20. Allemagne politique.
21. Danemark.
22. Suède et Norvège.
*23. Suisse.
24. Italie du Nord.
25. Italie du Sud.
*26. Espagne et Portugal.
27. Méditerranée occidentale.
28. Méditerranée orientale.
*29. Presqu'île des Balkans.
30. Grèce.
31. Hongrie.
*32. Monarchie Austro-Hongroise.
33. Alpes Franco-Italiennes.
34. Caucasie.
*35. Russie d'Europe.
36. Pologne.
37. Asie Mineure et Perse.
*38. Asie physique et politique.
39. Chine et Japon.
40. Indo-Chine et Malaisie.
*41. Asie centrale et Inde.
42. Palestine.
43. Région du Nil.
*44. Afrique physique et politique.
45. Algérie.
46. Sénégambie. — Côte de Guinée. — Afrique du Sud.
*47. Amérique du Nord.
48. Amérique du Sud. (Feuille septentrionale.)
49. Amérique du Sud. (Feuille méridionale.)
50. États-Unis d'Amérique.
*51. États-Unis. (Partie occidentale.)
52. États-Unis. (Partie orientale.)
53. Australie et Nouvelle-Zélande.
54. Amérique centrale et Antilles. — Isthme de Panama.

MON JOURNAL

RECUEIL MENSUEL POUR LES ENFANTS DE CINQ A DIX ANS

PUBLIÉ SOUS LA DIRECTION DE

Mme **Pauline KERGOMARD** et de **M. Charles DEFODON**

3ᵐᵉ année (1883-1884)

PRIX DE L'ABONNEMENT PAR AN......... **1 FR. 80**

PRIX DU NUMÉRO....... **15** CENTIMES.

Il paraît un numéro le **15** de chaque mois depuis le 15 octobre 1881.

Les abonnements partent du 15 de chaque mois.

Les années 1881-1882 et 1882-1883 sont en vente et forment chacune

1 volume { Cartonné........... **2 fr. 50**
{ Broché............. **1   80**

————————»»✱«« ———— ·· ——

N. B. — Toute personne qui enverra à la librairie HACHETTE ET Cie six abonnements NOUVEAUX à **MON JOURNAL**, dans le délai d'un mois, aura le droit de demander *gratuitement* un septième abonnement pour l'enfant qu'elle désignera.

————————

Paris. — Typ. PILLET et DUMOULIN, 5, rue des Grands-Augustins.